谨以此书
献给
中国房地产行业转型升级的
坚守者和破局者
特别是
中国泛地产事业精益之路的
开拓者和实践者

# 中国泛地产精益之路

周济　孙卓　王力　何文朝　崔萍　著

中国建筑工业出版社

**图书在版编目（CIP）数据**

中国泛地产精益之路 / 周济等著 . -- 北京：中国
建筑工业出版社，2025.5. -- ISBN 978-7-112-31155-2

Ⅰ. F299.233

中国国家版本馆 CIP 数据核字第 2025MG8736 号

责任编辑：毕凤鸣　李闻智
责任校对：芦欣甜

中国泛地产精益之路

周济　孙卓　王力　何文朝　崔萍　著

＊

中国建筑工业出版社出版、发行（北京海淀三里河路 9 号）
各地新华书店、建筑书店经销
北京雅盈中佳图文设计公司制版
北京富诚彩色印刷有限公司印刷

＊

开本：787 毫米 ×960 毫米　1/16　印张：19　字数：261 千字
2025 年 5 月第一版　2025 年 5 月第一次印刷
定价：**198.00** 元
ISBN 978-7-112-31155-2
（44856）

# 自序

时间来到了 2025 年。

中国房地产行业陷入了前所未有的危机之中。整个行业从过去 20余年的"黄金时代""白银时代"进入了"黑铁时代",甚至跌入了从政府到产业、行业和企业以及购房人的群体性失望、失落乃至失败中;行业从业者在转行,高校房地产院系在撤并,行业"三好生"万科被深圳地铁集团全面接管。时至今日,房地产企业家们甚至无力喊出要"活下去"的声音了,中国房地产行业似乎走到了尽头。

中国房地产行业真的结束了吗?答案是否定的。

我们认为,中国房地产行业的"初级时代"的确已经结束,单纯的短平快、跟投制、合伙制等灰飞烟灭了;但是,更高阶的、更深入的、更具发展空间的"高级阶段"正在向我们走来。追求本真、科学至上、以人为本、文明进步又将回归。

首先,中国居民对住房的需求,无论是总量还是结构都远远没有得到满足。在居住状况基本实现"小富即安"之后,对比发达国家居民的生活方式和社会文明程度,以居住空间为基础的中国人民的生活水平总体上仍然差距较大。展望未来,随着经济下行期结束,宏观经济转而向上,产业经济和区域经济逐渐升温,企业的经营活动将再度活跃,居民总体收入随之提高,金融部门也将乐观向好,并提供更强大的信贷支持。由此,作为提高生活水平核心要素的投资和消费的最主要表现——住房需求,将再次提升到新的高度。

其次，党中央在党的十九大和二十大报告中相继提出了关于人民美好生活、中国式现代化和高质量发展的重要论述及要求。对于为其他所有产业、行业和企业及其从业者提供基础性生态、生产和生活空间的房地产业，如不能尽快实现高质量发展和中国式现代化，那么全社会和整个国家的高质量发展与现代化将无从谈起。同样，党中央新近提出的大力发展新质生产力的创新论断，如果没有以上述"三生"为基础的房地产业的支撑和配合，这一政治经济学的新论断也将无法落地。

再者，中华民族在"站起来、富起来、强起来"之后，迫切需要"文明起来"。人类进步的最终表现，本质上是文明程度的进步，核心是生活方式的不断进阶。不仅衣、食、住、行的基本内容要提升进步，人们的饮食习惯、生活习惯、运动健康乃至保健习惯都要得到提升，而这些内容的提升，无一不源于建设领域和房地产领域的基础性提升。换言之，如果没有基建和房地产的"源动性"提升，其他领域的提升将受到阻碍且难以持续。

那么，中国房地产的"向上""向前"之路究竟该走向何方呢？这就是中国"泛地产"的精益之路。

第一，以制造业为核心的其他先发行业已经闯出了一条行之有效的百年"精益之路"。

在这条精益之路上，经历了从机械、电力技术到信息技术的三次工业革命，正在开启第四次工业革命之路。

相应地，也经历了从古典管理阶段（科学管理的提出）、人际关系运动阶段、管理理论丛林阶段到当代管理理论阶段的四个阶段。在上述过程中，诞生了无数个优秀的百年企业，许多"常青树"至今仍在焕发勃勃生机。

如何把房地产行业呼喊了近 20 年的"向制造业学习"的口号，化作房地产产业、行业和企业的全体系、全过程、全链条、全从业者的学习和实践之路，是当下我们不得不首要面对的重大课题——学习精益管理。

第二，在全球经济"双重转型"的背景下，房地产当然也不会例外。

如何在学习精益管理、精益制造，逐步走上"精建"之路的同时，以"精建"为"体"，以绿色低碳新能源和数字智慧为"两翼"，武装"新基建"，实现从"初建""粗建"乃至"饱受诟病"的"滥造"，转型升级并进阶至"精建""绿制""智造"，率先实现基建行业向制造行业的转型，进而实现以"新基建"支撑房地产行业的全面转型，这是产业、行业和企业发展的基本逻辑，也是人类社会文明进步的内在要求。

第三，改革开放历经 40 余年，城市的发展也遇到了瓶颈和误区。

按照中国式现代化的本质要求，如何通过对城市历史文化的挖掘和定位，找到城市的"根"；如何以"根"为出发点，确立城市的主色彩、主线条及市花和市树等，与时俱进地重新编制城市总体设计，进而找到城市的"魂"；如何以前两个方面的内容为基础，重新定位区域经济，找到城市的主导产业，以比较优势和因地制宜的科学方法论找到城市的"血"，成为当下应关注的话题。

以上"根""魂""血"的确立，是城市科学发展的要求，也是摆在全国各大、中、小城市，特别是县域经济实现高质量发展无法回避的问题。

第四，迄今为止，国内理论界尚未对"房地产"这一概念给出科学的定义，而且多年来的行业弊端也使人们对其心生芥蒂。

那么，我们就暂且"放弃"对这一定义的深究，去开启一个中国"泛地产"的新时代。

究竟什么是"泛地产"？我们希望给出一个思考方向。从全社会来看，无论是基础性产业，例如传统的农业、工业和服务业，还是方兴未艾的 AI、新能源等未来产业，都需要现代的、文明的、和谐的、温馨的、幸福的、美好的生态、生产和生活空间，而提供这些空间的产业、行业和企业即称为"泛地产"。换言之，谁都离不开的地产，就是"泛地产"。

最后，人类的终极目标是幸福，幸福的重要标志是文明。

当下，我们迫切需要在生活内容方面，特别是生活方式和文明程度上，与"富"和"强"匹配。中国人不仅需要"绿水青山"，更需要对色彩、品格、气味、艺术和音乐等方面的追求。从无到有，从有到高，均属于建筑设计、工程工艺和产品定位乃至城市规划、城市管理与城市运营等方面所涉及的比昨天更为重要的内容。

这些内容要从房地产开发的"融、投、定、设、建、销、管、退"等全过程资产管理，向着更纵深、更多维、更高品位和更高品格的方向，培育和"教化"更善良的民众思想与更高水平的道德境界。对此，我们要跳出地产看地产，看清之后再回到地产。

这，就是"泛地产"的精髓和要义所在。

此外，城市更新，正在成为全社会下一步居民生活水平提升、城市发展提升和国家经济发展提升的主要方面，也必将成为中国建设市场和房地产开发市场的主战场。

同时，城市更新将不仅仅是建筑的更新，城市面貌的更新，更是思想与灵魂的更新。

由此，中国房地产业将进入"泛地产"的精益时代。对此，我们充满信心。

当此中国房地产向泛地产转型升级之际，我们与全行业同仁休戚与共。

离开的，是浮云，酸甜苦辣、五味杂陈，存续的是抹不去的深刻记忆。

留下的，是种子，继往开来、任重道远，开启的是一片光辉灿烂的新天地。

最后，要感谢中国建筑工业出版社毕凤鸣女士给予的大力帮助。

鉴于本书率先提出的泛地产概念以及其与精益管理思想的结合尚属于创新性探索，一定有许多不足之处，敬请广大读者批评指正。

# 目录

001  第一章  困境与挑战

001  第 一 节  国际大环境下的"双重转型"与中国社会的"双重进步"

006  第二节  人文经济学、制度经济学与社会进步、泛地产

011  第三节  国家政策、经济周期与行业变革的交响

017  第四节  市场需求升级与房企产品的重塑

019  第五节  城市更新的迫切需求

021  第六节  科技进步的双刃剑——材料革新与 AI 的应用


025  第二章  房地产开发模式的重塑

025  第一节  传统模式的瓦解

030  第二节  标准化的陷阱与品质的呼唤

033  第三节  房地产发展新模式的探索

041  第四节  精益管理的价值凸显


045  第三章  精益管理的觉醒

045  第一节  精益管理的思想根源

052  第二节  精益管理科学的演进历程

066  第三节  丰田精益管理模式解析

073  第四节  当代精益管理的创新实践

084    **第四章   泛地产时代的精益之路**

084    第一节  房地产的新时代使命——人与自然的和谐共生、历史与文化的传承
与创新

088    第二节  泛产业的浪潮与典型案例

103    第三节  "新基建"崛起后房地产的"一体两翼"

111    第四节  泛地产的重新定位


116    **第五章   精益营造与服务**

116    第一节  再谈精益管理下的"价值树"

124    第二节  精益设计的实践

139    第三节  精益建造的愿景

144    第四节  精益营销的艺术

151    第五节  精益物业的服务


158    **第六章   泛地产中的其他精益**

158    第一节  色彩、效应与感悟

169    第二节  灯光、照明与空间

178    第三节  气味、城市与悦人

185    第四节  声音、心理和建筑

194    第五节  树木、花卉与芳草

201    第六节  交通、环境与人

204    第七节  空气、建筑与人

210　第七章　精益管理下的健康生活方式

210　第一节　以血糖管理为主线的健康三大法则

214　第二节　科学饮食的精益实践

220　第三节　合理运动的精益实践

223　第四节　优质睡眠的精益实践


227　第八章　城市更新中的精益之道

227　第一节　城市更新的内涵和再认识

234　第二节　泛地产企业的城市更新精益策略

241　第三节　运用精益管理的拆迁工作

246　第四节　城市更新中的西方旧城保护与改造之借鉴


254　第九章　未来之路：梦想与挑战

254　第一节　泛地产与新型城镇化

258　第二节　推进新型城镇化——以海南自贸港为例

265　第三节　构建海上未来城市——以南海为例

274　第四节　企业家精神的呼唤

282　第五节　AI 浪潮下的泛地产展望

# 第一章
# 困境与挑战

## 第一节 国际大环境下的"双重转型"与中国社会的"双重进步"

世界变得越来越复杂，生活变得越来越丰富，工作变得越来越忙碌。有时候，人们不禁要问，今天的世界是个什么样的世界？人类文明已经走到了哪一步？

气候变化和生物多样性丧失等环境问题日益突出，全球社会正在寻求可持续发展的解决方案。随着互联网和个人终端的普及，人们获取信息和表达观点的渠道更加多元，社会变革和公共议题的讨论更加活跃。人工智能、量子计算、生物技术等科技领域的快速发展正在改变人们的生活方式和工作方式。经济、文化和信息的全球化交流日益频繁，促进了不同国家和地区之间的相互了解与合作。

伴随着改革开放带来的社会财富积累，中国社会的文明走到了哪一步？

中国已成为世界第二大经济体，拥有庞大的制造业和日益增长的消费市场。中国在航天和深海探索等领域也取得了重大进展，在 5G、高速铁路、电子支付和新能源汽车等科技创新领域实现全球领先。随着经济的发展，人民生活水平显著提高，教育和医疗等社会服务也在不断改善。中国在弘扬传统文化的同时，也在积极推动文化创新，增强国民的文化自信。

然而，每个社会都有其面临的挑战和问题，如环境压力、收入差距、城乡差别、文明认知和文化冲突等，全球范围内的"双重转型"如期而至。

什么是双重转型？简单地说，即绿色低碳和数字化协同发展的双转型。数字化转型中同步实现绿色低碳，绿色化转型中也充分发挥数字化的赋能作用，二者依靠技术协同、产业匹配、政策引导以及市场需求等进行融合转型。

> 2019 年，欧盟委员会发布《欧洲绿色协议》；2021 年，通过了《欧洲气候法案》；并于 2023 年征收碳关税（CBAM：欧盟碳边境调节机制，被称为碳关税）。2021 年，美国宣布扩大美国政府的减排承诺，到 2030 年将美国的温室气体排放量较 2005 年减少 50%～52%，到 2050 年实现净零排放国标。2020 年，日本推出《绿色增长战略》，被视为 2050 年实现碳中和目标进度表。
>
> 中国自 2020 年提出"力争于 2030 年前实现碳达峰，努力争取 2060 年前实现碳中和"目标；2021 年又先后出台了《中共中央 国务院关于完整准确全面贯彻新发展理念做好碳达峰碳中和工作的意见》及《国务院关于印发 2030 年前碳达峰行动方案的通知》的"1+N"政策体系，碳达峰与碳中和（即"双碳"）顶层设计基本建立。

全球低碳转型及中国"双碳"目标的确定，对各个产业提出了绿色低碳发展的要求。随着数字技术的进一步发展，传统产业的数字化

双重转型：绿色低碳和数字化协同发展的双转型

快速推进，为低碳转型提供了新的解决思路。绿色化牵引数字化，数字化赋能绿色化，两者互为支撑、协同融合，双重转型对人类和全球的长效发展影响深远。

理解双重转型，必须理解双重转型的动因学说——人文经济学。人文经济学的实质是文化和经济的融合发展，是人类文明进步的源动力和驱动力。这不仅有助于人们更好地理解双重转型的动因，更与后面要认真共同研究的房地产和泛地产关系极大。

让我们把时间拉长到经济学的发展史上。

古典经济学的创始人亚当·斯密，其最著名的著作是《国富论》，书中曾提出一个经典的价值悖论，即水对人更有使用价值，钻石对人几乎没有使用价值，但水的交换价值很小，而钻石的交换价值很大。解释这一悖论，现代主流经济学的解释是，水的资源几乎无限，而钻石的资源很有限，因此水很便宜而钻石很贵，这种解释是有其合理性的。

亚当·斯密（1723—1790），英国著名的经济学家、哲学家和作家，被誉为"古典经济学之父"与"现代经济学之父"，是经济学的主要创立者。

亚当·斯密14岁便考入格拉斯哥大学，学习数学和哲学，并在此期间对经济学产生了浓厚兴趣。他深受哲学教授弗兰西斯·哈奇森的自由主义精神影响。17岁时，斯密转入牛津学院学习，毕业后在爱丁堡大学讲授修辞学与文学。1751—1764年，他回到格拉斯哥大学执教，并在此期间出版了他的伦理学著作《道德情操论》。1764年，斯密辞去了格拉斯哥大学的教职，开始游历欧洲，结识了包括伏尔泰在内的许多名流，对他的经济理论产生了深远影响。1767年，他回到家乡开始撰写《国富论》，历经9年，于1776年正式出版。

《国富论》全称为《国民财富的性质和原因的研究》，这部著作奠定了资本主义自由经济的理论基础，该书的出版标志着古典政治经济学理论体系的建立。《国富论》对后世经济学家的思想产生了深远的影响，被视为现代经济学的奠基之作。它不仅为经济学研究提供了系统的理论框架和概念体系，还为政策制定者提供了重要的参考和指导。同时，《国富论》也引发了关于市场机制、政府干预和自由贸易等问题的广泛讨论与深入研究。

但如果从人文经济学的视角，基于人的个体需求，就会得出更多角度的认识。购买钻石并将其作为珠宝佩戴，给消费者带来社会地位的标志，是一种典型的炫耀性消费。这种消费行为可以用"社会人假设"来给予很好的解释，"社会人"以自己的社会关系来选择消费，那么购买奢侈品就是一种确立自身在社会关系中位置的有效方式。

"社会人假设"是由霍桑实验的主持者梅奥提出的。这一假设认为，人不仅仅是追求经济利益的"经济人"，更是追求社会需求满足的"社会人"。在组织中，员工不仅关注物质利益，更重视与同事、上级之间的社会关系和人际关系。

人在认知低的时候就会出现悖论，但悖论也有其合理性。在满足人的低层次要求时，水的价值就大；在满足了水的需求之后，钻石就更有价值。然而，人的需求是连续的、是高低搭配的，且不能顾此失彼，因此人们对物的价值的理解要考虑其进阶性和层级的差别。

同时，这也很好地解释了现阶段为什么既要有房子住，又要住得好。"住得好"不是简单的好，而是更要注重生活方式的好；不仅要个人的生活方式的好，也要群体性的好；不仅要小群体好，更要大群体好，即要构建社会文明。（关于生活方式和社会文明如何通过精益管理来构建，在后面的篇章会细细道来）

回到人文经济学方面，亚当·斯密还认为，市场经济的发展和人类的道德情操是相互关联的，在《道德情操论》中探讨了人类天生的同情心和正义感，这些道德情感是社会交往和市场经济健康运行的基础。

《道德情操论》出版于1759年，是亚当·斯密道德哲学体系的奠基性著作，也是情感伦理学的早期代表作。该书对现代西方情感主义伦理学产生了深远影响，为后来的道德哲学家提供了新的视角和启发。同时，《道德情操论》还建立了西方市场经济制度的伦理道德基础，对促进人类福利和社会和谐发展起到了重要作用。

在现实生活中，人既是"经济人"，要以自己的物质利益最大化来选择，人也是"人文人"，要以自己的精神需求持续满足来选择。只考虑"经济人"，不考虑"人文人"，则无法很好地解释许多微观经济行为。

就像水对于普通人来说，是每个人每天都不可缺少的，有长期的、基础的价值。人可以不戴珠宝，但是不能不喝水。人在不同的社会阶层和不同的发展时期，有不同的需求。基于不同的需求，对价值的认识差距巨大，但是这种认识要回归到普世的价值。

认识有先后，但终究殊途同归。对人文价值的认识，源于物质的认识，但最终还是要回归到人文关怀。虽个体的命运有所不同，但在融入社会进步的进程中，大体就会相同，无外乎就是从简单地注重基础物质的价值逐步上升到更加关注人文价值。随着个体的学习和成长，对水和珠宝的认识会更加全面、系统和达观（达到客观），对世界的认知也更加全面和成熟。对群体而言，社会群体的认识也会逐渐统一，人文价值逐渐凸显。世界大同会成为各个国家与民族的价值向往。

## 第二节　人文经济学、制度经济学与社会进步、泛地产

亚当·斯密的《国富论》问世以后的一百多年，经济学家们几乎探访了所有与经济学有关的领域。"这个世界的辉煌壮观与它的污秽贫困，它在技术上的巨大成就或是它在人性价值上的缺点"，凡勃仑的著作《有闲阶级论》由此诞生。

托斯丹·邦德·凡勃仑（1857—1929），是美国著名的经济学家，同时也是制度经济学的鼻祖。他在卡尔顿学院学习，后转入约翰·霍普金斯大学和耶鲁大学深造，最终在耶鲁大学取得哲学博士学位，并在威廉·格雷厄姆·萨姆纳的指导下学习经济学。

凡勃仑的学术生涯起步较晚，从1884年到1891年，他经历了长达7年的失业期，期间主要靠家人和岳父家接济生活。1891年，凡勃仑在康奈尔大学经济系谋得教职，随后被新成立的芝加哥大学聘为教师，并在此后的学术生涯中执教

于斯坦福大学和密苏里大学。

《有闲阶级论》出版于1899年。该书通过对社会制度的分析，详细阐述了"有闲阶级"的产生、发展及其在社会经济生活中的地位和作用。凡勃仑认为，社会结构的发展是制度方面的一个自然淘汰过程，类似于达尔文的生物进化规律。他通过对有闲阶级的全面分析，揭示了资本主义社会的内在矛盾和冲突，并提出了对资本主义制度的批评及改良主张。

凡勃仑在《有闲阶级论》中提出了"炫耀性消费"的概念。他认为，在资本主义社会中，富裕者通过过度消费展示自己的财富和社会地位，这种消费不仅仅是满足实际需求，更多的是为了显示自己的社会地位和身份。凡勃仑将社会分为两个主要阶层：有闲阶级和劳动阶级。有闲阶级是指那些不需要通过劳动来维持生活的富裕阶层。这些人的生活方式、消费习惯和社会活动都成为展示其地位的方式。

人文经济学源于马克思主义。不同的是，马克思是站在工人阶级和资产阶级特别是他们之间的矛盾的角度，而凡勃仑是从人类社会的经济人和人文人角度对有闲阶级直击痛处。他的理论的确在很大程度上改变了有闲阶级群体的行为习惯和生活方式以及外在思想变化，进而也对资本主义国家物质文明特别是精神文明的发展带来新的动力。凡勃仑甚至改变了那些以犯人、强盗、流放者为外在形象的西方殖民者，让他们变得更加有教养、更加有文明，也改变了近代美国人的形象，同时为美国的国家制度和经济发展起到了推动作用。

人文经济学强调尊重人的生命及其价值，以保障人的幸福和尊严为目的，关注经济与社会、人类与自然、物质与精神的和谐发展。制度经济学则通过研究经济制度对经济发展的影响和作用，揭示经济制度如何塑造社会经济关系，促进或阻碍社会目标的实现。两者都探讨了经济与社会之间的相互关系。在此之上，从个体到国家到制度是相通的，所以人文经济学某种程度上也是制度经济学。

凡勃仑作为制度经济学鼻祖，他无情地批判了有闲阶级之后转而讨论制度问题。在他看来，制度实际上就是人们的思想习惯，他强调制度在经济生活中的作用，认为经济行为受到特定社会结构和文化背景的影响。凡勃仑的观点在当时被认为是激进的，但随着时间的推移，他的许多理论逐渐被接受，并对后来的社会学和经济学研究产生了重要影响。但是由于凡勃仑是"社会评论家"，其个人影响有限，没有形成一个阶层、群体，特别是长期有效的组织，没有推动他的经济学理论对社会制度的变革，这是非常遗憾的。

视角回到当今。我国经历了新中国成立 76 年、改革开放后 47 年，社会思潮和民众心态与"一战"后、"二战"前的美国民众的思潮和状态现状颇为相似。典型表现在：一部分"先进"阶层，需要享受更先进的文明，而另一部分阶层需要学习较先进的文明，两种需求都要得到满足，但两种需求难免存在着尖锐的冲突。对此，如何规避上述曾经提到的资本主义社会在经济与人、自然与人和环境与经济等方面的矛盾，少走或不走西方市场经济国家的弯路。对我们来说，就有特别强烈的现实意义和借鉴价值。

新时代人文经济学是马克思主义基本原理同中国具体实际相结合、同中华优秀传统文化相结合的智慧结晶。"建设中华民族现代文明，是推进中国式现代化的必然要求"和"探索文化和科技融合的有效机制，加快发展新型文化业态，形成更多新的文化产业增长点"，科学理解人文经济学，为实现物质文明与精神文明协调发展提供科学的理论指导，推动我国在文化经济共生共荣中实现高质量发展。

以上，用了较多的文字，希望人们了解和认识人文经济学以及双重转型。其实，更大的意义在于，从时间的跨度和经济学的发展进程，特别是人类社会经济与文化进步过程中所形成的人类文明的进步，去深刻理解房地产这样一个特殊领域发展的本质规律以及向泛地产转变的必然趋势。在此，需要着重指出的是，人文经济学理论旨在人文、文明与文化上下贯通，相互包容，互为依托。

人文经济学在宏观、中观和微观层面有哪些特点？

宏观范畴上就是人文经济，与宏观经济调控相关，它是运用宏观经济学理论，以社会经济发展为目标，以国家和民族的人文与历史底蕴之传承为主线，不断变革性地推动国家和社会的进步。

中观范畴上就是文明经济，与产业经济和区域经济相关，它是运用产业经济和区域经济理论，以产业和区域经济发展为目标，以区域文明特色和城市历史文化传承为主线，不断升级式推动产业文明和城市文明。

微观范畴上就是文化经济，与具体行业特别是某个领域的企业经济活动相关，它是运用微观经济学特别是科学管理理论，以行业和市场经济组织的发展为目标，以行业进步成果的凝聚和企业优秀文化的传播为主线，不断创新性地以产品和服务形式输出到市场和社会。

这就是百年以来在以制造业为主体的精益思想下的精益管理，是指导个体、组织、城市以及经济社会发展的着眼点和目标。

在人文经济学的框架下，自然与人，蕴含着相互依存、冲突与和谐、可持续发展的关系。经济与人，蕴含着以人为本、社会责任、创新与技术的生态平衡。生活幸福、社会公平与文化多样等，是人类普世的价值观。

视角回到房地产。

中国的传统房地产严重地忽视了对经济学基础的研究，忽视了科学地把握马克思主义政治经济学、西方科学经济学和新时代中国特色社会主义经济学，更不要说从宏观对房地产产业的顶层设计，到中观对区域和产业经济的顶层谋划以及微观对企业管理和项目开发的一以贯之了。

正因如此，中国房地产产业、行业和企业的科学发展，走了很长一段弯路，出现了太多片面的、静止的、机械的、自私的、短视的做法和思想，任由其发展，导致愈演愈烈。宏观、中观、微观的概念不清、边界模糊、三者错位，加剧了当下的危机。

山重水复疑无路，柳暗花明又一村。人类始终要进步，规律最终要起作用。社会经济也是如此，难免波峰波谷交替，所形成的经济周期就是在犬牙交错中，推动人类社会文明的进步。为此，要做好充分的物质积蓄、知识积累以及信心和动力的储备。

对于为人类提供基础空间的建设领域，特别是在泛地产领域，同样要以人文经济学的视角思考如何双重转型。

# 人文经济学

- 还需看到，人文经济学是对传统宏观经济学、中观经济学（如产业、区域经济）以及微观经济学的链接、补充和深化，把人的复杂性如情感、文化、价值观、社会关系等纳入经济学的分析框架，弥补了传统经济学在理论上的局限性。

| | 传统经济学 | 人文经济学 |
|---|---|---|
| **宏观层面** | 通常以GDP、就业率、通货膨胀等指标为核心，关注整体经济的运行和增长。 | 强调经济活动的最终目的是提升人的幸福感和社会的公平性。 |
| **中观层面** | 关注产业和区域的经济活动，强调效率和竞争力。 | 认为产业和区域的发展应以满足人的需求为核心。 |
| **微观层面** | 基于"理性经济人"假设，认为人的行为是理性和自利的。 | 认识到人的行为受到情感、文化、价值观和社会关系的深刻影响。 |

- 随着科技发展和社会进步，人文经济学对人类政治、经济和生活的指导作用越来越大。学术界、理论界和社会各界，应给予更多的重视。

① 该页内容为本部分的引导性思考，旨在引导读者在此内容上的进一步思考。

# 第三节　国家政策、经济周期与行业变革的交响

新中国成立之初，百废待兴。对外，要摆脱近百年来被帝国主义压迫和殖民的屈辱地位，通过外交努力与军事斗争，取得一系列的重大胜利。对内，一方面，要在尊重科学规律的基础上，以长期主义的战略眼光，搭建以农业为基本和重工业为基础的国民经济体系。为此，中国人民用了 30 年的时间，完成了支撑中国经济纵深发展、重轻工业兼顾的产业结构基础。另一方面，新中国成立初期的 5.5 亿人口中 80% 的人文化水平较低，为了解决这一人口结构问题，通过大力扫盲、办学和历次社会运动等，快速提升了中国人民的整体素质。以上巨大进步的取得，凝聚着广大人民群众为国家建设做出的贡献，也见证了中国人民艰苦奋斗的伟大精神。

以改革开放为转机，中国人民在站起来之后，开启了以"富起来"为标志的改革开放进程。其中，以住房改革为标志，掀开了中国房地产行业从初创到初级发展的全新一页。回头看来，有两个基本特点：一是，源于传统的建筑业，即施工企业简单进阶成为房地产开发企业；二是，效仿我国香港地区的土地批租制度、预售制度、按揭贷款和快周转等。

不论是央企、国企还是民营性质的房地产公司，多数都是施工企业出身，少数是非建筑业出身。

## （1）由专业建筑公司转型的房地产公司

中国建筑集团有限公司：1982 年 6 月 11 日，经国务院批准，原中国建筑工程总公司成立，原国家建筑工程局下属的多个工程局和设计院等单位划归其建制，享有独立经营的自主权和独立法人资格。1984 年，中国建筑推行经营承包责任制，开始施行企业改革。1986 年，实行经理负责制，不再设立董事会。1995 年，以中国建筑工程总公司为核心企业组建

中建集团。1996年，导入CI战略，推动企业发展。2007年，中国建筑股份有限公司创立，标志着企业整体重组改制顺利完成。

中海企业发展集团有限公司（以下简称"中海地产"），隶属于中国建筑集团有限公司的子公司中国海外发展有限公司。中国海外发展有限公司1979年在中国香港创立，1992年，在香港联交所上市（股票代码：00688.HK，以下简称"中国海外发展"），并在2007年入选恒生指数成份股。中海地产在房地产开发与不动产运营管理方面拥有超过40年的经验，业务遍及港澳地区和内地80余个城市以及美国、英国、澳大利亚、新加坡等多个国家和地区。

中海地产是特例，中海地产虽然源于建筑业，但因长期在香港地区发展，在发展初期，更快地掌握了香港模式，所以发展初期很迅速，后期又在香港地区亲身经历了亚洲金融风暴和2008年全球经济危机，其风险意识，远高于内地房地产企业，因此在经济下行期，依然能保持稳健。

2013年，为顺应央企整合的目的，中国建筑集团有限公司将旗下中国建筑股份有限公司房地产事业部等地产业务注入子公司中海地产，而集团旗下八大工程局自有的地产开发业务仍做保留运营。近两年来，中建各局搭建出自己的房地产品牌，譬如中建一局、二局、三局、五局、八局旗下的主要地产平台中建智地、中建玖合、中建壹品、中建信和、中建东孚，逐步加码地产业务。

**（2）少数非源于传统建筑业的地产开发商**

华润置地有限公司（以下简称"华润置地"）作为华润集团的地产业务旗舰，秉承"品质给城市更多改变"的使命和"最具行业影响力的城市投资开发运营商"的愿景，坚持高质量发展之路，致力于成为优秀的综合性房地产企业。华润置地在面对行业调整期的挑战时，依靠差异化的竞争优势和战略聚焦，实现了稳健的营收和利润增长，2023年销售业绩在行业中排名第四，其经营性不动产业务表现尤为亮眼。

中国金茂控股集团有限公司，作为国有独资中国中化控股有限责任公司旗下的上市平台，坚持"科学至上"的理念，以"绿色健康 智慧科技"为核心，推动人居升级和城市进化。其在房地产领域走出了高质量升级新格局，通过聚焦改善类产品和城市核心区域，实现了签约销售额和回款率的历史新高，同时在绿色建筑项目上也取得了显著成就。

厦门国贸地产集团有限公司（以下简称"厦门国贸"），作为国贸控股集团的核心成员企业，始终以客户为中心，尊重每一寸土地，通过多维度实现美好人居。国贸地产已进入全国六大区域和20个重点城市，累计开发近150个精品项目，开发项目面积近2000万平方米，服务全国业主近30万名，并多年荣获"中国房地产30强企业"称号。此外，厦门国贸还积极参与城市化建设，推动城市更新业务，为城市发展贡献力量。

珠海华发集团有限公司（以下简称"华发集团"），组建于1980年，与珠海经济特区同龄，是珠海最大的综合型国有企业集团之一。华发集团自2012年以来实施了"转型升级、跨越发展"战略，从单一的区域型房地产企业转型为科技、城市、金融三大产业集群齐头并进的综合型企业集团。华发集团的区域布局已经拓展至全国七十多个主要城市以及海外地区，展现出强大的综合实力和行业地位。2023年，华发股份实现营业总收入721.4亿元，同比增长19.4%，尽管面临归母净利润下降的挑战，但公司依然重视股东回报，分红比例大幅提升。

上述4家房企的开发理念与由专业建筑公司转型来的传统房企有所不同，这些房企来自进出口和外贸行业，不同的出身决定了他们 20 多年后的今天不一样的行业地位和经济下行期不一样的境地。

中国房地产初级阶段所经历的主要过程：

（1）1978—1998 年，房地产前期探索和起步阶段。

20 世纪 80 年代初，我国开始探索住房商品化，鼓励居民购买公有住房。1982 年，宪法修订，确立了土地所有权与使用权分离的原则，允许土地使用权有偿转让。1994 年，分税制改革，土地出让收入成为地方主要收入来源之一，间接带动了房地产行业的发展，同时，一系列法律的制定与实施成为房地产正式市场化前的准备阶段，该阶段主要以福利分房为主。

（2）1998—2007 年，房地产市场化的 10 年。

1998 年，国务院发布了《国务院关于进一步深化城镇住房制度改革加快住房建设的通知》（国发〔1998〕23 号），标志着住房福利分配制度的终结，开启了住房货币化的进程。随着住房制度改革的推进，商品房市场逐渐形成并迅速发展。

然而，2000 年供需关系失衡，2001 年中国申奥成功和中国加入 WTO 等热点事件促使炒房团等投机潮出现，市场保持上行。2002 年 5 月，全面实施土地招拍挂制度，提高了土地资源配置效率，房地产投资开始过热。

为应对房价快速上涨等问题，政府出台了一系列调控政策。2003 年，央行首次推出二套房提高首付，利率上浮抑制房价；"非典"发生后，国务院办公厅发布"国八条"（国办发明电〔2005〕8 号），房价反弹，市场持续上行。2005 年开始"地王"频出，市场供不应求且大量热钱流入，助推房价上涨；2006 年 12 月，中国金融业"全面开放"，外资与热钱涌入，股市和楼市双涨。

此后，自 2007 年下半年开始国家收紧金融政策，规定二套房首付不低于四成，利率基准上浮 1.1 倍，加强外商投资房地产的审批。央行加息、上调准备金利率，房价和成交量开始跳水。

| 1978 | 1998 | 2008 | 2019 |
|---|---|---|---|
| 房地产前期探索 | 房地产市场化 | 房地产金融化 | 回归居住属性 |

中国房地产初级阶段所经历的主要过程

（3）2008—2018 年，房地产金融化的 10 年。

2008 年，随着全球金融危机暴发，房地产渐入寒冬。为稳定经济增长，四万亿投资刺激，降首付、税费，增加房贷利率折扣，放宽购房落户等房地产政策的推行，房价开始止跌回升，2009 年全国房价同比上涨 23%。

2010 年 4 月全国两会后，"最严调控"拉开序幕，在土地供应、市场结构、税收和信贷调控的基础上，各地出台限购措施，货币政策紧缩，新开工量快速加大，导致市场供过于求，市场下行。高房价城市开始限购，信贷政策调控趋严，首付比例上调为 30% 起，二套房首付不低于 50%，贷款基准利率上浮 11 个百分点以上，暂停三套以上的房屋贷款，全国房价应声下跌。

2012 年下半年，央行两次降准降息，土地供应不足、叠加"地王"频现，房价上涨。中国经济进入新常态，在"稳增长"和"去库存"的政策诉求下，出台四轮刺激政策，主要是放松限购限贷，加强信贷支持和税收减免。2014 年，二套房认定标准由"认房认贷"改为"认贷不认房"。2015 年，"330 新政"去库存。2016 年政策放松，房地产市场呈现"一、二线高房价，三、四线高库存"的区域分化现象。

2016 年下半年，针对市场过热情况，各地相继出台严格的限购、限贷、限价和限售政策并逐步升级；2017 年党的十九大明确提出"房住不炒"。

（4）2019 年至今，房地产去金融化回归居住属性。

2018—2019 年后各地政策频出，防止房价过快上涨，2020 年疫情让房产发展获得一定新空间。2021 下半年，房企融资"三道红线"、房贷管理"两道红线"持续发力，银行业金融机构急于"收伞"，市场下行，随后，救市及政策频出，房地产逐步进入行业调整期，发展逻辑转变，暴涨时代不复存在。政策、经济与行业的交响，到 2023 年戛然而止。

至此，广大从业者才开始跳出房地产来看房地产。2023 年以来，全球经济低迷，加之贸易战和疫情等影响因素，房地产进一步"坠入深渊"。从 2020 年开始，高校陆续撤并房地产相关专业，从 300 多个到 2023 年底不到 80 个，房地产企业破产"躺平"、关门不断发生，社会上按揭购房者断供，房地产项目无法交付，房地产上下游行业如规划设计、材料设备制造、营销服务、物业管理乃至商业零售的生产经营也产生剧烈连锁反应，进而对国民经济的增长产生较大负面影响。

总的来说，我国房地产行业的初级阶段呈现了行业成就与认知迷茫不甚中听的"二重奏"。既有很大贡献，也有经验教训。贡献主要体现在城镇居民居住环境得到极大改善，人均住房建筑面积从 6.7 平方米增加到近 40 平方米，解决了有没有的问题。经验教训主要体现在产品品质的进阶未能持续，较多房企未能走上科学发展之路，行业及产业的发展未能形成持续健康平稳，由此对国民经济的良性发展未能起到健康的促进作用，甚至被批"绑架了中国经济"。

## 第四节 市场需求升级与房企产品的重塑

前一节提到，随着中国经济在过去几十年的高速发展，人民的生活水平得到了显著提升。从"站起来"到"富起来"，中国人民的消费能力和消费需求都在不断提高。伴随着经济的持续增长和居民收入的增加，房地产市场也经历了从基本居住需求到高品质美好生活需求的转变。

这种转变，不仅反映了经济发展的成果，也标志着中国社会进入了一个全新的发展阶段。

消费升级。这不仅体现在消费总量的增长上，更体现在消费结构的变化中。消费者越来越注重品质，愿意为更高质量的商品和服务支付更高的价格。这一趋势在房地产市场中表现得尤为明显。

生活方式。过去，人们可能更多关注的是住房的基本功能，从最早的住房面积，到关注户型，再到关注物业、配套和街区。随着物质生活的改善，人们对生活方式的追求逐渐多元化，开始关注居住环境的美观性、舒适性和文化氛围。

绿色生态。绿色建筑和生态社区成为新的趋势，人们越来越注重环境保护，愿意选择那些能够提供健康、可持续居住环境的房地产项目。

智能设备。智能家居技术的普及也推动了生活方式的进阶。通过智能化设备，居民能够更方便地管理家居生活，提高生活的便捷性和舒适度。

文化社交。社区文化和社交空间的设计也开始受到重视。人们更倾向于选择那些能够提供丰富社交活动和文化体验的社区，以满足其社交需求和精神追求。

高端住宅、生态社区和智能家居等高品质房地产产品的需求显著增加，推动了房地产开发商在产品设计和服务内容上的创新。为了满足不断升级的消费需求，房地产企业必须在产品定位、开发策略和市场推广等方面进行调整，以提供更高品质、更具附加值的房地产产品。

当然，在物质生活不断丰富的同时，中国社会的文明意识也在逐步觉醒。人们开始更多地关注社会责任、环境保护和文化传承。这种文明意识的觉醒不仅影响了个人的生活方式，也对整个社会的发展方向产生了深远的影响。

面对消费升级和生活方式进阶的新需求，房地产供给端必须进行顶层设计，以适应市场变化。然而，源于建筑业的出身和效仿香港地区模式的短期思维，房地产长期生产初级的和不全面的产品；又由于房地产没有补齐上述提到的人文经济和科学管理的重要一课，房地产陷入了短期主义。产品不仅没有随着市场的需求而升级，没有用科学管理武装自身，没有从开发全过程的管控体系和从"融、投、定、设、建、销、管、退"全过程资产管理武装自己，更没有从文化体系、战略体系、品牌体系、供应链体系、产品体系、组织体系和管控体系、人力资源体系以及薪酬体系去与时俱进地全面建设，反而使得个人主义、私欲主义和短期主义相互效仿，以至于伪科学和反科学的做法一度甚嚣尘上。

从宏观角度看，政府需要制定符合当前经济发展阶段的房地产政策，确保市场的健康发展。这包括调控土地供应、优化城市规划和推动工业化建筑发展等方面的措施。

从中观角度看，房地产产业链的上下游企业需要紧密合作，共同推动行业的创新和升级。建筑材料供应商、智能家居设备制造商和物业管理公司等都需要积极参与到这一过程中，为房地产项目提供更高质量的服务和支持。

在行业周期和经济变革的大背景下，房地产需要从"世界观、人生观、价值观，宏观、中观、微观，产业观、行业观、企业观，文化观、产品观、文明观"的"十二观"全视角，进行全方位的思考和布局。

通过从"十二观"全视角入手，微观角度下的房地产企业能够更好地理解市场趋势，制定符合未来发展方向的战略。同时，政府、产业链上下游企业和消费者的共同努力，将推动中国房地产市场的进一步发展和成熟，实现更高质量与更可持续的发展目标。

# 第五节　城市更新的迫切需求

城市的起源可以追溯到远古时代，当时的人们为了防御和交易的需要而开始聚居。随着工商业的发展和社会分工的细化，城市逐渐崛起并成为人类生活的中心。现代城市与工业化、信息化等现代化进程紧密相连。城市的规模不断扩大，功能日益完善，成为国家经济、政治与文化等活动的核心区域。

改革开放 40 多年来，中国的城市化进程取得了令人瞩目的成就，城市规模和人口迅速扩大，经济活动日益活跃。然而，这种快速发展的背后也隐藏着诸多问题，如环境的恶化、资源的浪费和生活品质的下降等，尤其是在注重效率和速度的过程中，往往忽视了城市发展的质量和可持续性。

随着社会经济的发展，城市面临着新的挑战，例如由于房地产初级阶段的"短平快"、短期主义和利己主义，更加剧了我国的"城市病"。许多城市，特别是快速发展的城市，如深圳发展不到 40 年，大量的建筑已经老化，建筑寿命和空间功能寿命都已经完结。相比之下，中国古代百年甚至千年的建筑以及西方发达国家的建筑，其自然寿命、功能寿命特别是"历史文化寿命"在不断延长，所散发的光辉和灿烂的文明更加耀眼。

面对诸如"城市病"的加剧、建筑寿命的缩短以及历史文化遗产的丧失等问题，城市更新成为当前的一项紧迫任务。

城市更新关系到当前居民的生活质量，更应该继续朝着可持续发展、智慧城市建设和人文关怀等方向发展。随着科技的进步，智慧城市的理念逐渐深入人心，通过物联网、大数据等技术手段，可以更有效地管理城市资源，提高城市运行效率。

城市更新的迫切需求

在可持续发展的背景下，城市更新将更加注重环境保护和资源的节约利用，同时关注居民的生活质量和幸福感。展望未来，城市更新也更关系到"未来城市"的发展方向。

在这过程中，我们还需要反思的是，对于人类最重要的生产和生活的环境——城市，我们应该为它做些什么？

什么是城市？城市从哪里来？它经历了哪些历史进程？有哪些经验教训值得我们借鉴？城市发生了哪些需要我们借鉴、铭记和发扬光大的内容？城市走到了生命进程的哪个阶段？哪些该做、哪些不该做？哪些更有利于城市健康发展？这些问题大多数人身在其中却并不知晓。

所以，人们对城市的定位、城市规划和城市建设，大多数时间是盲人摸象，以至于在不断地"摊大饼"、建高楼，甚至建设奇楼和怪楼；城市的空间充满了钢筋混凝土，灰暗与凌乱；生活，加剧了人们思想的冲突与身心的亚健康，这样的城市空间，使人民的生活空间和物质空间压抑且无奈。

如何在双重转型、行业变革和市场需求升级的大背景下，进行顶层设计、基础搭建、赓续城市历史、彰显城市历史文化底蕴的实践，引领行业走向更加现代文明的未来，这是摆在中国泛地产产业链和广大从业者面前无法回避的重大课题，也是历史赋予我们这一代人特别是泛房地产人的重大使命。

## 第六节　科技进步的双刃剑——材料革新与 AI 的应用

随着科技的不断发展，特别是在第四次工业革命的背景下，世界各地的科技进步正在以前所未有的速度和规模改变着人类的生产和生活方式。各种科学技术，尤其是绿色低碳、数字化智慧和以人工智能（AI）为代表的智能领域的快速迭代，正在深刻影响着传统行业的运作方式。

欧美国家在AI的应用方面取得了显著的成果。例如，AI技术在医疗、金融和交通等领域的应用，不仅提高了工作效率，还显著降低了运营成本。无人驾驶汽车、智能家居及AI助理等科技产品，正在逐步走入普通家庭，改变人们的生活方式。

中国在科技进步方面也不甘落后，通过推动创新和应用新技术，许多行业都取得了长足进步。例如，房地产行业开始应用大数据和AI技术优化房产开发与管理流程，提升了工作效率和客户满意度。同时，智能建筑和智慧城市的概念也逐渐成为现实，为居民提供了更便捷和更高效的生活环境。然而，中国在科技进步过程中也面临着一些挑战，特别是在如何平衡传统文化保护与现代化建设之间的问题。

然而，对于许多行业而言，这种迅猛的科技进步无疑是一把双刃剑，一方面，带来了巨大的创新机会和经济增长潜力；另一方面，也让许多传统行业面临前所未有的挑战和不确定性。

例如，AI技术的快速发展，使得许多传统工作岗位面临被替代的风险。这不仅给相关从业人员带来了就业压力，还引发了社会的不安和焦虑感。以ChatGPT等AI语言模型为例，它们在自然语言处理和生成方面表现出色，能够替代一些需要人类进行复杂沟通和信息处理的工作。然而，这也引发了对AI技术滥用的担忧，如信息安全、数据隐私等问题。

科技的快速进步对中国泛地产产业链及广大从业者提出了新的课题和挑战。在这些快速发展的背后，有三个要素值得深入思考：

首先，创新是科技进步的驱动力。创新分三种，即传统升级式创新、融合式创新和颠覆式创新。其中，最重要的是颠覆式创新，而颠覆式创新靠的是管理创新。没有管理创新的进步，科技进步容易成为"单兵突进"，缺乏协同效应和放大效应，难以形成泛地产对国民经济整体发展的促进作用。

其次，基础空间是科技进步的前提。从现状看，作为提供基础生产、生活和生态空间的建设领域仍然很传统与落后。可以说，没有建设领域的现代化和进步（包括房地产的现代化），中国式现代化的进程将难以实现。

最后，所有的科技进步最终都应回归到"人"。只有以人为本的科技进步才是真正的进步。因此，科技进步应注重泛地产的同步发展，只有二者协同，才能推进其服务对象和发展目标——人的进步。进一步说，泛地产影响人、感动人、感化人和教化人的理想目标，只有在科技助力下才能更好更快地实现，进而实现全社会的和谐、自由、民主和幸福。

这既是对科技进步发展的要求，也是对中国传统房地产行业向泛地产行业转型升级的召唤。

# AI本身就是一种
# 新质生产力

- 在AI革命时代，首先要明确AI是什么，才能有的放矢，事半功倍，这样同样适用于泛地产行业。

  **马克思主义政治经济学**定义生产力是劳动者、劳动工具和劳动对象三要素相互作用和协调的结果。
  而新质生产力可理解为是新质劳动者、新质劳动工具和新质劳动对象这三个新要素共同作用的结果。

### ✓ 新质劳动者

AI可作为新质劳动者，执行各种任务，如分析数据、生成报告、进行客户服务、驾驶汽车等。在这些情况下，AI充当了劳动者的角色，代替或辅助人类完成工作。

### ✓ 新质劳动对象

AI可作为新质劳动工具，其技术本身帮助人类劳动者更有效地完成任务，AI是增强人类劳动能力的工具，提高了生产效率和质量。

### ✓ 新质劳动工具

AI可作为新质劳动对象，我们可以使用AI本身来创造或改进AI系统，包括AI系统的设计、开发、训练和维护。

# 第二章
# 房地产开发模式的重塑

## 第一节　传统模式的瓦解

　　房地产行业的传统模式曾经在很长一段时间内主导着中国房地产市场，形成了以高周转、高杠杆和高利润为核心的基本做法，具体表现为量本利原理、杜邦公式、合伙制、跟投制以及代建等较为原始的商业模式。

　　拆解传统模式的局限性之前，先回顾企业生产和交换的最基本常识——量本利分析法。

　　量本利分析法又称盈亏分析法，是微观经济学的基本原理之一。其核心在于通过计算组织的盈亏平衡点，帮助企业理解在不同产量下成本与收益之间的关系。具体而言，当产量增加时，销售收入会成正比增加，但固定成本保持不变，只有变动成本随产量的增加而增加。

　　量本利分析法计算盈亏平衡点的公式为：$BE=FC/(SP-VC)$。公式表示企业不盈不亏时的产量或销售额。其中，$BE$ 代表盈亏平衡点的销售额或产量，FC 代表固定成本，SP 代表单位产品的售价，VC 代表单位产品的变动成本。

需要注意的是，边际成本是变动成本的一个特例，边际成本（Marginal Cost，简称 MC）是指在生产过程中，每增加一单位产量所增加的总成本。它仅考虑最后一个单位产品的成本变化，而忽略之前产品的固定成本。边际成本的计算公式为：$MC = \triangle TC/\triangle Q$，其中 $\triangle TC$ 表示总成本的变动量，$\triangle Q$ 表示产量的变动量。

在实际应用中，企业可以通过量本利分析法确定保本销售量和销售额以及在目标利润下所需的销售量和销售额。同时，通过计算边际成本，企业可以更好地理解在不同产量水平下的额外成本，并据此做出成本控制和定价策略的决策。例如，如果边际成本低于销售价格，企业可能会选择增加产量以增加利润；反之，则可能考虑减少产量或调整成本结构。通过结合量本利分析和边际成本的概念，企业能够更全面地评估其经营状况并做出更合理的经营决策。

然而，随着市场经济的发展和企业规模的扩大，这一方法的局限性日益凸显。在餐饮行业，常说的"翻台"概念，就是量本利分析法在实际操作中的体现。可以在不增加固定成本的前提下，增加销售收入，从而提高盈利能力，翻台率的提高是提升收益的关键。然而，固定成本和变动成本的平衡，并非简单的数学问题，而是涉及服务、管理和品牌等多方面因素的综合考量。同样，在机票定价中，航空公司需要考虑的也不仅仅是成本和收益，还有市场需求、竞争态势与客户偏好等复杂因素。

在商业领域，有两种杠杆的常见形式。

一种是，控制杠杆，即用小的股份控制大的资产；另一种是，财务杠杆，即用小钱做大的投资，可进一步分为财务性的和经营性的。我国的房地产企业，大约一半的债务融资是财务性的，另一半是经营性的，即把房企从金融机构或者资本市场借来的钱称为财务性杠杆，把房企从客户（房地产预售）或供应商（垫资）那里借来的钱称为经营性杠杆。

在房地产初级发展阶段，财务杠杆的运用往往结合着杜邦公式。

杜邦公式是由杜邦公司的财务分析师 F. Donaldson Brown 在 20 世纪初发明，最初用于梳理通用汽车公司的内部财务，随后在财务分析领域占据了主导地位，直至 20 世纪 70 年代。

具体来说，杜邦公式可以表示为：$ROE =$ 净利润 / 净资产。这个比率可以通过杜邦公式进一步拆解为：$ROE =$ 销售利润率 × 总资产周转率 × 权益乘数。

杜邦公式的核心在于将 $ROE$ 分解为三个主要部分。盈利性：通过销售利润率衡量，反映了企业的获利能力。资产效率：通过总资产周转率衡量，反映了企业资产的管理效率。杠杆水平：通过权益乘数衡量，反映了企业的财务杠杆使用情况。

任何单一财务公式都有其局限性，就像量本利分析法一样，杜邦公式作为传统房地产财务管理的重要工具，其优点在于能够从资金角度出发，解决高效管理的问题，同时兼顾了效率和效益，但也存在着明显的不足。

杜邦公式作为最原始、基本和初级的经营管理工具，与社会化、专业分工基础上的社会大生产所需的经济学支撑相去甚远。现代企业管理下的公司财务原理与金融学原理，特别是投融资原理，其复杂度和深度远远超过了杜邦公式所能涵盖的范围，相比之下好似大雁之于麻雀，大象之于蚂蚁，宇宙之于人类，人体之于单个器官。

具体来说，杜邦公式仅从资金角度出发，高效地解决了资金运作过程中的效率和效益问题，但对于房地产企业而言，其面临的问题远不止于此。房地产企业的成功，需要综合考虑融资、投资、定位、设计、建造、销售、运营和退出等多个环节，而杜邦公式显然无法提供全面的解决方案。

更为严重的是，长期依赖杜邦公式的单一思维模式，不仅限制了房地产企业的创新能力，还可能导致房企在追求短期利润的过程中忽视产品质量和服务品质，甚至背离人文精神。

这种"短平快"的思维方式，也进一步推动了房地产行业的"合伙制""跟投制"等机制的出现。

合伙制和跟投制，作为房地产企业应对市场变化策略的商业模式，虽然在短期内可能带来一定的收益，但从长远看，存在诸多问题。

合伙制作为市场经济之前原始商品经济进化的产物，其本质在于单一劳动者通过专业分工与别人协同工作，或在本专业内与别人合伙。

合伙制在某些行业如会计师事务所、律师事务所等，因其劳动属性和产品特性，具有一定的优越性。然而，对于房地产开发这一极其复杂的社会化大生产活动而言，合伙制显然并不适用。

一方面，房地产开发涉及多个专业领域和复杂环节，需要高度专业化的团队和精益化的管理；而合伙制往往难以形成有效的专业分工和协同机制，导致管理效率低下和决策失误频发。另一方面，合伙制还容易引发利益冲突和信任危机，特别是在面对重大决策和利益分配时，合伙人之间的分歧和矛盾可能会严重影响企业的正常运营和发展。

有的房企引入合伙制，风马牛不相及，分析其原因，要么对经济学原理和常识懵懂，要么就是隐藏很深的管理问题。

跟投制，从2012年某民营房企首次提出"成就共享"计划，再到2014年某龙头房企推出的"事业合伙人"以及升级版的"同心共享"计划，这一模式逐渐在房地产行业建立起来。

市场上行期，跟投制确实带来了丰厚回报，但在行业下行期以及在不断变化的市场环境和时代背景下，"超额激励"的初心不再，给员工更多带来的是损失，给企业也增加了不少管理上的麻烦。

首先，跟投人的投资能力与房地产项目的总投资规模相比，严重不成比例。按照同股同投的原则，个人跟投往往难以达到有效的投资规模，从而无法真正发挥激励作用。

其次，跟投制加剧了"短平快"的负面效应。由于跟投人和项目管理者更希望以最短的时间获得收益，因此往往倾向于采取减成本和减质量的"双减"做法，以追求短期利润最大化。这种做法不仅损害了企业的长期利益和发展潜力，还可能导致产品质量下降和消费者信任度降低。

更为严重的是，在"双减"效应下，拥有善恶两面的人，会不可避免地倒向恶的一面，正如马克思所说："一旦有适当的利润，资本就胆大起来。如果有 10% 的利润，它就保证到处被使用……为了 100% 的利润，它就敢践踏一切人间法律；有 300% 的利润，它就敢犯任何罪行，甚至冒绞首的危险。"

在追求高额利润的过程中，一些跟投人和项目核心管理者可能会采取违法违规的手段谋取私利。这种行为不仅违反了职业道德和法律法规，还可能给企业带来严重的法律后果和声誉损失。

以上，房地产发展过程中运用的杜邦公式、合伙制及跟投制等模式，本质上都是"一快"（快周转）、"两减"（减成本、减质量）。这些模式虽然在市场上行期内取得了一定成功，但导致行业整体思维僵化，缺乏创新能力，并由此也引发了一而再再而三的政府宏观调控。

此外，有的观点认为代建是未来房地产行业的出路。

在改革开放之初、建造水平还不高的时期，人们选择国外的工程咨询 ×× 作为管家，后来国内出现了如中咨集团等企业，从事投资咨询或工程咨询工作，这就是代建的前身。

如今，酒店集团或酒店管理公司凭借品牌、管理体系和营销渠道等方面的优势，为酒店业主提供管理服务，以获取管理费和业绩分成，酒店管理公司不需要拥有酒店物业，而是通过轻资产的方式进行品牌和管理模式的输出。相较之下，房地产代建方提供从项目定位、规划设计、工程管理到销售的全过程服务，通过输出品牌和管理经验，帮助委托方提升项目价值，并收取相应的管理费用。可以说，房地产代建就是移植于酒店品牌授权和委托管理的。

从房地产代建的形式看，其本质上只是委托与受托的劳务关系，连信托关系都谈不上，所以模式不同，便无法上升到行业发展"新的出路"的高度。

房地产代建，其实仅仅是作为房地产传统模式的一个局部，代建企业主要通过输出管理经验、品牌和供应链为缺乏开发经验、团队能力交错或尚无品牌效应的初创房企、没有长期开发计划的投资人以及主业不在房地产行业的组织提供管家式服务；也是部分优秀房地产企业在投资能力有限、团队经历富余以及经济下行预期不良的背景下，所采取的一种非革新的开发方式。

未来，房地产代建的发展方向应是全程资产管理，在金融行业的投资者委托下，做房地产或建设相关的"融、投、定、设、建、营、管、退"全程的资产管理，成为金融行业下的一个专业细分领域，管理房地产开发过程中上下游产业链的执行团队，更属于泛地产的范畴，但是与房地产新发展模式无关。

从量本利分析法到杜邦公式再到合伙制和跟投制，既是中国房地产从原始商品经济到初级市场经济的客观演变进程，也清晰地暴露出，行业在原始和初级阶段中简单、初级、劣根性问题。出现这些问题，既有历史客观进程的必然性，也有行业从业者系统知识贫乏、认识狭隘以及人性弱点的交织作用，更有行业自律和政府管理欠缺的原因。

## 第二节　标准化的陷阱与品质的呼唤

标准化作为一种管理工具，起源于工业生产领域，其目的是通过统一产品规格提高生产效率和降低成本。房地产行业的标准化始于建筑业的实践。

行业发展初期，标准化作为一种高效生产和降低成本的方法被广泛采用，尤其是在住房短缺的时代，标准化生产极大地提高了房屋的供给速度。

房地产扩张时代，由于行业普遍运用杜邦公式这一单一的管理工具，在模式上依然也只能选择标准化，标准化设计图纸、建筑材料和施工流程等，以其可控和可复制的优势，确实迅速助推了行业的高速规模化发展。

然而，随着时间的推移，标准化的弊端也日益显现。

最明显的体现是产品同质化严重，缺乏创新和多样性。一张在广州设计的图纸可能被机械地应用到哈尔滨、乌鲁木齐和杭州等地，完

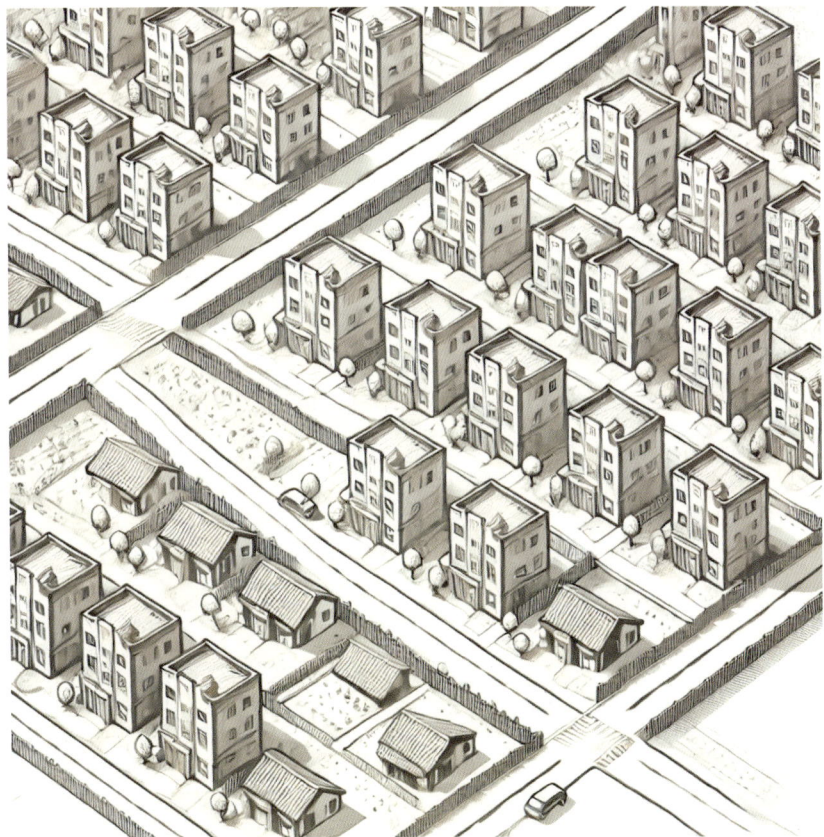

标准化陷阱

全忽略了不同地区在气候、文化和生活方式等方面的差异。很多项目，无论是户型设计、建筑风格还是社区配套，都呈现出高度的相似性。这种同质化现象不仅削弱了房地产企业的市场竞争力，也限制了消费者的选择空间。

此外，标准化生产往往伴随着对成本的严格控制，这在一定程度上可能会牺牲产品的质量，同时还可能引发一系列社会问题，如城市风貌的千篇一律以及社区文化的缺失等。

随着生活水平的提高和消费者意识的觉醒，人们对居住环境的要求不再局限于简单的遮风避雨，而是更加注重生活的品质和体验。这意味着房地产企业需要从多个维度满足消费者的需求，而不仅仅是提供一套标准化的房子。

如何摆脱标准化的陷阱？

房地产企业需要在标准化的基础上寻求产品多样化、品牌多元化和客群分层化，做到"六因制宜"。

因城制宜，根据不同城市的特点，关注城市在经济发展、文化底蕴、气候环境乃至政策等方面存在的显著差异，定制符合当地市场需求的产品。

因客群制宜，树立以消费者为中心的发展理念，对客户进行细分，通过市场调研和数据分析，精准定位目标客户群体，为其提供量身定制的产品和服务。

因产品制宜，适时调整产品结构，加强产品研发和创新，推出具有差异化竞争优势的产品，引入新技术、新材料和新工艺，提升产品的功能性和舒适度。

因成本制宜，注重成本控制，合理安排资金和资源的使用，通过优化设计方案、提高施工效率和降低采购成本等措施。

因价格制宜，制定合理的定价策略。既要考虑项目的成本和利润要求，又要关注市场竞争情况和消费者支付能力。

通过灵活的价格调整机制，确保项目的市场竞争力，结合市场需求变化，制定有效的促销策略。

因竞品制宜，密切关注行业动态和市场表现，进行竞品分析，对比功能、品质和价格等方面的差异，明确项目竞争优劣势，制定差异化的营销策略和推广方案。

如何应对消费者新的需求？

在房地产项目的材料、设备、户型、风格、配套和地段等"硬件"满足了之后，更重要的是，已经觉醒了的消费者开始追求以色彩、音效、气味、口味和质感的"五感"为代表的人文精神。

"五感"品质的呼唤，需要房地产企业学习和运用色彩学与心理学，创造和谐、舒适的居住环境；设计合理的隔声和音效系统，提供宁静的居住体验；通过绿化和香氛系统，营造宜人的气味环境；考虑社区内餐饮服务的多样性，满足不同口味的需求；使用高品质的材料和工艺，提升居住空间的质感。

人文精神的呼唤，体现在消费者对社区和街区环境氛围营造的时尚追求以及对城市历史文化的意识觉醒，要求房地产产品在设计上兼顾传统与现代的结合，既保留历史文化特色，又融入现代时尚元素。融合不仅体现在建筑风格与室内设计等方面，还包括智能化和绿色化等现代科技的应用等方面。

以上，共同形成了新时代对房地产产品品质的呼唤，这将在后续章节中予以分述。

# 第三节　房地产发展新模式的探索

改革开放以来，中国房地产行业经历了从无到有、从小到大的快速发展历程。

初期，房地产开发以住宅为主，并形成了服务住宅区的社区商业。随着城市化进程的加速，包含了住宅、写字楼、购物中心和酒店等多元化功能的城市综合体的新型业态相继涌现。

近年来，文旅地产、康养地产和以城市综合体为代表的商业地产等新兴领域也成为房地产企业探索的热点。这些探索不仅丰富了房地产市场的产品形态，也推动了行业的多元化发展。

经过 20 多年的发展，房地产行业从传统的前端投资、建设和销售逐渐转向了运营端，或开始探索代建等业务。

尽管房地产行业已经做出以上有益的探索，但总体来看，这些探索仍然是片面的、局部的、僵化的乃至静止。

具体表现为，大部分从业者只关注于某一具体专业、某一特定环节或某一局部市场，缺乏对全过程、全专业、全业态和全客群的整体视角，至今未能形成全行业的共识。

当前，中国房地产市场正处于深度调整期。一方面，随着"房住不炒"政策的深入实施，房地产市场由反复热炒逐渐回归理性；另一方面，行业内部竞争日益激烈，初级的发展模式已难以满足市场需求和社会经济多产业协同发展的科学要求。在此背景下，房地产企业纷纷寻求转型升级之路，探索发展新模式成为全社会的共识。

2021 年末，中央经济工作会议上首次提出了房地产行业要"探索新的发展模式"，实现"良性循环"。这一提法引起了社会各界的高度关注。

2024 年，党的二十届三中全会通过了《中共中央关于进一步全面深化改革　推进中国式现代化的决定》，明确提出了"加快建立租购并举的住房制度，加快构建房地产发展新模式"。

在思考房地产发展新模式之前，需注意的是，房地产经历了多年的发展，学术界和理论界对房地产的概括普遍侧重于经济、法律和社会等单一维度，尚未给出一个全面、系统、立体也就是科学的定义。

对房地产的科学定义的确是颇有难度的，因为房地产不仅与人类每个个体的衣食住行的基本活动息息相关，更为重要的是，它主要提供了人类所有产业、行业、企业基本经济活动的自然基础、活动空间和人文环境。这一点，在过去 20 多年里一直被社会各界所忽视，这也是本书要重点阐述的内容。此外，它还是除了黄金、珠宝以及现代有价证券之外，非常重要的价值表现和财富"蓄积物"。

那么，在学术界和理论界正式给出房地产的科学定义之前，有必要从多个角度认真审视房地产，即要从世界观、人生观、价值观、宏观、中观、微观、产业观、行业观、企业观、产品观、文化观、文明观这"十二观"的角度，展开全面理解和审视。

世界观，即要清醒并深刻地认识到，在宇宙、地球、自然环境、人类经济活动、区域、产业、行业以及人这一系列客观对象中，房地产处于怎样的位置和与其他对象有怎样密不可分的关系。其中，尤为重要的是，房地产与人和经济组织的关系。科学的房地产世界观会将房地产摆在一个恰如其分的地位，既不是狂妄自大、自诩为行业中的"天下第一"，也不是妄自菲薄、渺小虚无。

人生观，即房地产活动的提供者和消费者，如何看待人生、规划人生和度过人生的理念、原则、行为及做法。它不仅要求房地产行业和上下游产业的从业者要以更积极的人生态度，为他人提供同样乃至更高阶的生态、生活和生产空间，更为重要的是，在规划设计他人更愉悦的物质和精神空间的同时，潜在地、前置地为他人预设生态、生活和生产空间的"福流"，让每个人和经济组织的涓涓小"福流"汇聚成江河的大"福流"乃至实现人类社会的幸福大同。

> 1975 年，美国著名心理学家米哈里·希斯赞特米哈伊（Mihaly Csikszentmihalyi）出版《福流：一种美妙的心理状态》，此书历经 15 年的研究。从 1960 年开始，他追踪观察了一些特别成功的人士，包括科学家、企业家、政治家、艺术家、运动员、钢琴师和国际象棋大师等。这些人经常谈到一个共同的体验：在从事自己喜欢的工作时，全神贯注地忘我

状态，时常让他们遗忘了当前时间的流逝和周遭环境的变化。原来这些成功人士在做事情的时候，完全出自他们内在的兴趣，乐趣来自活动本身，而不是外在的诱因（如报酬、奖励、欣赏等）。这种经由全神贯注所产生的极乐的心理体验，米哈伊称之为"Flow"，又译为心流，并认为这是一种最佳的体验。

书中谈到了六种福流的心理体验特征：第一，全神贯注，注意力高度集中，完全沉浸在自己所从事的工作之内；第二，知行合一，行动和意识结合，已变成一种自动化的、不需意识控制的动作，有一种行云流水般的流畅感；第三，物我两忘，自我的意识暂时消失，此身不知在何处；第四，时间飞逝，有强烈的时间扭曲感，不知不觉中百年犹如一瞬间；第五，驾轻就熟，对自己的行动有一种掌控，不担心结果；第六，陶醉其中，一种超越日常现实生活，发自内心的积极、快乐和主动，不需外在奖励就能体验到行动的快乐，完成之后有一种酣畅淋漓的快感。

价值观，即房地产在与人和经济组织发生关系过程中，清醒并正确地进行是非对错的判断以及在明确了"我是谁"的世界观之后，解决"为了谁"，特别是如何为服务对象提供更为友善、更愉悦和更美好的产品与服务的动机导向。如果不解决价值观的问题，不仅会影响所提供产品与服务的好坏，更重要的是，在利己还是利他之间，会出现善与恶的选择，从而进一步对环境友好、社会和谐以及民族和国家的使命等，产生潜移默化的不可估量的影响。

宏观，即对于房地产在宏观经济中地位、作用和意义的认识。首先，房地产是宏观经济中供给和需求两端中重要的一部分；其次，国民经济"三驾马车"——消费、投资和出口，房地产在投资中占有举足轻重的地位；最后，作为政府管理工具的货币政策、土地供应政策和限购政策等对房地产也有着重要影响；同样，房地产企业的经营活动和行业的经济指标对上下游产业也会产生重要影响，这些都是人们科学地判断、理解房地产不可忽视的因素。

> 房地产占 GDP 的比重在过去几年中有一定波动，但一直保持在较高的水平。根据统计数据，房地产行业（包括房地产开发、建筑施工、房屋租赁等相关产业）的增加值占国内生产总值（GDP）的比例通常为 15% ~ 20%。具体情况：21 世纪 10 年代中后期，房地产及相关产业的增加值占 GDP 的比重达到了峰值，接近 20%。2021 年和 2022 年，随着政府对房地产市场的调控力度加大，特别是对高杠杆的房地产企业进行规范，这一比例有所下降，但仍然维持在 15% 左右。国民经济行业分类（《国民经济行业分类》GB/T 4754—2017）包括 20 个门类、97 个大类，其中，房地产与多个行业密切相关的有 60 多个。

中观，即从产业经济和区域经济的视角如何科学地看待和运用房地产。这就涉及房地产作为国民经济支柱行业和基础产业与其他行业一道，如何科学地规划健康稳定的行业增长和产业增长，并在稳定增长中不断派生出战略性新兴产业以及如何把新科技和新产业导入不可或缺的房地产这一支柱和基础上来，形成良性互动的可持续发展，传统与创新、基础与前沿、当下与未来的产业经济螺旋式上升的，短、中、长期结合的大发展和大趋势。从区域经济的重要组成部分——城市建设看，城市的过去、现在和未来，房地产同样是其中作为基础、主体和不可或缺的力量，特别是方兴未艾的城市更新，房地产特别是本书着重提出的泛地产将在当中发挥越来越大的作用。

微观，即房地产企业和房地产开发项目作为房地产行业的主要经济组织，如何科学地运用微观经济学科学地组织其经营活动，尤为重要的是，如何学习和运用科学管理当代的重要工具——精益管理，形成战略体系、文化体系、品牌体系、供应链体系和产品体系之五位一体的"价值树"以及由"价值树"所衍生的企业管控与权责体系、组织架构与人力资源体系、财务金融与资金管理等完整的企业内部的科学管理体系。

产业观，即从产业链和价值链的视角科学地认识和探索转型升级的房地产。房地产既要起到在某一产业链中，作为其他所有产业基础提供者、链接上下游并承上启下的作用，还要起到对后——直接服务和愉悦 C 端消费者，又要起到对前——链接前端资源作为价值发现者、价值提出者（即价值链的领导者），并引领产业链前端的其他各个行业的作用。同时作为资源整合者，也要为 B 端服务，集成各个行业的专业内容，一起为 C 端提供更有效率的产品以及更符合趋势的服务。

行业观，即房地产从提供同样产品和同类服务的视角，规范和约束行业内的所有企业活动，包括探索、创新行业标准、行业规范、产品标准和职业道德规范等，形成有序、健康、协同、共赢的行业规范和行业发展理念。

企业观，即解决为什么办企业的问题。首先，企业要为市场提供产品和服务；其次，在生产产品和服务的同时，企业要培养人和团队；最后，更重要的是，通过培养出的人和团队在提供产品和服务的同时，表达赞成什么、反对什么，即向社会输出自身倡导的、对社会和人类有积极贡献的文化和文明。

产品观，即在房地产经营活动中要解决生产产品为了谁、对消费者会产生什么作用的问题。一言以蔽之，就是在满足用户功能要求的同时，也要在精神层面愉悦人，更要在文化层面教化人。

文化观，即在房地产经营活动中，如何在产品和服务中，融入文化的内容：小到产品，如建筑风格、室内装饰、色彩灯光以及蕴含的产品文化，大到社区，如社区文化和城市风貌中所承载的人文与历史等。

文明观，即回到更为抽象的人文视角考量房地产。在房地产经营活动中，要着眼于人类进步的漫漫长河中，考量人类、历史和社会文明进步的进度、梯度和程度，将产品观、文化观、产业观、行业观、企业观加以融合，从微观、中观和宏观三个视角系统思考，注重环境保护、节能减排和社会责任，推动城市的绿色发展，为人类社会的文明进步努力。同时，要用这种房地产文明观的视角，关注人的生活、工作与成长，探索构建不同年龄、不同阶层的人，如何在全生命周期中更好地学习成长，向善、向阳和向前，进而构建文明的健康观、生活观、学习观、工作观、家庭观、社区观、街区观、城市观和民族观。

更重要的是，科学的房地产，不仅要体现中华民族的历史文化，还要融入西方的文明，实现东、西方文明的有机结合。此外，我国地大物博，经济发展不平衡，文明观下的生活观、健康观和环境观等共同构成的不同阶层下的生活方式也有所不同，要通过房地产产品和服务对文明观之前的 11 项内容都有所促进，这才是房地产的终极使命。

以上，从"十二观"的维度、广度和深度全面审视了"究竟什么是房地产""房地产该做什么""房地产要怎么做"的基本问题。这也正是全球百年制造业所积累形成的当代科学管理的精髓——精益管理的方法论在研究某一行业时，首先要做的基础工作。为此，只有深刻理解了什么是房地产，接下来开始做"持续精益"的工作，再做"不断深入""形成素养""得以提升"的精益管理的研究和实践工作。在完成了以上工作后，才会使人们更加有信心地学习和运用精益思想下精益管理的精髓，构建房地产发展新模式的方法论以及科学路径。

关于构建房地产发展新模式，不只是如何建好房子，这一微观层面的基础性问题，还有更多系统性的方面需要进行深入探索。

例如，房地产行业与基建行业的关系问题，如何实现中国建筑行业的现代化问题。这些问题不得到解决，房地产发展新模式和中国式现代化的实现，都会受到极大阻碍。因为相较于为其他行业提供基础空间的房地产行业，建筑业是更为前端的行业，为此，将在后续章节与大家一起研究新基建下的以工业化为基础、以绿色低碳和数字智慧为辅助的"一体两翼"的构建问题。

再如，新模式下房地产项目不可或缺的全过程资产管理问题，即打通融资、投资、定位、设计、建设、销售、运营（管理）和退出八个关键环节。通过前期专业先导牵引和后续专业前置思维，形成闭环，首尾相连，实现循环推进。

在房地产项目进行全过程资产管理的研究基础上，还应着眼跳出房地产项目和企业，站在行业上下游和行业上下游之上的产业链与价值链的角度，从行业的横向和产业的纵向，加强与金融行业、投资行业以及上下游产业链的紧密合作，形成互利共赢的产业链生态。把自己定位为金融行业下的全过程资产管理者，对金融行业是管家式的执行者，对上下游产业链是继承者和整合者。

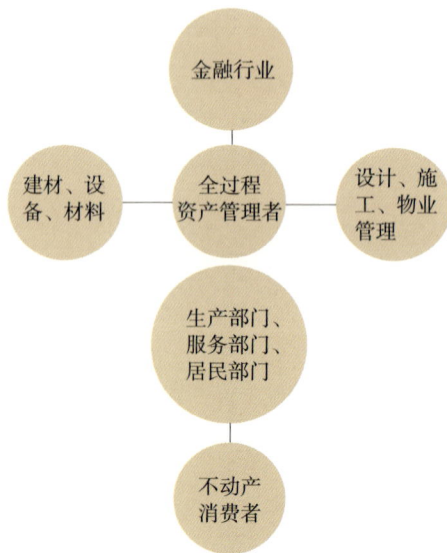

金融行业

建材、设备、材料　全过程资产管理者　设计、施工、物业管理

生产部门、服务部门、居民部门

不动产消费者

全过程资产管理者的角色定位

从行业供应链和行业之外的产业链两个维度以及企业自身的纵向发展历程和行业中企业竞争的横向维度，对上游企业进行整合和引导，对下游企业进行传递与服务等，更深层次地思考中国房地产发展新模

式的构建，实现中国经济高质量发展和中国式现代化这一历史性重大课题。

# 第四节　精益管理的价值凸显

房地产对于我国来说，还是非常初级和稚嫩的行业，但是由于历史和市场的原因，短期发展非常迅猛。面对经济发展、社会急剧进步以及人民美好生活、高质量发展和中国式现代化的时代要求，加之当下行业盈利堪忧乃至面临生存挑战，"调速换挡"、转型升级是必须面对的。

房地产虽然暂时被归类为服务业，但其制造业的特征毋庸置疑。一方面，房地产与第三产业中一般的服务行业所提供的无形服务产品相比，房地产行业生产产品的资源、内容、精密度、集成度、系统性以及服务对象的范围、层级、生命周期、产品中有形与无形内容的承载以及对城市、社会、国家乃至民族的影响度，这些差别都是天壤之别、绝不可同日而语；另一方面，房地产与制造业同属市场经济下专业分工基础上的社会化大生产，其生产过程与制造业极为相似。所以，房地产的两方面特点使得其相似于制造业，但远远高于制造业。

在房地产行业经历的初级发展过程中，行业之变的呼声一直未断，以至早在多年前就已经有人喊出了"房地产应进入制造业时代，要向制造业学习"的呼声。

2023年4月，住房和城乡建设部倪虹部长在"中国电动汽车百人会论坛2023"上发表题为《如何学习借鉴汽车产业，为人民群众建好房子》的主旨演讲，再次呼吁了无论是在设计、建造，还是使用、服务上，房地产行业都可以学习汽车行业。

房地产要向制造业学什么？

精益管理的价值凸显，物业如同校长

　　首先，房地产要学习制造业的技术研发，提高产品的附加值，增强竞争力。技术创新方面，加大对新技术、新材料和新工艺的研发投入，比如采用先进的建筑技术和环保材料，提高建筑的节能性能；产品创新方面，通过市场调研了解消费者对居住品质的新需求，提供更加智能化、绿色化和全生命周期的住宅产品；服务创新方面，提供个性化的增值服务，比如智能家居解决方案、社区健康管理服务等，以提高客户的满意度和忠诚度。

　　其次，房地产要学习制造业的工业化。建筑工业化，是将传统的建筑施工过程转变为工厂化生产的模式。这种模式可以大大提高建筑效率，减少现场施工时间，降低环境污染，并且有助于提高建筑质量。具体包括：

全工厂化装配式建筑，通过在工厂中预制建筑组件，然后运送到现场进行组装，大大减少了现场施工的时间和人力成本。同时，在工厂环境更好地控制生产条件，提高建筑质量。

模块化设计，采用模块化设计思路，将建筑的不同部分设计成可互换的模块，这样可以根据不同的需求快速调整设计方案，同时也可以实现标准化生产，降低生产成本。

房地产还需要向制造业学习科学至上的精神，学习流程优化方法，通过流程再造，提高工作效率，减少不必要的步骤，从而降低成本。提高在低利润水平下的生存发展能力，特别是在当前市场环境下以及利润空间受到压缩的情况下尤为重要。如成本控制方面，运用六西格玛等工具，以降低生产成本，提高利润空间。学习创新经营模式，探索新的商业模式，如轻资产运营、共享经济模式等，以提高资金使用效率，减少资金占用。

六西格玛是一种改善企业质量流程管理的技术，以零缺陷的完美商业追求，带动质量大幅提高、成本大幅度降低，最终实现企业财务成效的提升与企业竞争力的突破。

知易行难，房地产要学的地方/内容/有很多，比如学企业文化、学行业构建、学产业链协同、学如何融入产业经济和区域经济等，但学得好的是凤毛麟角。

究其原因，是市场上行期钱太好赚、学习动力不足、隔行如隔山、房企缺乏先进制造业基因等。最关键的是，大部分房企只学习了皮毛，而没有学习全球百年制造业一直在运用并不断发扬光大的底层逻辑——精益管理。

房地产更要学习制造业的精益管理。

精益管理是建立在自然科学、人文科学和思维科学基础之上的，以现代制造业为主要对象的科学管理理论。

精益管理具体指某一项组织的活动、个体的活动，把各学科的原理，筛选、抓取和组合，进行有效的、创新性的运用，并在不断的实践中反复总结，把这项活动和运动实现得炉火纯青的过程，是全过程思维，是系统集成、基础搭建、过程控制和顶层设计同重并举的。

精益管理的总原则是系统、全面、动态、全员、细微和循环。

精益管理的过程是目标、策略、原则、方法、路径、措施、行动、反思、总结和提升。

掌握了精益管理，一定可以做到全员如一人、全企一杆枪、一种文化、一种信仰、一种理念、一种规则、一种尺度、一个频道。

可以说，对于处于深度调整期的中国房地产行业而言，精益管理不仅是应对当前挑战的有效手段，也是实现可持续发展和转型升级的关键路径。后续章节将详细阐述精益管理的前世今生和在泛地产行业的普适性应用。

# 第三章
# 精益管理的觉醒

## 第一节　精益管理的思想根源

　　长期以来，"精益"一词，都是在语言范畴内被描述和讨论，更多关乎人的态度、精神和意志。"精益"首次超出个人精神范畴而被赋予明确的社会科学含义，成为一种被广泛使用的精益生产方式乃至精益管理哲学，是在 20 世纪中后期由日本丰田汽车公司通过实践创造出来的，后经美国学者研究总结而正式诞生。如今，来源于精益生产方式的精益管理，已逐步应用于各个行业和各种管理领域，成为一种普遍的管理哲学。

　　梁启超曾说过："凡思想皆应时代之要求而产生，不察其过去及当时之社会状况，则无以见思想之来源。"如果我们单纯地追求精益管理的工具性和方法性，而放弃寻求其思想的根源，很可能"欲速则不达"。那么，就需要我们共同探寻精益管理的思想根源。

　　现代管理学起源于西方，精益管理作为现代管理学的重要组成部分，同样深受古希腊哲学和宗教伦理的影响。

苏格拉底、柏拉图和亚里士多德等古希腊哲学家们的思想，不仅塑造了西方哲学的基石，还深远地影响了科学、管理以及诸多其他领域的发展轨迹。在他们的思想体系中，对理性、逻辑和系统化的高度重视，为后世构建了一种以理性思维为导向的求知模式，这种模式在管理学领域尤为显著。

苏格拉底通过其独特的"问答法"，鼓励人们以批判性的眼光审视既有观念，追求真理的本质，这一过程本身就蕴含了逻辑分析的精神。他强调自我反省和知识的重要性，为后来的学者和管理者树立了追求智慧与理性的典范。

柏拉图在继承苏格拉底思想的基础上，进一步提出了"理念世界"与"现象世界"的区分以及通过教育培养理性灵魂的理念。他的哲学体系强调了知识的系统性和结构性，为管理学中的理论构建提供了框架性的思考方式。特别是他关于理想国（理想组织）的构想，虽然更多是基于哲学和政治的考量，但也启发了后世对于组织结构和功能优化的探索。

亚里士多德则在这些基础上，开创了分类学和逻辑学的新纪元。他的分类体系帮助人们将复杂的世界条理化和系统化，为科学研究提供了基础性的方法论支持。同时，他的逻辑学（特别是形式逻辑）为推理和论证提供了严谨的规则，使得人们能够更加准确地分析问题并做出判断。这一传统在管理学中尤为重要，因为它为管理决策提供了科学的依据与合理的流程，促进了管理活动的规范化和精细化。

精益管理强调系统性的流程分析和优化，消除浪费，提高效率，与古希腊哲学家们所倡导的理性、逻辑和系统化的思维方式高度契合。在精益管理的决策分析中，管理者需要运用逻辑工具对问题进行深入分析，识别根本原因，并制定有效解决方案。同时，运用分类方法将

绿色精益管理的觉醒（一）

复杂的管理活动划分为清晰的子任务，以便更好地进行资源配置和进度控制。

　　基督教三大流派之一的新教流派强调职业的道德性和工作中的责任感。马克斯·韦伯在其具有里程碑意义的著作《新教伦理与资本主义精神》中深刻剖析了新教伦理，特别是新教流派中的加尔文主义如何成为推动近代资本主义兴起与发展的不可忽视的精神动力。他指出，新教不仅重塑了个人的道德观念，使之聚焦于职业的神圣性、工作中的责任感以及对成功的追求，还构建了一种独特的职业伦理观，这种伦理观极大地促进了社会生产力的提升和经济结构的转型。对此，我们是否隐约感觉到，许多发展中国家在发展进程中也似乎在进行这一重要的反思过程，广大的理论研究、社会管理和各个行业的从业精英们，应该着重研究这个领域，并补上这重要的一课。

> 马克斯·韦伯是 19 世纪末至 20 世纪初德国著名的社会学家、政治学家、经济学家、哲学家以及历史学家，被誉为现代社会学和公共行政学的重要创始人之一，与卡尔·马克思和埃米尔·杜尔凯姆并称为社会学的三大奠基人。
>
> 韦伯构建了庞大的社会学理论，尤其在宗教社会学、法律社会学和经济社会学等领域有突出贡献。他的代表作《新教伦理与资本主义精神》深入探讨了基督教新教伦理对现代西方资本主义发展的推动作用。韦伯还提出了著名的层级官僚制理论，该理论强调组织的分部—分层、集权—统一、指挥—服从等特征，是现代行政组织制度的重要基础。

在马克斯·韦伯的论述中，新教徒将勤勉工作视为上帝赋予的使命，认为通过诚实劳动积累财富是荣耀上帝的表现，这种观念催生了勤奋、节俭和追求效率的工作伦理，为资本主义的原始积累提供了强大的精神支撑。此外，加尔文主义中的"预定论"思想，即个人能否得救已由上帝预定，无法更改，促使信徒们更加积极地投身于世俗事务，以证明自己是被上帝拣选的"选民"，这种心理机制进一步激发了人们的创业精神和竞争意识。

更为重要的是，加尔文主义所倡导的包容性、多元化以及对创新和科学的推崇，为社会发展注入了无限活力。这种宗教伦理观不仅促进了科学知识的传播和技术的革新，还鼓励了商业模式的探索与变革，为精益管理等现代管理理念的诞生提供了肥沃的土壤。

> 加尔文主义出现于 16 世纪宗教改革时期，由法国人约翰·加尔文提出。他著有《基督教要义》等著作，对宗教进

行了深入的改革。加尔文主义在欧洲广泛传播，并对英国清教产生了重要影响。许多来到美国的殖民者都具有加尔文背景，他们用加尔文主义塑造了清教徒的精神气质，并对美国政体的设计产生了深远影响。

可以说，古希腊哲学家们的思想为精益管理的决策分析提供了深厚的思想基础和方法论支持，构成了一种以理性、逻辑和系统化为特征的思维方式。精益管理，作为一种追求持续改进、消除浪费、提高

绿色精益管理的觉醒（二）

效率和质量的管理哲学，其客户导向、团队协作和流程优化等理念，均能在新教伦理中找到相应的精神渊源。

当下，在实现中国式现代化的道路上，改革创新又为中国经济与社会发展吹响新的号角。"惟改革者进，惟创新者强，惟改革创新者胜"，这需要新时代的广大中国人民深入思考和付诸行动。

同样，精益管理也深受东方特别是中国悠久的历史文化和哲学思想的影响。

儒家思想强调仁、义、礼、智、信，注重道德规范和人际关系的和谐。在精益管理实践中，这种文化体现在对领导者道德品质的要求、强调团队合作以及组织内部的和谐氛围。儒家的"修身、齐家、治国、平天下"思想也影响了企业的层级管理和员工自我管理的理念。

儒家思想中有明确的等级观念，如"君君、臣臣、父父、子子"，这种等级和秩序的观念对日本企业的组织结构影响最为突出，日本企业特别重视上下级关系、对权威的尊重以及层级制度的稳定性。儒家的集体主义思想在日本企业文化中也表现明显，强调对团队合作和集体利益、员工对公司和上司的忠诚以及企业对员工的关怀（日本的终身雇用制）。另外，儒家"克勤克俭"的思想也在倡导降低成本和提高效率。

特别需要提到的是，明代大儒王阳明在儒家理学基础上发展的阳明心学，提出了知行合一，即认识事物的道理与实际行动是不可分割的。以及"致良知"，认为每个人的心中都有天赋的良知，通过持续自我修养和实践，可以达到道德的至善。这与精益管理鼓励将理论知识转化为实际操作，通过实践验证和完善理论以及追求持续改进的精神殊途同归。

佛教特别是禅宗思想注重内省、专注和简化，这在精益管理实践中体现在对质量的执着追求和持续改进理念。禅宗提倡的精益求精和无止境的自我完善成为精益管理持续改进理念的思想基础。禅宗还强调简约与和谐，这种思想体现在极简主义和对复杂流程的精简处理，在产品设计和生产管理中，注重简洁、功能性和减少浪费也是精益生产的核心理念之一。

道家老子的"无为而治"理念，强调顺应自然、简化管理。在精益管理中表现为对灵活性和适应性的重视，倡导顺势而为，减少不必要的控制和干预。道家思想还强调整体观和系统性，认为事物之间相互关联、不可分割。

孙子兵法等兵家思想强调战略思维、灵活应变以及"知己知彼，百战不殆"。这些军事思想对精益管理中的战略管理、竞争策略以及风险管理等方面产生了重要影响。兵家的"全局观"与运筹学观念在企业战略规划中尤为重要。兵家思想还强调领导艺术和用人之道，如用兵如用人、重视士气与心理战以及柔性人力资源管理的运用。

《曹刿论战》中曹刿在长勺之战活用"一鼓作气，再而衰，三而竭"的原理，以高度的灵活性和适应性击退强大的齐军。这在精益管理中同样重要，企业要能够快速适应市场变化，及时调整生产策略。曾国藩在长沙练兵，选将用人不拘一格，注重实用；军事上"结硬寨、打呆仗"，积小胜为大胜；不断打击对方士气、不断消耗敌方有生力量，兵力和士气不如太平军，就在扎营寨、打呆仗、上炮火方面，消耗太平军有生力量和耐心。这些均与精益管理有着异曲同工之妙。

以上不难看出，精益管理的思想来源丰富多样，深受东方儒家、道家、佛家和兵家思想的影响，并深深植根于道德、和谐、集体利益以及运筹帷幄中，形成了与西方管理学不同的管理哲学和实践方式。

精益管理的方法论博大精深。个人、团队、组织乃至国家的政治、经济、军事、外交活动，都在自觉与不自觉地运用精益管理。当然，自觉运用的效率更高、效果更好。其背后的思想源远流长，西方的哲学思想、科学管理方法与中国传统文化特别是儒释道三家思想精髓都是人类的光辉和人性的光芒。东西方优秀的思想文化一脉相承、殊途同归、相互融合的过程，也正是人类走向理想世界的大同之根本所在。

## 第二节　精益管理科学的演进历程

　　精益管理的演进，是一个不断吸纳和不断丰富的符合哲学逻辑的演进过程，精益管理之上的精益思想，在《房地产精益管理：重塑地产新模式》这部专著中曾提出，精益思想从学科定义上看，是建立在自然科学、社会科学和思维科学基础之上的，以现代企业为主要对象的科学管理思想。

　　精益管理作为管理学的一部分，从管理学的范畴，可以追溯到 20 世纪初"古典管理阶段"的科学管理理论。

　　科学管理理论由弗雷德里克·温斯洛·泰勒提出，管理的核心是科学分析人在劳动中的机械动作，研究出最经济而且生产效率最高的

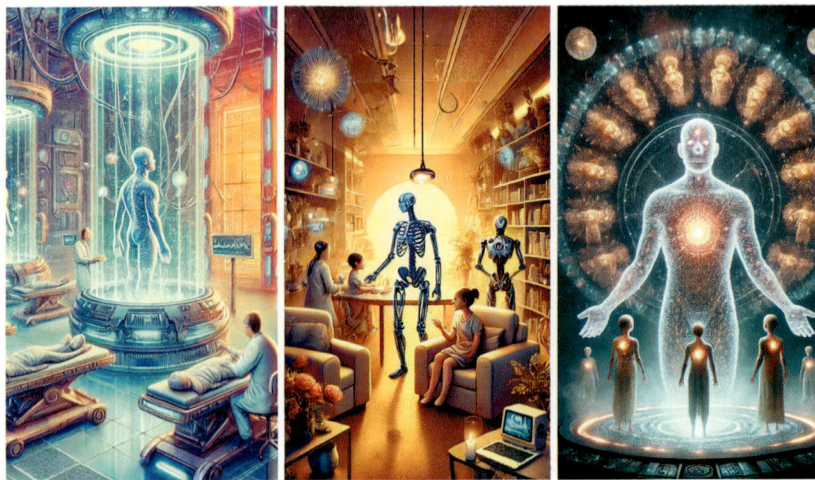

通过以上三维度，去实现我们伟大的理想事业——人类的永恒！

"标准操作方法"，严格地挑选和训练工人，按照劳动特点对工人提出要求，定出生产规程及劳动定额；实行差别工资制，不同标准使用不同工资率，达到标准者奖，未达到标准者罚；实行职能式管理，建立职能工长制，按科学管理原理指挥生产；实行"倒补原则"，将权力尽可能地分散到下层管理人员，管理人员和工人分工合作。

> 弗雷德里克·温斯洛·泰勒，美国著名管理学家和经济学家，代表作为《科学管理原理》，泰勒使管理由经验发展为一门科学，被后世称为"科学管理之父"。
>
> 他的管理理论主要关注如何提高生产效率，通过对工作流程的科学分析优化工人的工作方式和工作环境。在现代管理中，泰勒的科学管理理论被视为精益管理的先驱。精益管理进一步发展了泰勒的理念，更加注重消除浪费、持续改进和全员参与，同时也更加重视人的因素，强调员工的参与和赋权。精益管理不仅关注生产效率，还关注质量和客户满意度以及整个组织的性能和响应能力。

泰勒理论的实施不仅提高了生产效率，还改变了企业对劳动力的管理和控制方式。然而，这种制度也引发了一些争议和批评，因为它强调标准化和效率至上，可能会忽视工人的个体差异和情感需求，导致工作环境变得机械化和缺乏人性关怀。

1900—1930年，与泰勒同一时期的管理学理论发展阶段被称为古典管理阶段，还包括组织管理理论的代表人物亨利·法约尔提出的一般管理理论和韦伯提出的行政组织理论。不过，法约尔等人的理论也没有完全摆脱客体至上论的局限，主要关注组织的外在形式和结构，而对人的因素考虑不足。

> 法约尔是以大企业为研究对象，提出的是管理整个企业的理论和方法，这一理论不仅适用于公私企业，也适用于其

他各种组织，因而他的管理理论被称为"一般管理理论"。他提出的一般管理理论对西方管理理论的发展具有重大影响，成为管理过程学派的理论基础，也是以后各种管理理论和管理实践的重要依据之一。此外，法约尔也被称为"现代经营管理之父"。法约尔的突破性思想提出了管理的五大职能：计划、组织、指挥、协调和控制；提炼出14项管理原则。他的主要代表著作是《工业管理与一般管理》。

1930—1945年，管理学进入人际关系运动阶段。

这一阶段开始重视人的因素，研究非正式组织、人际关系和工作满意度对生产效率的影响。该阶段以梅奥的霍桑实验为标志，该实验表明工人的生产效率不仅受物理条件影响，更受社会因素和工作环境的影响。

人际关系理论，至今对企业管理和组织行为有深远的影响，它提醒管理者重视员工的社会和心理需求，通过改善人际关系提升组织效能。人际关系的组织理论改变了古典组织理论的哲学观念，将目光由单纯面向工作任务的完成转向对人的关切，注意发挥人在组织中的主导作用，满足被管理者的合理需要，这对于建立和谐的上下级关系，充分发挥被管理者的主动性和创造性，起着十分重要的作用。

人际关系学说最著名的代表人物是乔治·埃尔顿·梅奥，是基于"社会人"的假设前提的管理理论，社会人旨在强调人性在不同的时代和不同的社会关系中不是一成不变的，应当以宽广的视野来看待人性。人际关系学说着重研究组织中的职工在生产中的人群关系，研究作为社会人的职工及其社会需要满足等问题。

梅奥的突破性思想是动机和团队工作，他的主要作品是《工业文明中的人类问题》。梅奥主持了著名的霍桑实验。霍桑试验发现：工人是社会人，不是单纯意义上的经济人；企业中存在着非正式组织，必须注意与正式组织保持平衡；提高工人满意度是提高劳动生产效率的首要条件，提高满意度来源于物质和精神两种需要。

当然，人际关系理论也有一定的不足，由于过分强调满足个人需要，可能使组织管理变得更加复杂且很不稳定。同时，由于过分强调工作的多样化，在实践中有可能削弱专业分工的优越性，从而使工作效率降低。

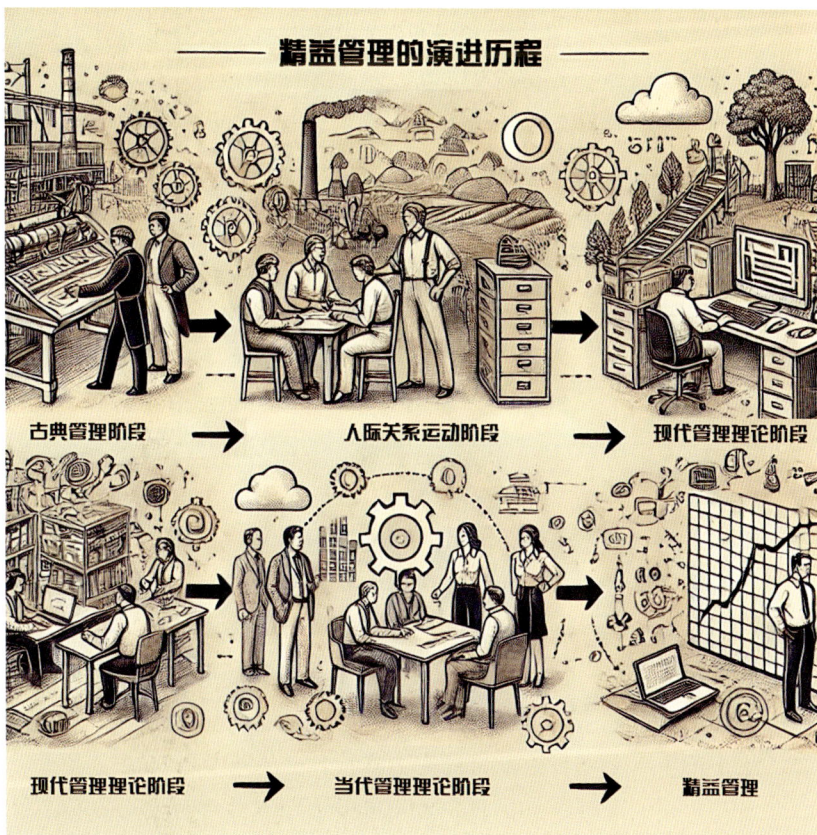

精益管理的演进历程

"二战"后，随着各国社会、经济、科学发展进入高速期，管理学也正式进入现代管理理论阶段。

现代管理理论阶段是在科学管理理论和人际关系理论的基础上，充分吸收了现代科学技术和适应现代市场经济环境不断创新而形成的管理学派。

与前两个阶段相比，这一阶段学派林立，新的管理理论和思想方法不断涌现，如行为科学学派、决策理论学派、系统理论学派和经验主义学派等，出现了百家争鸣的局面，美国管理学家哈罗德·孔茨将这种管理学理论现象称作"管理理论丛林"。

　　行为科学学派，许多行为科学家在梅奥等人奠定的基础上做了更细致深入的研究，从社会人假设发展到自我实现人假设和复杂人假设等，研究的内容也更为广泛，从研究对象所涉及的范围看，包括：

　　（1）马斯洛的需求层次理论。美国心理学家西伯拉罕·马斯洛在1943年出版的《人的动机理论》书中，提出了需求层次理论。他认为人的基本需要可以归纳为由低到高的五个层次：生理需要、安全需要、爱和归属需要、尊重需要和自我实现需要。

　　（2）麦格雷戈的人性假设理论。美国著名行为科学家道格拉斯·麦格雷戈的主要贡献是X-Y理论，他称传统的管理观点为X理论，对人性的假设条件是：人天生是懒惰的；人不愿意负责任；人缺乏理智，易受他人影响；人是经济人，将选择在经济上获利最大的事情来做；个人与组织目标总是相矛盾的，因此，组织对员工必须严加管制。Y理论认为：工作于人而言可能是一种享受，也可能是一种惩罚，因此，人并非天生一定就不喜欢工作，而是要看环境而定；没有人喜欢外来控制和惩罚，人们希望实行自我管理和自我控制。人在解决组织难题的时候，大多充满活力、想象力和创造性；人不仅是经济人，还是社会人，人在追求不断满足的同时，不仅不逃避责任，反而会谋求重任；人和组织的目标在适当的机会下融合为一。

（3）赫兹伯格的双因素理论。双因素包括激励因素和保健因素，双因素理论对管理者的启示是要重视员工工作内容方面的重要性，特别是要使工作丰富化，满足员工的多方面需求。

（4）决策理论学派。是在"二战"之后，吸收了行为科学、系统理论、运筹学和计算机程序等学科的内容发展起来的。代表人物有赫伯特·西蒙。决策理论学派认为：管理过程就是决策的过程，管理的核心就是决策。西蒙强调决策职能在管理中的重要地位，以有限理性的人代替有绝对理性的人，用"满意原则"代替"最优原则"。

（5）系统理论学派。是指将企业作为一个有机整体，把各项管理业务看成相互联系的网络的一种管理学派。该学派重视对组织结构和模式的分析，应用一般系统理论的范畴和原理，全面分析和研究企业与其他组织的管理活动和管理过程，并建立起系统模型以便于分析。系统理论学派的重要代表人物是弗里蒙特·卡斯特，其主要著作有《系统理论与管理》《组织与管理：系统与权变方法》等。

（6）经验主义学派。又称为经理主义学派，以向大企业的经理提供管理当代企业的经验和科学方法为目标。重点分析成功管理者实际管理的经验，并加以概括和总结出他们成功经验中具有的共性内容，然后使之系统化与合理化，并据此向管理人员提供实际建议。代表人物有：彼得·德鲁克、欧内斯特·戴尔等。

20世纪70年代以后，管理学进入当代管理理论阶段。

由于国际环境的剧变，尤其是石油危机对国际环境产生了重要的影响。这时的管理理论以战略管理为主，研究企业组织与环境关系，重点研究企业如何适应充满危机和动荡的环境的不断变化。精益管理承继管理学的发展脉络并顺应时代要求，正是在这个阶段提出的。

迈克尔·波特（M.E.Porter）所著的《竞争战略》把战略管理的理论推向了高峰，他强调通过对产业演进的说明和各种基本产业环境的分析，得出不同的战略决策。20世纪90年代为企业再造时代，企业再造理论的创始人是原美国麻省理工学院教授迈克尔·哈默（M.Hammer）与詹姆斯·钱皮（J.Champy），他们认为企业应以工作流程为中心，重新设计企业的经营、管理及运作方式，进行所谓的"再造工程"。美国企业从90年代起开始了大规模的企业重组革命，日本企业也于90年代起进行所谓第二次管理革命，这十几年间，企业管理经历着前所未有的、类似脱胎换骨的变革。

以上，管理科学的发展主要经过了四个阶段。

与此并行的是，管理科学与自然科学相结合，吸纳自然科学的精髓，使管理在思想方法不断前进的同时，又插上了量化方法论这一"翅膀"，实现了与运筹学、物流学、系统工程学多个学科的融会贯通和科学管理的"为我所用"。

运筹学是精益管理的萌芽，自古以来，战争都是以实现最少的人力和物力消耗达到预定军事目标为目的，这种军事运筹思想自古就有，《孙子兵法》一书中把度、量、数等数学概念引入军事领域，通过必要的计算预测战争的胜负，并指导战争中的有关行为，如"围魏救赵"就是运筹学思想的一个典型体现。

运筹学作为学科，起源于20世纪30年代初，特别是在"二战"期间被广泛应用，其主要用于解决军事上的复杂问题。"二战"后的工业恢复繁荣，从事战时运筹学工作的许多专家致力于将战时形成的运筹学方法应用到工商企业、政府以及其他社会经济部门，使得运筹学正式成为现代管理学中的一门学科并得以迅速发展。

> 运筹学的主要目的是在决策时为管理人员提供科学依据，通过数学和形式科学的跨领域研究，利用统计学、数学模型和算法等方法，寻找复杂问题中的最佳或近似最佳的解答。它关注如何最优地分配有限的资源，以达到最优的决策结果。即一种"利用统计学、数学模型和算法等方法，寻找复杂问题中的最佳或近似最佳的解答"的研究方法。

同样在"二战"期间，盟军之间为了更加高效地将军队、武器、弹药和医疗等物资运输到各个不同的战场，所进行的运输线路规划，如著名的"驼峰航线"和"大西洋海上补给线"，即是现代物流学的雏形。

> "驼峰航线"是"二战"时期中国和盟军开辟的一条主要空中通道，也是当时世界上最困难和最危险的航线。航线西起印度阿萨姆邦，向东横跨喜马拉雅山脉、高黎贡山和横断山等，进入中国的云南高原和四川省。由于地势海拔均在4500～5500米，最高海拔达7000米，山峰起伏连绵，犹如骆驼的峰背，故而得名。在这条航线上，中美双方共飞行了8万架次，美军先后投入飞机2100架，双方总共参加人数有84000多人，共运送了85万吨的战略物资和战斗人员33477人。在长达3年的艰苦飞行中，美军仅一个拥有629架运输机的第10航空联队，就损失了563架飞机。而在这条航线上，美军共损失飞机1500架以上，牺牲优秀飞行员近3000人，损失率超过80%。1943年3月，"驼峰航线"开通16个月后，美军将"驼峰航线"的指挥权正式交给中国飞虎队司令长官陈纳德。1945年7月，航线达到最高峰，一个月运输

物资71042吨。航线的开通和扩大，打破了日军对中国的封锁，为对日作战的最后胜利做出了不可磨灭的贡献。

"大西洋海上补给线"是英国和苏联等盟国从北美接收军事物资和食品供应的生命线，它支持了欧洲战区的物资需求，对盟军的战略部署和战斗力有着直接的影响。德国为了削弱盟军的战斗力，采取了潜艇战（又称"狼群战术"）攻击盟军的海上补给线。德国潜艇在大西洋上对盟军的运输船队进行了持续的袭击，试图通过切断补给线迫使英国屈服。在战争的早期阶段，德国的潜艇战取得了一定的成功，给盟军造成了重大损失；然而，随着战争的进展，盟军加强了对运输船队的护航，开发了新的反潜战术和技术，如改进的雷达、声呐、反潜飞机和护航航空母舰等。这些措施显著提高了盟军保护海上补给线的能力，减少了运输船只的损失。1943年，大西洋之战的形势发生了根本性的转折，盟军在5月份击沉了31艘德国潜艇，迫使德国海军退出北大西洋的主要航道。这一转折点标志着德国潜艇战的失败，盟军成功地保护了海上补给线，确保了战略物资能够源源不断地运往欧洲战区。

此后，随着行业发展，现代物流管理模式背后的集成式管理思维——尽可能降低总成本，为顾客提供最好服务的核心逻辑，逐渐成为现代企业管理的核心思想之一。

现代物流管理有八大核心思想理论，这些核心理论都是从最底层的市场经济逻辑一步步搭建发展而来，不仅指导着现代企业的科学经营管理，也为现代精益思想奠定了坚实的基础：

商物分离学说：这一学说认为，流通中商业流通和实物流通应各自按照自己的规律和渠道独立运动，强调物流和商流应分开处理，以提高效率和效果。

黑暗大陆学说：由著名的管理学权威彼得·德鲁克提出，他认为流通是经济领域里的黑暗大陆，尤其是指物流活动的模糊性，强调了对物流领域研究和理解的重要性。

物流冰山说：由西泽修教授提出，他发现现行的财务会计制度和会计核算方法无法完全掌握物流费用，物流成本如同冰山，大部分隐藏在水下，只有一小部分可见。

第三利润源学说：这一学说认为物流是形成企业经营利润的主要活动，特别是在资源领域和人力领域的利润潜力逐渐减少的情况下，物流领域的潜力逐渐被重视。

效益背反学说：这一学说指出物流系统的若干功能要素之间存在着交替损益的矛盾，即优化某一功能要素的同时，可能会损失另一功能要素的利益。

后勤学说：强调通过有效的物资管理支持企业的整体战略，通过计划、实施和控制物资的流动达到企业的目标。

供应链管理理论：将物流置于整个供应链的背景下考虑，强调通过协调供应链中的各个环节，实现整体最优。

成本中心学说：虽然物流活动可以为企业带来利润，但有时也可能被视为成本中心，需要通过有效的管理和控制降低成本。

系统工程学是以研究大规模复杂系统为对象的一门交叉学科。它是把自然科学和社会科学的某些思想、理论、方法、策略和手段等根据总体协调的需要，有机地联系起来，把人们的生产、科研或经济活动有效地组织起来，应用定量分析和定性分析相结合的方法以及电子计算机等技术工具，对系统的构成要素、组织结构、信息交换和反馈控制等功能进行分析、设计、制造和服务，从而达到最优设计、最优控制和最优管理的目的。

钱学森被誉为"中国系统工程之父"，运筹学在我国的第一个研究组、第一个军事运筹学研究机构正是由钱学森建立的。钱学森研制导弹提出"三分靠技术，七分靠管理"。通过建立总体设计部，建立两条指挥线以及建立科研、生产和计划协调管理系统，将成千上万的科技大军严密地组织起来，确保完成国家赋予的各项任务，开启了将前沿的系统思想和系统理论运用于国防事业的先河，并总结为系统工程理论。

钱学森是我国著名战略科学家和思想家。钱学森的系统工程思想起源于中国航天事业的管理实践，来源于特定国情条件下中国航天研制工作的不断探索和创新。在中国航天组织机构调整和改革实践中，逐步形成了总体部的管理机制，有效推动了中国航天事业的发展。

钱学森在总结经验的基础上对系统工程实践进行理论阐释和升华，1978年9月发表了《组织管理的技术——系统工程》，对系统工程的概念、内涵和应用前景等作了分析，首次在实践与理论层面对系统工程进行清晰梳理，开创了系统科学这一新兴学科，标志着钱学森系统工程论的形成，是系统工程在中国发展的里程碑，被认为是开创系统工程"中国学派"的奠基之作。

总体来说，"二战"前世界各国对军事战争胜利的渴望以及战后各国对于国防、科技、经济迅速发展的需求，使各国在生产和生活领域的管理、操作和理论都得到了迅速发展与突破，并持续深远地影响着现代商业社会。

企业开始被视为经济活动的主体，其管理目标主要围绕如何在竞争中生存和发展以及资本积累和利润最大化。在当时，将这些专业、学科、理论集大成者的是日本丰田公司。

正是由于日本丰田公司善于模仿并在吸收中创新，首先继承了西方管理理论和实践，汇集了各国军事、物流、生产等各领域的学说方法论，并融入了上一节提到的中国儒家等传统文化思想，对这些进行糅合并加以创造性的转化，最终在车辆制造等工业领域直到企业经营管理领域，形成了中西结合、风格独具的精益生产理论。

　　福特公司在 1913 年引入了流水线生产方式，大大提高了生产效率和产品一致性。福特生产系统的核心理念是大规模生产和零件的标准化，这些都对后来的精益生产有深远的影响。

　　日本汽车产业在"二战"以后开始起步时，当时福特的少品种大批量生产方式已经统治着世界。丰田汽车公司从成立到 1950 年的十几年间，总产量甚至不及福特公司一天的产量。日本汽车工业面临需求不足、技术落后、资金严重不足等困难，难有大规模的资金投入以保证汽车生产达到有竞争力的规模。

　　丰田人在参观了美国几大汽车制造厂后发现，在美国企业的管理中，特别是人事管理中，存在着诸多问题。丰田公司创始人之一大野耐在分析大批量生产方式后，发现采用大批量生产方式可以大规模降低成本，但仍有改进的余地，应考虑一种更能适应市场需求的生产组织策略。他建立起以减少浪费为特色的多品种、小批量、高质量和低消耗的生产方式。

　　20 世纪 50—70 年代，虽然该生产方式让丰田取得了显著的业绩，但并未受到重视。1973 年的石油危机，给日本的汽车工业带来了前所未有的发展机遇，也将整个欧美带入了黑暗的缓慢成长期。市场环境的变化让大批量生产的弱点凸显，丰田公司则以其独特生产管理模式，经营业绩开始上升，与其他汽车制造企业的距离越来越大。该生产方式开始为世人所瞩目，并在日本汽车工业企业中得到迅速普及，成为日本第一汽车生产制造商。

可以说，精益生产是继单件生产方式和大量生产方式后在日本丰田汽车公司诞生的全新生产方式，后来经美国学者研究推广，在全球广泛传播和应用。

1985 年，美国麻省理工学院教授詹姆斯·P·沃麦克（James P.Womack），丹尼尔·T·琼斯（Daniel T. Jones）和丹尼尔·鲁斯（Daniel Roos）用了近五年时间考察了 17 个国家 90 多个汽车制造厂，并将大批量生产方式与丰田生产方式进行对比分析，认为后者是最适用于现代制造企业的一种生产组织管理方式。1990 年，他们出版了《改造世界的机器》一书，将丰田的生产方式正式命名为"精益生产"，世界为之轰动。

> 《改造世界的机器》一书不仅清晰地讲述了大批量生产和精益生产的差异，明确了精益生产的最终目标是"持续降低成本、零缺陷以及越来越丰富的品种"，还总结出了精益生产的五大要素，分别是设计产品、整合供应链、处理客户关系、产品从下单到交货的生产过程以及管理联合企业。企业需要通过这五大要素之间的相互支持、相互融合，才能用好这个足以改变世界的精益生产系统。

1996 年，沃麦克和琼斯在原有研究的基础上进一步归纳和升华，出版了《精益思想》一书。书中首次提到了精益生产背后所包含的新的管理思维，以"消除浪费、创造价值"的核心管理思想，对"精益管理"进行了更加深入的讲解。该书最大的贡献在于把精益生产方式进一步提炼，抽离出关键性原则，并站在哲学的高度阐述，将精益生产从单纯的生产组织方式与管理工具上升到哲学思想层面的价值观体系。

> 《精益思想》一书中提出了精益管理的五大原则：一是，顾客确定价值（Customer Value），即以客户的观点来确定企

业从设计到生产到交付的全部过程，实现客户需求的最大满足；二是，识别价值流（Value Stream Mapping），是指在价值流中找到哪些是真正增值的活动，哪些是可以立即去掉的不增值活动，精益思想将所有业务过程中消耗了资源而不增值的活动叫作浪费，识别价值流就是发现浪费和消灭浪费；三是，价值流动（Value Flow），要求创造价值的各个活动（步骤）流动起来，强调的是不间断地"流动"，精益将所有的停滞作为企业的浪费，号召"所有的人都必须和部门化的、批量生产的思想做斗争"；四是，拉动（Pulling），是按客户的需求投入和产出，使用户精确地在他们需要的时间得到需要的东西；五是，尽善尽美（Perfection），上述4个原则相互作用形成的良性循环就是趋于尽善尽美的过程。

当然，《精益思想》一书归根到底是一本理念宣传之作，对于具体方法的介绍较少，而且每个公司都有自己独特的问题，如何在精益管理的指导下，采用合适的工具发现并解决问题才是真正的难点，这也是精益真正的魅力所在。

以上，在精益管理理论形成过程中，日本企业提供了基本的思考和方法，用出色的实践证明了精益生产的强大生命力。美国学者的研究和美国企业的实践，则证明了精益思想在世界上的普遍意义，并升华为新一代的生产哲理。

而后，各国的发展延伸都没有再改变精益生产和精益管理的本质，即精益管理是精益生产理论的扩展，是精益思想在企业各层面的深入应用。是以精益管理为指导，以持续追求浪费最小、价值最大的生产方式和工作方式为目标的管理模式。精益思想也就此成为各组织消除浪费、创造价值的最有力的工具。

接下来，将介绍精益管理在生产和供应链端的最佳实践代表——日本丰田公司。

# 第三节  丰田精益管理模式解析

纵观世界历史脉络，人类进入工业时代的三四百年里，全球一共经历了四次大规模的产业转移。其中，第三次产业转移发生在 20 世纪 60 年代，由恢复国力的日本联合欧美国家发起，向东南亚国家进行产业转移，平摊劳动力成本。彼时，加之工业信息化的出现以及计算机技术的迅猛发展，系统化的供应链开始蓬勃兴起，生产和运输链变得高度复杂，从零件到成品，越来越精细的产品得以在全球各地生产。

企业逐渐认识到，单纯的车间管理已经不能满足市场的需求，为了进一步提高生产效率和降低成本，企业开始将精益管理的思想扩展到采购和供应链管理领域。

产业链上下游的企业互相依赖，每个参与者都希望在其核心业务上保持优势，以确保利润。但逐渐地，消费者、股东和员工三方的要求也在不断提高。消费者要求购买的产品更具个性，要求企业的响应更加及时。企业面临的供应链物流风险和工厂快速响应的压力也在增加。

人类文明进入第三次工业革命以来，尚缺少一个可以使大型企业和复杂供应链得到有效管理、使运营成本得到有效降低、使产品质量得到良好保障的组织模式，这便催生了丰田精益管理方式（Toyota Prodction System，简称 TPS）。

丰田精益管理方式的基本理念是以低成本、高效率和高质量的生产，为客户提供更好的产品和创造更大的价值。丰田精益管理的理论框架可以概括为"两大支柱"和"三大基础"。

"两大支柱"：即"准时制"与"自働化"（"働"为日式人造字）。

"准时制"（Just-In-Time，简称 JIT），由丰田汽车工业公司的创业者丰田喜一郎提出，他的继承者将其发展成完整的生产体系。即在通过流水作业装配一辆汽车的过程中，所需要的零部件在需要的时候，及时准确地送到生产线旁边。所谓"只在需要时生产需要的东西"，即强调不仅要适时，而且要适量。准时制的实现可以从根本上解决库存给经营管理造成的负担，消除生产现场中的无效劳动和浪费，改善生产不均衡的状态和管理不到位的现象。

日本国土面积和市场均较小，在这个狭小的市场里，本土汽车企业要想生产出能够竞争过欧美大汽车企业的汽车是非常困难的，当时欧美汽车制造公司具有面向全球市场的大批量生产优势，而后起的日本本土企业没有这个优势。汽车行业的大部分车企都采取福特公司的大批量生产模式，在当时人们的认知中，大批量成本低，小批量成本高。

丰田公司的大野耐一在考察福特后发现两件事，一是，大批量生产过程存在相当多的浪费；二是，美国的超市按顾客需求及时补货现象。他想，如果丰田在生产环节积极消除这些浪费，并按前工序需求及时补货（生产），那就可以实现当年丰田喜一郎提出小批量多品种的生产方式。

大野耐一是一个愿意钻研且不达目的不回头的人，他结合日本的实际情况试图对生产线进行改善，追求按客户需求实现多品种少批量的生产模式，它是在客户需要的时刻生产需要的量，这里主要是指不能生产多余产品（不需求的），这种模式在他坚持不懈的努力下实现了，它彻底地消除了大批量生产中的过剩成品及在制品的浪费、消除多余工时（用工）、设备及器具、场地等的浪费，整个生产体系都是按此要求进行，在日本生产的汽车成本，只有这样才可能与欧美企业的汽车竞争，这就是准时制生产。

TPS 强调"七大浪费"，包括：过量生产、等待时间、运输、库存、动作、生产过程和缺陷。通过识别和消除这些浪费，丰田公司能够有效地降低生产成本，提高生产效率。

准时制需要以"拉动生产"为基础，以平准化（Leveling System）为条件。

"拉动生产"是以"看板"管理为手段，它将传统生产过程中前道工序向后道工序送货，改为后道工序根据"看板"向前道工序取货，"看板"系统是拉动式生产现场控制技术的核心。

丰田公司内部所使用的"看板"，简单来说就是利用一种类似通知单的卡片，通常可以分为两种不同的类型，一种，是取货或者搬运指令；另一种，是生产指令。前者可以将产品制造过程中，零部件名称、生产量、生产时间、生产方法、运送量、运送时间、运送目的地、存放地点、运送工具和容器等方面的信息和指令进行精准、高效地传递，让运输部门可以按照生产的需要，及时、准确地进行原材料和零配件的调配。

而后者可以清晰地将生产什么、何时生产、生产多少这些关键指标，精确地传递到各个生产部门当中。这样不仅可以确保按需生产，避免过早或者过量制造，同时还可以作为合格生产的参照，用于快速甄别次品，从而避免不合格的零配件或者产品流入市场。

"看板"这种极简的操作系统，是确保丰田精益生产模式中的即时制与自动化能够顺利实现的保障机制。如果没有"看板"这种工具，丰田公司精益生产模式当中的很多内容，可能需要更长的时间才能真正实现。

"平准化"是指工件被拉动到生产系统之前要进行人为的按照加工时间、数量、品种进行合理的搭配和排序，使拉动到生产系统中的工件流具有加工工时上的平稳性，保证均衡生产，同时在品种和数量上实现混流加速运动，起到对市场多品种、小批量需要的快速反应和满足功能。

此外，准时制需要制造商和供应商之间的密切协作。对于一级供应商，丰田公司常通过相互持股或者缔结长期协议的方式保持零件供应商之间的紧密联系，如丰田公司不同程度地持有电装公司、爱信精机、曙光制动等供应商的股份。

丰田不仅将准时制的理念应用在本公司的生产环节，还能协助其供应商搭建准时制平台，帮助其进行有效的生产运营和库存管理，从而降低供应商的运营成本。

> Suzaki 是一家小型汽车零部件企业，主要为丰田提供配套零部件。公司占地面积约 4500 平方米，员工 60 名。在面临破产危机时，Suzaki 在时任董事长鹫崎干的领导下，实施了丰田 TPS，建立了高效的生产流程。通过使用看板卡片管理生产计划和追踪产品信息，无需信息系统的参与。通过研发人员设计的模具，实现一秒钟内快速换模，为柔性生产提供支撑。通过预防措施和质量控制，实现零缺陷质量控制，并通过坚持不懈的努力消除生产过程中的浪费，不断进行改进，最终扭转了颓势。
>
> Suzaki 的成功经验还表明，即使是资源有限的小型制造企业，也可以通过精益管理和创新，实现卓越的生产效率和质量。

"自衡化"（Jidoka），即在质量管理方面追求零缺陷、零返修，以更低的成本确保优质的服务。比起单纯的自动化，它更强调将人的因素包含在内。随着时代的发展，机器的产能不断提高，一旦出现异常情况，就会产生大量的残次品。因此，丰田将人力因素与机器结合，丰田的所有工厂都装有自动停止装置，当机器正常运转的时候用不到人，人只是在机器发生异常状况、停止运转的时候前去处理。在这种方式下，一个人可以管理多台机器。随着人员的减少，生产效率大幅提高。

丰田是制造纺机起家，当时制造的纺机没有自行发现断线的装置，需要人工监视，如果监视人员疏忽就容易产生不良品，为了彻底防止制造不良品的发生，他们发明了自动断线感知停机装置，这就是"自働化"的来历，它是为了品质控制而来。这里的"働"字是在汉字的"动"字上多加一个人字偏旁，是一个人造字，表示带有人的智慧的机器，它与现今所指的自动化含义完全不同。现在通常所说的自动化是设备根据程序设计自动运行的概念，而丰田的"自働化"完全是指品质控制概念，但它同时从另一个角度也将看守机器的人解放出来，大大消除了用于监控的等待工时。

"三大基础"即"造车先育人""职场活性化"和"持续改善"。

首先是"造车先育人"理念，一辆汽车由近3万个零部件组成，制造一辆车需要很多人参与，要想保证品质还必须得对所有零部件进行最优组合，人的作用显得尤为重要。因此丰田强调人才培养是企业的首要使命，鼓励企业个人和专业人员的进步，致力于员工教育，分享企业发展机会，最大限度地提高个人与团队的绩效，发挥团队的联合力量。

1950年丰田公司遭受巨大的财务危机，丰田汽车创始人、丰田第二任社长丰田喜一郎为了拯救劳资信任和丰田危机，自己选择辞任社长以承担造成公司危机之责。辞职谢罪时，他对继任社长石田退三的唯一要求是："请努力培训那些年轻员工吧""请确保给他们传授一些管理的基本知识吧"。

石田退三是丰田第三任社长。他认为："人才培养是丰田精神的基础。事业的成败在于人。人要陆续地培养教育，一代一代地接续下去。无论是什么样的项目，如果要将其进一步发展壮大，首先要做的就是人才培养。这是自佐吉先生以来丰田最为重视的传统精神。"

其次是"职场活性化"，日式词语，本质是尊重的意思，通过真诚的交流，千方百计地做到彼此理解，承担责任，并竭尽全力建立互相信任，共同负责，做到参与式管理。不仅尊重企业管理层和工程师，更特别注重尊重员工，突出"尊重人性"，对于员工所拥有的思维能力给予最高程度的尊重，认为给员工"思考的空间"，引导出"生产现场的智慧"才是关键，甚至提出要员工"听命行事"就是不"尊重人性"。并且认为员工奉献宝贵的时间给企业，如果不妥善运用，无疑是一种滥用。

> 以丰田现场监督者为例，他们的职能除了对生产过程进行监督之外，更重要的是在需要的时候协助员工解决一些突发问题，而非高高在上，居高临下地对员工进行指挥与呵斥。这种尊重员工、尊重个体的行为就是职场活性化的体现。
>
> 丰田生产方式强调的职场活性化全员参与往往很难得以真正实施，只有打破传统文化和体制弊端的桎梏，运营变革和新的生产方式的引入才能真正围绕价值创造落地生根。

最后是"持续改善"（Improvement）。丰田精益管理"两大支柱"准时制和自働化的根基可以说就是持续改善，准时制是通过观察福特生产方式，发现它存在大量的浪费，通过对其改善发明了"准时制"生产方式，彻底消除了浪费。自働化也是通过改善消除了继续制造不良品的现象。持续改善之所以要强调持续、永无止境、一刻也不能停歇，是因为如果停止改善则根基不稳，支柱无以为继。

持续改善强调以消除浪费和改进提高的思想为依托，对生产与管理中的问题，采用由易到难的原则，不断地改善、巩固，改善、提高的方法，经过不懈的努力，以求长期的积累，获得显著效果。

消除浪费即认为不能提高附加价值的一切工作（包括生产过剩、

库存、等待、搬运、加工中的某些活动，多余的动作，不良品的返工等）都是浪费，这些浪费必须经过全员努力不断消除。

改进提高认为即从局部到整体永远存在着改进与提高的余地，要在工作、操作方法、质量、生产结构和管理方式上系统性地、不断地改进与提高。

在丰田公司，改善是包括总经理在内的全体员工的事，每一层级都有相应改善任务及使命，低层级个人的开展提案活动，在组织内开展 QC 活动，解决困惑提升 QCD 的小组难题，办公室人员开展课题活动，积极发现身边工作难以解决的问题，限定在一定时期内解决，这样做既解决了工作的问题，同时又提升员工的解决问题能力，当然这些都会有更高层级人员（或领导）的指导。管理层开展方针管理及改善，过程全部进行跟踪。

在丰田，改善不像欧美国家使用大量资金，投入高新技术对生产线进行创新性革命式升级改造，而是在每一个工作（工序）中使用常识性的工具、知识、检查表及技巧，在尽量不花资金的情况下解决工作中的问题，持续消除七大浪费。在丰田，经常会说"不花钱的改善才是最好的改善"，他们也会将改善所花的成本计算在内，计算出改善的收益率，会将这种成果（包括提案）在各个组织中进行宣传及奖励。

丰田精益管理方式的哲学理论框架，是基于丰田企业的根本目标，规定了丰田精益管理方式得以高效率、高品质运行的两大支柱和三大基础，奠定了丰田文化的精神基石，是丰田精益管理伟大竞争力的核心所在，丰田精益管理方式也成为全球企业在学习精益生产、精益供应链领域无法逾越的高山。

# 第四节 当代精益管理的创新实践

第三次工业革命后，时代巨变悄然发生。互联网及数字经济下，行业的指数级演变越来越多地出现，开始倒逼制造业的技能越来越尖端、专业合作越来越紧密、制造周期越来越短。几乎没有任何一家企业可以独自拥有所有的尖端技术，创新的强大壁垒和工业的保密原则开始分崩瓦解。

汽车工业的历史是一部创新与革新的编年史。从一个世纪前福特公司引入流水线作业，使得汽车成为大众消费品，到后来丰田公司推行精益生产，大众集团实行模块化平台策略，每一次变革都推动了行业的进步。凭借精益管理模式，丰田也超越通用、大众，成为世界第一大汽车企业，"开不坏"一度成为丰田车的质量名片。

但近年来，这个质量名片似乎难以守住。

近十年来，丰田公司等多家知名日企被曝出造假，涉及汽车、钢铁、化工等行业，成为诸多日本品牌跌落神坛的标志。其背后一定有着根源问题，让我们尝试略窥一二。

丰田精益供应链是一种阶梯型的金字塔结构，从上至下分别是整车制造商、一级供应商、二级供应商、三级供应商，塔尖上的供应链链主丰田公司有着绝对话语权，而塔底的供应商处于弱势地位。

在准时制模式下，丰田将成本管控做到极致，习惯压缩材料和零部件供应商的利益来牟取自身利润的最大化。而近年日本物价上涨，中小企业成本却难以嫁接，不少中小企业面临破产危机。连生存都成问题，位于金字塔底端的中小企业哪有精力去打磨产品，因此导致了零部件品质的低下。

而丰田甚至也默许使用瑕疵零部件的行为，在全球芯片荒时，丰田汽车曾表示："面对供应链压力，乐意使用来自供应商的有磨损或有瑕疵的零部件，在全球芯片短缺和材料成本上升的情况下，努力削减成本。"

供应链是以人为中心的供应链，供应链信用是人的信用的折射，精益生产理念很好，但也高度依赖人的品质。所以，我们认为，日本制造质量问题频发当然不意味着精益生产理念过时。日本企业所经历的精益管理阶段，也是我国很多企业、行业和企业依然要经历的不可逾越的阶段和科学管理发展的必然进程。

而且丰田要面对的是，随着市场化的推进，消费者需求也在发生着根本性的变化，对产品的要求越来越高，需求也更加复杂，如果仅仅考虑按需生产、减少浪费已不能完全满足企业的发展需求，企业必须拥有更加全面、更加系统化的管理思想，这样才能在文化、战略、经营等方面得到全方位的提升。

精益管理也要与时俱进，体现时代化的特征。即时性、量身定制、突破性创新，面对这些新需求，第三次工业革命渐渐显示出它的局限。如何较好地回应越来越个性化的定制需求，使每一款产品都与众不同？如今，电动化时代全球最成功的车企——特斯拉，正在探索的高度集成化制造流程，堪称精益管理实践的又一里程碑。

特斯拉汽车（Tesla）是一家总部位于美国得克萨斯州的电动汽车及清洁能源行业的跨国公司，由马丁·艾伯哈德和马克·塔彭宁在 2003 年 7 月 1 日联合创立。特斯拉以生产电动汽车、太阳能板以及储能设备和系统解决方案而闻名，现任 CEO 为埃隆·马斯克。

2004 年，埃隆·马斯克投资特斯拉并成为公司董事长，对公司的成长起到了关键作用。2008 年，特斯拉发布了首款车型——Roadster，这是世界上第一款使用锂电池的量产电动汽车。2012 年，Model S 发布，以其卓越的续航里程和创新设计赢得了市场的广泛赞誉，特斯拉也首次扭亏为盈。随后，特斯拉陆续推出了 Model X、Model 3、Cybertruck 以及 Model Y 等车型，不断丰富其产品线。特斯拉还在全球范围内建设超级工厂和超级充电站网络，以支持其产品的生产和销售。

特斯拉之所以能够颠覆产业，背后有一个扎扎实实的管理方法，马斯克称之为"演算法"（The Tlgorithm，译作"五步工作法"）。"五步工作法"是马斯克独创，形成于马斯克对生产流程的不断探索与实践。面对产量激增带来的挑战，马斯克深知只有通过创新和改进，才能确保企业的持续发展。"五步工作法"也可以说是他充分融合了精益管理、IE 原则和第一性原理的实践总结。

IE 原则，即工业工程（Industrial Engineering）的原则，主要关注于提高生产效率和优化工作流程。在制造业中，IE 原则的应用旨在通过分析工作流程、材料使用、设备效率等方面来减少浪费，提高生产效率。这涉及对生产过程的细致分析和优化，以确保资源的最佳利用和生产的高效性。

第一性原理，强调从最基本的事实和原理出发，通过逻辑推理来解释和预测事物的行为。第一性原理的思维鼓励从事物的最基本要素和原理出发，而不是从已有的经验或观察出发。这种方法论强调对事物本质的理解，通过层层深入分析事物的内在逻辑和结构，从而找到解决问题的根本方法。第一性原理的应用范围广泛，包括科学研究、技术创新、商业策略等，它帮助人们看到问题的本质，找到创新的解决方案。

第一步：质疑每项要求。这一步骤强调了批判性思维的重要性。在特斯拉的生产流程中，每个提出的要求都会受到严格的质疑。无论提出要求的人是谁，无论其职位高低，都必须接受挑战和审视。这种质疑精神确保了生产流程中的每个环节都经过了深入的思考和讨论，从而避免了盲目执行和无效努力。

第二步：删除你能删除的。这一步骤体现了消除浪费思维的力量。在特斯拉的生产流程中，不必要的环节被尽可能地删除。这种消除浪费思维不仅简化了流程，还提高了生产效率。通过删除冗余和无效的环节，特斯拉确保了生产流程的高效性和灵活性。

第三步：简化和优化。在删除了不必要的环节后，特斯拉进一步对生产流程进行简化和优化。这一步骤旨在确保每个环节都实现了最大程度的精益。通过改进加工方法、缩短加工时间、优化设备布局等手段，特斯拉不断提高生产效率和产品质量。

第四步：加快周转时间。在简化和优化生产流程的基础上，特斯拉进一步加快了周转时间。这一步骤旨在减少生产过程中的等待和浪费，使物流、信息流和资金流能够快速流动起来。通过提高生产效率和缩短生产周期，特斯拉确保了产品的及时交付和市场的快速响应。

第五步：自动化。作为"五步工作法"的终点，自动化确保了生产流程的稳定性和流程系统的持续运行。在特斯拉的生产线上，必要的和经过优化的流程与行动都被自动化了。这种自动化不仅提高了生产效率和质量稳定性，还降低了人力成本和安全风险。

在上述"五步工作法"的步骤中，必须在前两步达到完全成熟后，才能开始第五步自动化的设计；而从第一性原理中马斯克又推演出了两个重要原则：

第一个重要原则是，生产制造过程中，要遵从"傻瓜比率"的原则。傻瓜比率的定义是在生产制造中，衡量一个产品的总成本与某一零部件原材料的成本之比，比率越大，降本增效的空间就更高，而从另一个角度也能说明某一零件制作工艺的复杂程度一定很高，当然这个比率越高，也可能是因为多重经销商的经手而导致价格虚高所造成的，这时候减少交易环节就可以降本增效。傻瓜比率越高，意味着越有机会通过重新设计，减少复杂度，引入更简练的工艺来达到降本增效的效果。

第二个重要原则是，设计思维在制造领域的全面应用。马斯克强调设计师和工程师需要深入生产第一线，而且把他们的工作岗位设定在制造车间的旁边。这首先是软件与硬件深度结合捆绑的思考，即不仅让自动化的软件设计与负责硬件制造的工程设计知识融合在一个人身上，而且还要经常深入生产一线培养锻炼其动手能力，这样的捆绑融合，为五步工作法最终实现高效低成本的生产自动化之最后三步的实现铺垫了坚实的基础。

总的来说，五步工作法非常符合精益管理的核心原则。这一方法强调通过质疑、消除、简化、加速和自动化不断优化工作流程，最终达到提高效率、减少浪费、增强竞争力的目的。特斯拉公司在马斯克的领导下，通过严格执行这些原则，成功在复杂的市场环境中保持了高效的运营和持续的创新。

五步工作法最好的实践是上海"超级工厂"，超级工厂是精益管理与自动化技术结合的典范。在这座工厂中，特斯拉采用高度自动化的生产线，并通过实时数据监控和分析，优化生产流程，减少停机时间和资源浪费，实现了产能和效率在行业内全球第一。甚至可以说特斯拉在上海的超级工厂的超级生产是精益生产的升级。

上海临港地区，紧邻海岸线的一隅，矗立着一座被誉为"机器森林"的现代化工厂——特斯拉上海超级工厂。尽管占地面积并不惊人，约86万平方米，大致相当于120个标准足球场的大小，在国内众多新建汽车生产基地中只能算是中等规模，但从其内部布局与产出效率来看，却堪称业界翘楚。

参观者从西门进入，约15分钟便可乘车环绕整个工厂一周，领略其紧凑而高效的布局。令人难以置信的是，这座看似不起眼的工厂，年度生产能力高达75万辆，占特斯拉全球总产量近137万辆的半数以上。这些汽车不仅供应中国市场，还远销欧洲、北美等地，彰显了其卓越的制造能力和全球影响力。

更为引人注目的是，上海超级工厂的单位面积产量远超许多传统汽车制造商，达到了其3~5倍甚至更多。即便与特斯拉自家的其他工厂比较，如美国得克萨斯州奥斯汀工厂和墨西哥蒙特雷工厂，尽管后两者占地面积分别是上海工厂的12倍和20倍，但产能规划却与上海工厂处于同一水平，凸显了上海超级工厂在空间利用与生产效率上的巨大优势。

这座工厂内部结构完善，集冲压、焊接、涂装、总装四大工艺车间于一体，同时还拥有电池、电机等核心零部件的组装生产线，甚至设有一座独立的研发中心，专注于创新技术的研发。工厂内部，工人、自动化产线、机械臂以及先进的物流系统如廊桥、吊具、自动导引车等，共同编织了一幅现代化工业生产的壮丽画卷。

首先，上海超级工厂实现了通过集约化生产模式向空间要产能。上海超级工厂在生产效率方面几乎达到了极限，二期总装车间周产能已达1.3万台，远超行业平均水平。其车间布局设计精妙，有限的空间内布局了超过十个功能车间，涵盖了传统汽车制造的四大核心工序：冲压、焊接、涂装和总装、电池和电机生产车间。工厂与传统工厂常见的独立办公楼和食堂不同，特斯拉的办公室位于总装车间的二层，而食堂则分布于各车间二层或邻近区域。这种布局不仅最大化了空间利用率，还显著提升了问题处理与日常通勤的效率。

特斯拉独创了"轮子上的仓库"物流系统，更是集约化生产的一大亮点。摒弃了常规的固定仓库概念，特斯拉采用流动的集装箱仓库，直接削减了几乎所有仓储占用空间。卡车装载物料抵达车间，将集装箱直接卸载于车间外预设的"码头"上，随后继续运送其他物资。

据统计，每日约有2000辆物流车在厂区内繁忙穿梭，特斯拉通过一套精密的电子管理系统，实现了车辆路线的智能规划。

为保障厂区内物流畅通与安全，特斯拉设置了诸多交通指挥设施，如交叉路口的交通信号灯以及在关键节点安排的安全疏导员，确保人员与车辆的安全通行。高峰期，如晚间换班时刻，厂区内车辆密度极高，甚至会出现"堵车"现象。

> 庞大的人员配置是这套系统运行的基石，目前超级工厂共雇用约 2.5 万名员工，其中物流相关人员数量即达数千名。

其次，上海超级工厂不放过对细小流程的优化。在汽车的冲焊涂装四大工艺中，总装是最为复杂的一环。它集成了所有汽车的零部件，化整为零地造出一辆新车，而汽车所涉及的零部件之多、工艺之复杂，会让这个环节充满不确定性。Model Y 的下线速度却可以做到 45 秒，达成的主要原因有两个：减少流程和优化各流程。如大规模采用机械臂从而提升作业效率、提升物流便捷性从而缩短物流动线长度、内饰线上下布局从而实现距离比传统水平流水线更短等。

> 早期特斯拉刚量产 Model 3 时曾遭遇"产能地狱"，很重要的一个原因就是很多环节上使用自动化机器人不力，但现在的特斯拉已经走过了那段混沌时期。在 Model Y 的总装车间，能看到遍布工人、机械臂、AGV 以及 EMS 吊具的车间，嘈杂繁忙，但有条不紊。
>
> 在发展相当成熟的汽车工业，一些极其细微的流程仍能被优化。比如传统主机厂在车辆进工位的时候，需要车间工人扫描装车单，传统的装车单会很大，类似于一张 A4 纸，可以放在前机盖上。但是在特斯拉的工厂，装车单只有一小块，而且员工不需要扫描，通过车机就可以推送到工位，这样员工在这个流程上的时间就被节约出来。

此外，在生产流程的管理上，特斯拉也能依靠一套工业互联网体系，在突发情况下不影响整体节拍。总装车间内，每一个工位都安装了一块实时更新的屏幕，它能够反映扫描、拧紧等操作环节的完成情况，只有各个环节都显示绿色，才代表车辆具备下线条件。如果红灯亮了、某一环节出现问题，车辆会被停到工位末端，员工可以按下屏幕上的"呼叫班长"来处理，这样也不会影响其他车辆的下线节奏。

这与丰田汽车工厂的安灯系统类似，都是通过车位上的指示灯来体现工作流程。但不同的是，安灯系统需要员工主动亮起黄灯，而特斯拉则是通过一套数字神经网络来实现。

这座 24 小时不间断运行的高效工厂，支撑了特斯拉产销的半壁江山，并以高效的布局、优化的流程以及具备成本优势的土地、供应链、人力等资源，协助特斯拉攀登上了毛利率超过 30% 的高峰。

有了超级工厂的加持，特斯拉在产品开发方面，也运用了精益管理中的快速迭代和持续改进理念。马斯克强调通过短周期的产品更新和功能改进，持续提升产品的市场竞争力。这种做法类似于 IT 行业中的敏捷开发，强调通过快速的迭代和用户反馈，不断优化产品设计和功能。

特斯拉的软件更新功能就是这种快速迭代的体现。通过 OTA（Over-The-Air）无线更新，特斯拉可以在短时间内为车主提供新功能或修复问题，而无需召回车辆。这种做法不仅提高了用户体验，还显著降低了产品生命周期中的维护成本。

在供应链管理方面，特斯拉也采取了精益管理的策略。特斯拉在供应链的选择上倾向于垂直整合，即通过自建或直接控制关键零部件的生产，减少对外部供应商的依赖。这种做法不仅减少了供应链的复杂性，还帮助特斯拉更好地控制成本和产品质量。

特斯拉还通过直接销售和直营店模式，省去了传统汽车制造商依赖经销商的中间环节。这种模式不仅提高了利润率，还使得特斯拉能够更直接地与消费者互动，收集市场反馈。

从某种程度上来说，特斯拉的产品设计和生产模式与传统精益管理有着异曲同工之妙，都是围绕用户需求，在生产环节通过减少浪费，按需生产的方式实现降本增效的目的。但是，特斯拉的经营，关注的不仅仅是产品这种有形的基础资产，同时也关注到了品牌价值这种无形的增值资产。这已经不再是传统精益管理的范畴，而是在新精益思想指导下，有形价值和无形价值并举，实现基础价值与增值价值"两手都要抓、两手都要硬"的发展模式。

而这种模式背后，其实是企业价值评判标准的升级，即不只强调成本的控制，也注重价值的提升。因此，特斯拉的产品不仅仅具备高质量、高性价比的优点，还可以从其他方面满足消费者更高层次的需求。

比如，特斯拉汽车强大的动力、完善的辅助驾驶技术以及集成了多种不同功能的智能操作面板等，可以满足消费者对于驾驶体验的追求，极具个性的外观设计，能够满足消费者对回头率的追求。甚至在汽车产品之外，特斯拉还为用户提供太阳城公司（SolarCity）生产的太阳能电池板。用户把它安装在自家屋顶上，每天可以产生供汽车行驶约 80 公里的电能。这个举措，极大地满足了环保人士的心理诉求。

特斯拉的这些产品设计，不仅满足了消费者的多样化需求，提升了客户的满意度，同时也通过这些产品将品牌自身"亲民""环保"的价值观传达了出去，由此树立了良好的品牌形象，也提升了品牌的附加值。

在营销方面，特斯拉也一直在用不同的方式提升品牌价值，比如借助马斯克个人 IP 的宣传。马斯克 2006 年在特斯拉官网上发布的一篇文章中提到："特斯拉公司的首要目的（也是我给公司投资的原因），是帮助推进从碳氢燃料开采与燃烧的经济体，向太阳能电力经济体的转型，我想这是可持续发展的主要解决方案，但不是唯一的解决方案。"作为拥有极大曝光度和大量粉丝的企业家，马斯克对于特斯拉未来发展的解读，直接将"环保"的标签贴在了品牌上。

马斯克创办的另外一家公司 SpaceX，在发射"猎鹰 9 号"火箭的时候，就将特斯拉 Roadster 跑车放到了猎鹰火箭的核心部位。火箭的发射成功，也为特斯拉汽车成功打了个广告，让很多人意识到在"亲民""环保"之外，特斯拉还是一个勇于探索未来、开创未来的品牌。

通过这种价值观的对外输出，特斯拉的品牌价值得到了不断提升，也逐渐夯实了特斯拉作为新能源汽车领域领先品牌的市场地位。随着产品和品牌价值的不断提升，现在很多时候已经不是特斯拉在迎合消费者的需求，而是消费者在按照特斯拉的标准去衡量其他的电动汽车品牌。这种变化，恰好体现了传统精益管理和现代精益管理之间的一种区别，前者是在迎合市场，而后者能够让企业自己成为制定规则的人。

特斯拉的创新精益管理，把传统精益思想推向了一个新的阶段。不仅关注科学管理基础的搭建，还关注和推动产业链的共生、共享、共融，最终推动各行各业和国家经济的持续稳定健康发展。这一过程，是传统精益思想从条线到立体的过程，也是从生产线到供应链上下游到全产业链再到价值链的全面升级。

工业革命的发生需要三个推动力：新技术、新的社会需求以及新的组织模式。新的组织模式与新环境相适应，使新技术有效推动经济的增长。特斯拉精益管理模式正在得到行业的一致认可，也将有机会示范引领，并有可能发展成为第四次工业革命的旗舰模式，我们拭目以待。

# 精益思想的
# 宇宙观

- 人体磁场与宇宙磁场存在耦合效应，因此人体经络图和夜空星象图如此相似——**人体即宇宙。**

- 由此看来，人、家庭、社区、城市、国度以及人类的各种活动，如经济活动中的各类产业、行业和企业，乃至房地产开发的过程，其活动规律和演变发展的本质不会有太大的出入。

- 甚至上到地球、太阳系、银河系和宇宙，虽然相差很大，但站在精益思想的观点上，规律是相通的，本质是相似的。

- 这就是大中有小，小中有大；大即是小，小即是大。

- **读懂宇宙方能读懂自己，读懂自己首先要读懂宇宙。**

# 第四章
# 泛地产时代的精益之路

## 第一节 房地产的新时代使命——人与自然的和谐共生、历史与文化的传承与创新

　　人类与自然的关系，经历了从敬畏、依赖到改造、利用的转变。在自然界宏大的生命循环中，人类的存在与发展依赖于水、空气、土壤等自然资源的馈赠。但是，人类的活动已经对自然环境造成了前所未有的影响，气候变化、生物多样性丧失、资源枯竭等问题，都在警示人们必须重新审视和调整人与自然的关系。

　　人与自然的关系，是首先要回答的生态哲学问题。

　　在新时代，中国提出了"人与自然生命共同体"这一重要的创新理念。

　　生命共同体理念，从本体论层面深刻回答了人与自然的关系，把自然视为具有内在价值的存在，而不仅是人类利用的资源，摒弃了将人与自然割裂对立的观点。

　　生命共同体理念，既体现马克思主义自然观、生态观，也蕴含中

华传统天人合一、万物并育的文化根基。树立尊重自然、顺应自然、保护自然为价值观的鲜明立场和价值追求，是迈向和谐共生的第一步。

　　人与自然和谐共生的关键路径是生态效益和经济社会效益的统一。实现人类与自然的和谐共存，关键在于实现生态价值与经济及社会效益的融合。自然生态系统提供的服务和价值，例如清新的空气、洁净的水源、肥沃的土地和丰富的生物多样性，构成了人类生存的基石，同时也是社会经济发展的关键支柱。当人们在追求经济社会效益时，不能以牺牲生态效益为代价。相反，若在发展经济的过程中注重生态环境保护，积极推动绿色低碳发展、资源循环利用等，不仅可以实现生态效益，还能创造新的经济增长点和就业机会，实现经济社会效益与生态效益的双赢，这也是可持续发展理论的体现。

　　人与自然和谐共生还要遵循环境伦理学的观点。人类对自然环境承担着道德义务，它不仅是人类生存的根基，也是其他生物的权利所在。人们必须遵守不造成伤害的原则和代际公平等伦理规范，特别重要的是坚持代内公平与代际公平的统一。代内公平是指同一时代的不同人群之间在资源分配、发展机会等方面的公平性。代际公平则是指当代人与后代人之间在资源利用和环境保护方面的公平性。由于一些发达国家在早期的优先发展过程中过度消耗资源、破坏环境，而中国等发展中国家却面临着资源短缺、环境恶化的困境。因此，不同国家、地区和人民之间应该公平地分享这些资源，共同承担环境保护的责任，推动建立公平合理的资源分配机制和环境保护制度。

　　人与自然的关系的核心问题是什么？就是人的生产、生活、生态空间的平衡与协调。

首先，从生产空间的角度来看，人类为了生存和发展，需要利用自然资源进行各种生产活动。这些活动不仅满足了人类的基本生活需求，也推动了社会的进步和发展。然而，过度开发和不合理利用自然资源往往会导致生态环境的破坏和资源的枯竭，从而威胁到人类的可持续发展。

　　其次，从生活空间的角度来看，随着城市化进程的加速和人口的不断增长，人类对生活空间的需求也在不断增加。然而，城市扩张和人口集中往往伴随着生态环境的破坏和资源的浪费，如绿地减少、空气质量下降等。因此，如何在保障人类生活需求的同时，保护生态环境和合理利用资源，成了一个亟待解决的问题。

　　最后，从生态空间的角度看，这是人与自然关系中最为基础和关键的环节。它是指自然界中各种生物和非生物要素相互作用、相互依存的空间环境。生态空间的健康和稳定对于维护生态平衡、保护生物多样性以及促进人类社会的可持续发展具有重要意义。然而，由于人类的活动，许多地区的生态空间已经遭到了严重的破坏和退化。

　　总之，人与自然必须和谐共生。一方面，人与自然和谐共生的愿景已逐渐成为全人类共同追求的目标，需要通过科学地探索自然规律，理解生态系统的内在联系，更加理性地利用自然资源，避免盲目开发和过度索取；另一方面，人类跨越国界、种族、文化界限的携手合作，是人与自然和谐共生的基础，更需要人类社会内部的和谐，包括促进经济社会的公平正义、缩小贫富差距、提高民众生活质量、推动科技进步、促进文化交流与融合、丰富人民精神世界等。只有社会中的每个个体找到归属感、安全感和幸福感，即实现了物质文明和精神文明协调发展，才能更好地投入人与自然和谐共生的实践中。

　　接下来，将探讨历史文化的传承和创新。

　　如何把历史文化、艺术等进行高度浓缩，做好保护承载传承创新和提升？滤掉时间的轨迹，最好的工具和途径，只有房地产。因为房地产是生产、生活、生态的空间基础，是所有产业、行业、企业基础空间的提供者。

习近平总书记强调："对历史最好的继承就是创造新的历史，对人类文明最大的礼敬就是创造人类文明新形态。"泱泱中华，历史何其悠久，文化何其博大。

一个国家物质文明和精神文明相协调的发展道路，只能由这个国家的人民依据自己的历史传承、文化传统以及经济社会发展水平来决定。从另一个角度说，历史与文化的传承与创新是社会进步的永恒追求。

历史，不仅是文化的根基，包含了无数先人的智慧与经验，透过历史，能够了解过去、认识现在并预见未来；历史还是民族的记忆，是民族身份认同的基础，是人们理解自身的根源。历史记录了人类社

望得见山、看得见水、记得住乡愁

会的发展历程，传承历史不仅有助于人类保持文化的连续性和稳定性，更能够激发民族自豪感和文化自信，为社会的进步提供强大的精神动力。可以说，历史的传承是社会进步的基石。

文化，是一个民族的语言、艺术、风俗习惯、传统习俗、生活方式、宗教信仰、道德规范、法律体系、价值观念、审美偏好和精神象征等精神层面的集合。它是文明多样性的核心和财富。文化创新是在尊重传统的基础上，融入时代精神和社会需求，对文化进行创新性的改造和发展。这样的创新不仅丰富了文化的多样性和活力，满足了人们不断增长的精神文化追求，还激发了社会的创造力和创新精神。简而言之，文化创新是推动社会向前发展的动力。

中国式现代化的重要论断，是习近平总书记在庆祝中国共产党成立100周年大会上提出的。中国式现代化离不开房地产的现代化，人与自然和谐共生、历史与文化的传承与创新是形成生产、生活、生态空间协同发展新格局的愿景目标。为人与自然的和谐共生提供基础空间，为历史与文化的传承与创新提供物质载体，正是新时代房地产的使命。

新时代房地产要构建美丽生态的自然空间，要保护弘扬中华优秀传统文化、延续城市历史文脉、保留中华文化基因，要让人民"望得见山、看得见水、记得住乡愁"。

房地产这一新时代的使命，要求房地产必然得跳出单个企业或单个行业的狭隘视角，由房地产转变为"泛地产"，这不仅是房地产行业可持续发展的必然要求，也是人类社会进步的重要标志。

# 第二节　泛产业的浪潮与典型案例

"泛地产"的"泛"字，简而言之可以理解为某一产业与其他多种产业结合，不仅限于物理空间上的融合，更强调在新的发展阶段，通过跨界合作和产业融合，通过资源整合和优势互补，进行产业间的相互渗透、相互促进。首先在功能、服务、运营模式等方面的创新，从而构建更广泛的、联系更紧密的生产生活方式的过程，或实现更多元化、综合性的发展模式。

国内产业的泛化发展其实早已普及，在泛产业的浪潮下，不同领域的巨头与新兴企业纷纷探索跨界融合的无限可能，推动着社会经济结构的深刻变革。

"泛娱乐"，这一领域融合了影视、音乐、游戏、动漫、直播、短视频等多种文化娱乐形态，通过知识产权（IP）的多元化开发与运营，实现了内容创意的跨平台流动与价值最大化。腾讯、字节跳动等产业链的头部企业，正是通过构建泛娱乐生态，不仅丰富了人民的精神文化生活，还促进了文化产业与其他如旅游、教育、零售等行业的深度融合，带动了整个产业链的升级与繁荣。

"泛健康"，这一概念涵盖了传统医疗行业与尖端科技如信息技术、生物科学、大数据分析和人工智能等领域的深度融合，催生了远程医疗、智能设备监测、全面健康监护和定制化医疗等一系列新兴服务。例如，阿里巴巴推出的"未来医院"项目和平安好医生平台的快速发展，正是这一行业变革的显著标志。这些创新不仅通过技术革新和服务模式的革新，消除了传统医疗在时间和空间上的限制，还显著提升了医疗资源的使用效率和医疗服务的品质，使得个人健康监护和医疗援助变得更加容易获取和符合个人需求。

"泛金融"，也是近年来发展迅速的一个领域，它将金融服务渗透到日常生活的方方面面，如移动支付、网络借贷、数字货币、区块链金融等，不仅改变了人们的支付习惯，还促进了金融资源的优化配置和普惠金融的发展。蚂蚁金服、京东金融等企业的崛起，正是凭借其在金融科技领域的深耕细作，推动了金融产业的数字化转型和生态化建设。

"泛文旅"，正逐渐成为新的热点。这一领域不仅涵盖了传统的旅游观光、酒店住宿、餐饮娱乐等，还广泛融合了文化、教育、科技、体育等多个元素，形成了多元化的旅游产品和服务。例如，通过挖掘地方特色文化，打造文化旅游景区和主题公园；利用虚拟现实（VR）、增强现实（AR）等科技手段，提供沉浸式旅游体验；结合体育赛事、音乐节、演唱会等活动，推动文体旅游融合发展。

可以说，泛产业的概念正深刻影响着我国乃至全球的经济格局和产业生态。

泛产业，不仅仅是产业间的简单相加，更是通过管理创新、技术创新、模式创新和服务创新，实现产业间的深度融合与协同发展，进而推动社会经济的全面进步和人民生活质量的持续提升。

那么，在正式定义"泛地产"之前，首先聚焦国内"泛产业"的两个典型。华润，以"引领商业进步，共创美好生活"为使命的"泛生活"领域代表；华为，以"构建万物互联的智能世界"为使命的"泛通信"领域代表。二者在产业"泛化"发展的进程中，很多先进的经验值得泛地产借鉴。

华润（集团）有限公司（以下简称"华润集团"）是一家在中国香港成立的多元化控股企业，业务遍及多个重要领域，包括但不限于大消费、大健康、城市发展与运营、能源服务以及科技与金融等。集团拥有7个核心战略业务单元，分别是华润创业、华润电力、华润置地、华润医药、华润金融、华润水泥和华润燃气，以及19个一级利润中心。华润集团在全球范围内经营着大约2000家实体企业，并拥有超过42万名员工。

如果说韩国人的生活离不开三星，形象的类比，中国人很可能也离不开华润。从日常饮用的怡宝矿泉水和雪花啤酒，到食用的东阿阿胶和五丰大米；从购物的华润万家超市和万象城购物中心，到居住的住宅小区；再到日常生活中使用的燃气、水泥、电力服务以及999药品和金融服务，华润集团的业务几乎渗透到了中国人生活的方方面面。

华润集团的起源可以追溯到1938年在香港地区成立的"联合行"，最初主要涉及仓储和运输业务。1946年，该机构更名为"联和进出口公司"，到了1948年，经过改组，它被重新命名为华润公司。1952年，华润公司的管理权从中共中央办公厅转移到了中央贸易部，也就是现在的商务部，并且成为中国在香港地区的进出口公司的总代理。1983年，华润经历了一次重要的转型，成立了华润（集团）有限公司，从一家综合性贸易公司逐渐发展成为以实业为核心的多元化控股企业集团。1999年12月，华润与外经贸部分离，列为中央管理。到了2003年，华润被纳入国务院国资委的直接监管之下，并被确定为国有重点骨干企业。通过两次重要的战略重组，华润集团确立了其目前的业务架构和经营规模。

如今看来，华润已取得"泛生活"全面格局的发展成就。但其实在早期实业化发展阶段，华润也经历了内部单位管理能力和盈利水平参差不齐、管理堵点难点不断增加、管理规范性有待提升等困难。

对此，华润选择向管理创新要答案。

华润持续推动了三次管理提升行动：精益管理阶段、卓越运营阶段、对标世界一流企业管理提升和价值创造阶段。

第一阶段，丰田精益管理之上的全面学习阶段。

为促进内涵式增长和实现战略落地，系统提升管理经营水平，2009年华润集团以华润电力为试点，引入精益管理，以提升企业管理水平和运营效率。2012年，华润集团进一步将精益管理理念推广到各个利润中心，全面开展精益管理工作。华润精益管理主要包括精益规划、"跬步行动"、精益项目、培育专才四大内容。

通过不断推进精益管理，华润集团实现了从资源占有型向管理经营型的转变，从粗放式管理向精益化管理的转变，从经验管理向科学管理的转变，从要素投入向效率提升的转变。这些转变不仅提升了华润集团的管理水平和运营效率，也为其在未来的"泛生活"奠定了坚实的基础。

华润集团致力于持续和长期实施精益管理。首先，集团鼓励旗下利润中心制定中长期的精益管理计划，根据实际情况完成战略解读，确保这些计划支持华润集团的整体战略。其次，通过比较管理和价值链分析，华润集团诊断其核心能力，确定关键的精益管理项目，并为关键业务指标设定优化目标。第三，集团结合管理周期，制定精益管理的推进策略、步骤和方法，同时构建包括人才培养、宣传平台和激励机制在内的配套体系。在此基础上，华润集团进一步细化了精益管理的整体规划，并将其纳入 6S 管理体系，确保精益管理工作的持续和系统性推进。为了在基层单位推广精益管理，华润集团发起了"踮步行动"，并发布了相应的指导文件，明确了奖励机制，简化了审批流程，并规定了培训的相关内容。这些措施旨在鼓励基层员工积极参与精益管理，通过闭环管理识别、实施、检验和推广现场改善点，消除运营中的缺陷和浪费，提高基础管理水平。2013 年，华润集团全面启动了精益管理的内部人才培养和认证机制。通过培养精益管理专家，带动精益项目的开展，并吸引更多人参与精益管理工作。集团制定了《华润精益管理人才培养与认证方案》，建立了精益人才的分级、培养、认证和动态管理机制。同时，规范了认证流程，为持续培养和认证精益人才提供了目标指导和操作规范。华润大学作为实施平台，全面启动了精益人才的培训和认证工作，为精益管理的持续推进打下了坚实的人力资源基础。华润集团将重点精益项目作为深化精益管理工作的起点。在制定精益业绩合同和规划的过程中，对业务核心能力进行诊断，系统地梳理并识别了管理短板和价值链上的瓶颈问题。经过多次讨论，集团层面最终确定了包括水泥营销渠道变革、万家供应链整合提升、银行贷款流程优化和风电三级运维体系建设在内的四个重点精益项目。同时，各级单位也对经营状况和管理能力进行了诊断，通过与行业标杆的全面比较，确定了重点精益项目，主要集中在成本费用控制、生产运营优化、市场开发加强和客户服务提升等四个关键环节。各利润中心利用精益管理、六西格玛等科学工具和方法深入推进，取得了阶段性成果，主要业务的关键运营指标有所改善。

第二阶段，向精益管理的前沿纵深创新，进入精益管理的高级阶段——卓越管理阶段。

自 2016 年开始，华润集团总结前期精益管理实践经验，创建并试点推进卓越运营管理体系。经过几年的管理实践及探索，集团从"一套工具、一批人才"发展为"一个管理体系"，从分散、补短板式的精益管理，发展成集约型、体系化建设的卓越运营管理。

华润集团致力于梳理和优化全价值链的关键指标。各业务单元深入分析整个价值链，提炼出各个环节的关键管理要素。集团建立了一个高效的三级管理机制，明确了华润集团总部、业务单元和基层企业的不同管理职责，实现了运营管理提升的全面覆盖。华润集团的卓越运营管理体系以全价值链运营管控为关键，全面对标世界一流企业如丰田、丹纳赫等，学习其精益管理经验，并结合自身特点，建立了一套覆盖研发、采购、生产、销售、服务等各环节的链状管理流程。这一体系旨在提高产品、服务质量，以职能条线为支撑，构建客户导向型管理体系。在实施过程中，华润集团梳理了全价值链关键指标，由各业务单元深入梳理，提炼关键管理要素，并形成关键业务指标库。华润集团以星级评价为抓手，促进管理改善精益化。首先，要求各业务单元针对核心关键指标开展内外部对标，将竞争对手或企业内部最优值作为五星级提升目标。其次，按照 1～5 星逐级制定每项评价值，形成既能覆盖价值链关键环节、又能吻合星级提升卓越运营指标的评价标准。业务单元定期更新评价标准，推动关键指标稳步提升。各业务单元每年按照各自星级评价标准对下属所有基层企业进行综合评价，确定各基层企业所处的星级水平。将评价打分结果纳入企业年度业绩合同考核，通过奖优罚劣，督促低星级企业大力实施管理提升。精益改善项目，首先将关键指标评价结果更高星级的赋值确定为项目提升目标，再组织落实责任团队，制定工作方案，明确时间要求和具体提升措施。其次，应用SDA八步法、六西格玛DMAIC、PDCA等一系列精益管理方法，推动关键指标持续改善。业务单元总部对下属单位改善项目定期开展总结评价和监督。通过实施星级评价，近年来，华润集团年均星级提升率均超过20%，绝大多数业务单元一、二星级企业实现基本清零，高星级比例持续增加，基层企业精益提升成效显著。华润集团通过选树内部标杆，推动内部共同提升，营造比学赶超、追求卓越的良好氛围。在各业务单元通过星级评价确定五星级企业的基础上，组织开展管理标杆评选，选出一批具有较强行业先进性、代表性和较多推广价值的管理标杆。所选标杆充分发挥"创新源头、培训基地、展示窗口"的功能，更好助力内部互帮互学、促进上下联动。

第三阶段，对标一流的引领创新阶段。

2020年6月，国资委全面开展对标世界一流管理提升行动。华润集团基于多元化业务特点和国有资本投资公司建设目标，全面开展了向世界一流企业全面对标学习，通过主动探索成功企业的发展逻辑，完善自身的发展规划。华润集团在对标过程中发现，企业的核心能力是企业职能管理和业务发展的综合体现，是管理提升的主要矛盾。聚焦于企业核心能力建设，就是抓住了主要矛盾，就能够以点带面，实现系统提升。

华润集团在总结过往长期推进精益管理和卓越运营管理的实践经

验基础上，逐步形成了包括系统规划、持续对标、分层推进、树标赶标、考核评价五个环节的具有华润特色的对标世界一流管理提升工作体系，推动集团整体管理能力和管理水平显著提升，重点业务单元继续保持并巩固行业领先地位。

华润集团通过系统化的规划来明确其价值创造的方向，通过实施"四个重塑"战略，即价值重塑、业务重塑、组织重塑和精神重塑，将战略规划、组织结构和企业文化紧密结合。这一战略旨在明确企业的核心价值，提升企业的效率和效益，增强竞争力，实现高质量的发展。同时，这也意味着企业的治理将更加科学，活力更加充沛，为企业的价值创造提供坚实的保障。"四个重塑"与追求成为世界一流企业的目标方向一致，精神内涵相承。华润集团持续对标全球领先企业，学习他们的成功管理逻辑，以完善自身的发展规划。集团分层聚焦于核心竞争力的建设，总部致力于构建"募、投、产、管、退、服"六大核心能力，而下属业务单元则对标各自领域的一流企业，推动核心能力的建设。集团坚持问题导向和目标导向，不断深入对标世界一流企业，以提升自身的核心竞争力。为了确保工作实效，华润集团建立了组织保障体系，推动集团总部与下属业务单元之间的分工协作和上下联动。集团总部将价值创造行动的重点任务细化为具体的专项目标，并制定了量化的指标和推进措施。下属业务单元则将价值创造的核心指标落实到责任部门和基层单位，以推动集团取得综合成效。华润集团通过树立内部标杆，完善标杆评选制度，选出在职能管理和基层单位综合价值创造方面表现突出的标杆。集团发挥这些标杆的示范作用，分享他们的经验做法，组织内部交流，以促进共同提升。下属业务单元根据标杆指标进行综合评价，并针对性地改善关键指标的差距。此外，华润集团通过考核评价来夯实长效机制。每年年总的来说，华润集团从学习精益管理到提出卓越运营到对标学习世界一流企业，始终从企业全价值链出发，紧盯各业务环节的管控关键点，确定衡量指标并逐级分解，将过去"点"状推进的精益改善项目转化为覆盖研发、采购、生产、销售、服务等各环节在内的"链"状管理流程，不断完善以提高产品和服务质量水平为目标、以职能条线为支撑的客户导向型管理体系，并形成高效三级管理机制，在集团总部、业务单元和基层企业确立不同管理职责，实现运营管理提升的全覆盖。

华为运用精益管理方面的特色，主要表现在哪里呢？

华为技术有限公司（以下简称"华为"），成立于1987年，总部位于广东省深圳市。作为全球最大的通信设备供应商之一，华为的产品和解决方案已经服务于全球170多个国家和地区，为全球三分之一的人口提供了通信服务。在5G时代，华为更是凭借领先的技术实力和创新能力，成为全球5G技术的引领者和推动者。

华为的发展历程可以分为几个关键阶段：初创阶段（1987—1990年）：华为起初主要代理销售电话交换机，随后萌生了自主研发的想法。通过分析和拆解市场上成熟的交换机，华为推出了自己的首款低端交换机产品，标志着公司自研之路的开始。技术创新与国际化阶段（1990—2000年）：华为转型为通信设备制造商，成功研发并推出了拥有自主知识产权的C&C08数字程控交换机等产品。公司采取"农村包围城市"的市场战略，先在农村和小城市市场取得突破，逐步扩大市场份额。在此期间，华为也开始拓展海外市场，将产品销往非洲、拉丁美洲等地区。快速扩张阶段（2000—2010

年）：华为在通信技术领域持续加大研发投入，不断推出创新的产品和解决方案，进一步扩大其在全球市场的影响力。同时，华为还进入了消费电子市场，涉足智能手机和平板电脑等领域。2004年，华为超越瑞典爱立信，成为全球最大的电信设备供应商。2010年，华为正式发布云计算战略，并首次入选《财富》世界500强企业。5G与智能世界多元化发展阶段（2010年至今）：华为大力发展智能手机业务，推出了Mate系列、P系列等旗舰产品。同时，公司在5G、云计算、人工智能、物联网等领域不断加大研发投入，取得了一系列技术突破和创新成果。华为已成为5G技术的领导者之一，并致力于构建万物互联的智能世界。

然而，2019年华为芯片供应受限、海外市场受阻，华为的每一步都走得异常艰难。但华为展现出了强大的韧性和应对能力。通过加大研发投入、调整业务策略、加强供应链管理等措施，努力克服困难，维持业务的稳定运行，并继续在技术创新和市场拓展方面取得进展。

在2024年上半年，华为迎来了其发展的新高峰。根据最新数据，公司的销售收入达到了4175亿元人民币、同比增长了34.3%，净利润为551亿元、同比增长了18.2%。这些成绩不仅在行业中引起了巨大反响，也让所有华为员工感到无比自豪。更值得称赞的是，即便在逆境中，华为也成功培养出一批杰出的科技人才和创新团队，他们成为推动公司未来发展的关键力量和动力源泉。这些成果与华为持续对标全球顶尖企业、聚焦核心竞争力的战略密不可分，体现了公司在精神和实质上的连贯性。

华为在近四年中从面临挑战到全球领先的地位，其成功可以归结于几个关键因素：

首先，任正非前瞻的经营理念"方向可以大致正确，组织必须充满活力"为华为的发展提供了指导。这种理念强调了在保持战略方向大致正确的同时，组织内部需要保持活力和灵活性，以适应不断变化的市场环境。

其次，华为展现出了坚韧的企业精神，面对困难时能够迎难而上、自强不息。这种精神贯穿公司文化之中，激励着华为人在逆境中不断创新和突破。

最重要的是，华为坚持以创新链为牵引，通过价值链引导产业链，并通过产业链支撑供应链，这一系列策略贯穿了公司的文化、品牌、战略、研发、技术和管理等各个环节。这种端到端的创新和价值创造体系，确保了华为在产品和服务上的持续领先。

此外，华为还注重人才培养和发展，建立了一套完善的人才培养和激励机制，确保了公司能够持续吸引和保留顶尖人才，为公司的长期发展提供了人力资源保障。

通过这些综合措施，华为成功地从一个面临挑战的公司成长为全球通信技术的领跑者。

创新链管理方面。华为始终将技术创新视为企业发展的核心驱动力。长期坚持将销售收入的10%以上投入到研发中，确保在关键技术领域保持领先地位。华为拥有大量的专利技术，这些专利不仅保护了其技术创新成果，也为其在全球市场的竞争提供了有力支撑。例如，华为在5G、人工智能、云计算等前沿技术领域取得了重大突破，这些技术创新为公司的产品和服务提供了强大的竞争力。

芯片领域：华为投入大量资源进行芯片研发。虽然面临美国对芯片供应的限制，但通过多年努力，成功研发出麒麟系列芯片等，提升了芯片的自主化水平。例如，麒麟9000s芯片被装配在华为Mate60Pro手机上，实现了该芯片的量产，构建起完整的芯片产业链，这不仅保证了华为手机业务的延续，也减少了对外部芯片供应商的依赖。操作系统：开发了鸿蒙操作系统，用于替代安卓系统，为华为的智能终端设备提供了自主可控的操作系统，降低了对谷歌安卓系统的依赖，提升了软件生态的自主性。其他关键技术：在5G技术、人工智能、云计算、数据库技术等领域也持续投入研发，取得了诸多成果，如在 5G 技术上拥有大量专利和标准，处于全球领先地位；推出昇腾系列 AI 芯片，在处理速度、能效比、算法优化等方面表现出色，可与国际巨头竞争；发布的超级计算机 Atlas900，采用自主研发的昇腾 AI 处理器，拥有强大计算性能和通用性人工智能能力。

价值链管理方面。华为的价值链管理强调以客户为中心，通过深入了解客户需求和痛点，快速响应市场变化，满足客户的多样化需求，提供定制化的解决方案，为客户提供了高附加值的产品和服务。华为还积极拓展全球市场，建立了覆盖全球的销售和服务网络，不断提升品牌价值和市场认可度，品牌价值的加持使得华为在白热化的全球市场竞争中能够脱颖而出。

通信领域，对于追求高速数据传输的企业客户，华为推出了 5G 行业专网解决方案。以智能工厂为例，华为根据工厂对低时延、高可靠的数据传输需求，定制化地部署 5G 专网，实现了生产设备的实时监控和远程控制，提高了生产效率和产品质量，为企业客户创造了巨大的价值。华为在全球多地设立了研发中心，以便更好地贴近当地市场，了解并满足不同地区的客户需求。同时，华为与多个国家的运营商合作，建设 5G 网络。例如，在英国，华为参与了部分 5G 网络的建设，为当地用户提供了高速、稳定的 5G 通信服务。通过高质量的网络建设和优质的客户服务，华为在欧洲市场赢得了良好的口碑和市场认可度。华为还在欧洲举办各类科技活动和展览，展示其最新的技术成果和产品。如在德国柏林举办的国际电子消费品展览会（IFA）上，华为展示了其智能手机、平板电脑、笔记本电脑等产品，吸引了众多媒体和消费者的关注，提升了品牌在欧洲市场的知名度和影响力。

产业链管理方面。华为通过不断拓展其在产业链中的位置，从单纯的设备制造商发展成为一个提供端到端解决方案的企业。华为不仅参与硬件制造，还包括软件开发、系统集成、网络规划与优化等多个环节。在产业链上实现了垂直整合与生态构建。不仅拥有自主研发的核心技术和产品，还积极与上下游企业开展合作，共同构建完整的产业链生态体系。这种垂直整合与生态构建的模式有助于提升产业链的整体竞争力和抗风险能力。

　　构建开放的生态系统：华为打造了基于鸿蒙操作系统的智能家居生态，通过开放平台和接口，吸引了众多家电厂商、智能设备制造商等合作伙伴加入。例如，美的、海尔等家电巨头都与华为鸿蒙生态进行了合作。这种开放的生态系统，使得华为能够整合各种不同品牌和类型的智能家居设备，为消费者提供一站式的智能家居解决方案，而不是仅仅依赖于自家生产的单一设备。通过与众多合作伙伴的协同发展，华为降低了对自身单一产品的依赖，扩大了业务范围，增强了整体的抗风险能力。同时，合作伙伴的多样性也使得华为在面对市场变化和竞争时，能够更好地适应和调整策略。华为不断拓展智能家居的产品线，除了常见的智能家电控制外，还涉足家庭能源管理、环境监测、健康管理等领域。例如，推出智能插座、智能门锁、智能摄像头、空气净化器等多种产品，为用户提供更加全面的智能家居服务。通过丰富的产品线，华为能够满足不同用户的需求，增加收入来源，降低对单一产品类别的依赖。同时，拓展服务领域也有助于提升用户对华为智能家居生态的依赖度，进一步增强公司的抗风险能力。华为与多家车企展开深度合作。如与广汽传祺、岚图汽车、零跑汽车、凯翼汽车等达成合作，共同开发基于HarmonyOS NEXT 鸿蒙星河版的原生应用；与北汽合作打造享界 S9 行政级豪华旗舰轿车，并吸引赛力斯、奇瑞等车企加入鸿蒙智行生态联盟。华为还发布了Hicar技术，将手机转变为汽车的资源中心，实现智能汽车与移动设备的无缝连接，首个合作伙伴长城汽车的魏牌摩卡车型将成为搭载 Huawei Hicar 4.0 的先锋。技术研发与创新：在智能驾驶方面，华为 ADS 2.0 智能驾驶系统已在问界 M7、M9、智界 S7 等车型量产落地，不依赖高精地图，具备较高的城市覆盖率；在智能座舱领域，推出的鸿蒙智能座舱为用户带来了全新体验，推动行业进步；同时，华为在三电、智能车载光、智能车控等相关领域也有诸多尖端技术，如 BMS 电控技术、智能投影大灯、途灵智能底盘等，达到行业领先水平，全面提升了智能汽车的产品竞争力。

供应链管理方面。早期，华为的供应链主要依赖于深圳生产基地，后来华为在全球范围内建立了复杂的供应链网络，以确保原材料和组件的稳定供应。但随着地缘政治风险和地区性危机，华为一方面，加大了对国产化供应链的投入和扶持力度，通过与国内供应商开展深度合作和技术攻关，成功打造了高比例的国产化供应链体系；另一方面，逐步建立完善的供应链风险管理体系，对供应链中的潜在风险进行识别、评估和控制，建立起更为分散和灵活的供应链体系。

2020 年前后，华为提出"南泥湾"计划，计划名称灵感来源于抗日战争时期的"南泥湾精神"，即通过自力更生、奋发图强的精神内核，意在规避封锁，重点发展笔记本电脑、智慧屏和 IoT 家居智能产品等不受美国影响的产品类别，通过打造国产供应链，尽可能实现零部件国产替代。具体举措包括强化与国内供应商合作，优先采购国产零部件比例，优先采购国产设备、原材料、零部件。成立 VC/PE 哈勃投资，入股国产供应商。目前，哈勃投资已投出近 50 家公司，涉及芯片、软件、制造、新材料、人工智能、机器人等多个领域。与国内供应商联合研发，共同攻克技术难题，包括派驻技术人员、共建实验室、开放共享技术三个方面。例如，华为曾派遣 20 名芯片工程师入驻中芯国际，共同研发 7nm 制程芯片，并向 5nm 制程芯片进军；还把鸿蒙 OS 的基础能力全部捐献给开源基金会，整合其他参与者的贡献，形成了 openharmony 开源项目，让各个公司可平等获取代码，做适合自身的产品。成果上，华为 Mate30 系列手机的国产零部件比例仅为三成，到 Mate40E 系列时比例已近六成，而如今的 Mate60Pro 已超过九成。并且，华为笔记本电脑的销售额份额在中国市场从 2018 年的 2.2% 增长到 2023 年的 9.7%，取代戴尔成为第三大笔记本电脑销售商，也是前五名中唯一实现增长的厂商。

回顾华润和华为的发展史，尽管两家公司都曾面临多次管理上的挑战和生存的考验，但他们依然能够稳固地站在行业的前沿，并且变得更加强大。这背后的原因是多方面的：不仅因为他们有着明智的战略规划、坚定的企业精神、显著的技术优势以及对产品质量的不懈追求，还因为他们对精益管理的坚定支持和深入实践。华润和华为都深刻认识到创新链的重要性，并且对整个价值链上的每一个环节都坚持精益求精的态度，这种从高层到基层的全方位精益管理，为公司带来了全面的增值。

回看华润与华为，经历过诸多管理危机和生存危机，却仍屹立不倒，成为泛产业的领导者且愈发强大。究其原因，既有战略布局、企业精神、技术优势及生产的精益求精等原因，更因为他们是精益管理的绝对拥护者和深刻践行者。他们对创新链的重视和对全价值链条上每一个细节的极致坚守，得到的是自上而下多维度的精益管理的全面价值输出。

## 第三节  "新基建"崛起后房地产的"一体两翼"

　　建筑业作为国民经济的支柱产业之一，对 GDP 的贡献显著。近年来，建筑业增加值占 GDP 的比例一直保持在较高水平。例如，2023 年中国建筑业总产值达到 31.59 万亿元（其中基建行业占比最高，投资高达 23 万亿元），增加值达到 8.6 万亿元，吸纳就业超过 5000 万人。建筑业的企业数量不断增加，截至 2023 年末，全国具有总承包或

房地产的"一体两翼"

专业承包资质的建筑业企业达到 15.8 万家之多，建筑企业主要分为五级，即特大型央企、地方性国企、大型民营企业、外资企业、中小建筑企业。

**特大型央企**

代表：央企八大建，即中国建筑、中国交建、中国中铁、中国铁建、中国电建、中国能建、中国中冶、中国化学。

主要特点：总部集中在北京，分支机构遍布全国，主要是国家机构改革时，从铁道、交通、电力、冶金等部委分离出来的基建部门组建的特大型企业集团，所在的细分行业具有进入壁垒较高、垄断性较强等特点，具有显著的规模优势，并具有自身侧重的专业建筑领域。

经过大规模的整合之后进入资本市场，是中国建筑市场的领导者，规模上均达到世界 500 强的水平，在国际工程承包市场占有一席之地。

**地方性国企（区域龙头）**

代表：上海建工、隧道股份、北京建工、广西建工、甘肃建投、黑龙江建设等其他省属建工集团。

主要特点：以多省市的建工集团为代表，大多得到当地政府扶持，利用地方优势占据了一定的市场份额，并逐渐从技术要求水平较低的普通建筑市场转向技术要求高、专业性强的高端市场。

在所在区域做深做透的同时，跨区域扩张也取得一定成果，依靠较好的管理和成本控制能力，获取较好的收益。

**行业地位较强的大型民营企业**

多区域代表：中天建设、南通二建、龙信建设等。

主要特点：多区域民营建筑企业普遍已取得特级资质，项目承接能力强，多数完成了民营化改制，企业机制更具活力，成本控制能力很强，多处于建筑之乡，市场知名度更高、口碑较好，抗地域性风险能力更强。

区域性代表：歌山建设、宏润建设、江苏建工等。

主要特点：区域性民营建筑企业的机制灵活，善于进行成本控制，资质至少为壹级或以上，部分以专业施工为主，利用较好的区域口碑和细分施工领域技术抢占市场先机。

### 外资企业

代表：日本清水（Shimizu）、瑞典斯堪斯卡（Skanska）等。

主要特点：占有国内高端市场、主要优势在设计和工程管理，业务主要在工程总承包（EPC）、项目管理承包（MPC）层面。

### 中小建筑企业

代表：中航奔腾、万达建设，云岭养护等。

主要特点：一般为专业企业、劳务分包企业，资质等级较低，难以独立承接大型项目，依靠专业优势、中国丰富的廉价劳动力资源并依附其他建筑企业生存。进入和退出容易，竞争极其激烈，部分企业能够长久持续生存。

尽管中国的建筑行业取得了持续进步和显著成就，但仍须认识到，该行业的许多领域仍然依赖于半手工、半机械化的运作方式。若以现代化的标准衡量，建筑业在全国范围内的现代化水平是相对较低的，甚至在某些方面还不如农业。这种情况的出现有其历史根源，同时也与建筑企业、行业自身存在的问题以及社会就业需求有关。

在党的二十大之后，中国式现代化和高质量发展已经成为时代的主旋律。因此，建筑业的现代化进程变得尤为迫切。这是因为，如果没有建筑业的现代化，其他所有产业的现代化也就无从谈起。建筑业是为其他所有行业提供生产、生活和生态空间的基础性行业，其现代化对于整个国家的现代化进程至关重要。

"新基建"呼之欲出。

基建作为建筑业占比最高的领域，国家开始聚焦新基建等领域作为试点对建筑业进行改革创新。2018年12月，中央经济工作会议将5G、人工智能、工业互联网、物联网定义为"新型基础设施建设"，这是"新基建"概念的首次提出。

与传统基建相比，新基建内涵更加丰富，涵盖范围更广，更能体现数字经济特征，能够更好推动中国经济转型升级。

在贯彻新发展理念的智慧经济时代指引下，广义的新基建还指吸收新科技革命成果，实现国家生态化、数字化、智能化、高速化、新旧动能转换与经济结构对称，建立现代化经济体系的国家基本建设与基础设施建设。

在2023年12月的中央经济工作会议上，习近平总书记强调要以科技创新推动产业创新，特别是以颠覆性技术和前沿技术催生新产业、新模式、新动能，发展新质生产力。据此，我国各部门、各地方开始紧锣密鼓地部署新基建工作，新基建也将通过催生新产业、孕育新模式、形成新动能，对推动新质生产力的发展起到了关键作用。

在新质生产力驱动下的新基建，"新"是前提，"建"是主体，"技"是手段。"新"不再是简单的"新"，"建"也不再是简单的"建"，而是新技术的"新"，是全能型、全过程、全业态的"建"——不仅要建物质，还要建精神，不仅要建设空间，还要建出生活、建成思想。

在新基建的大背景下，房地产作为源于基建的行业，将回归新基建并被赋予全新三重角色：相关产业的资源整合和系统集成者、绿色低碳和数字智慧的基础空间的提供者、项目的全过程资产管理者，并最终驱动整个行业向美好生活营造者转变。

这也同样宣告着，以"商品住宅"为核心的传统房地产行将结束，以美好生活为目标的"新型城市综合开发"正式拉开帷幕。

## 从产业链上下游关系的角度：相关产业的资源整合和系统集成者

目前，我国的环保、农业、渔业、康养、酒店文旅等行业，都分别与微生物科学、设施农业、海洋牧场、投建营一体、全程建设管理等领域做积极的资源整合。

房地产企业也应承担起资源整合和系统集成者的角色，从横、纵两个维度，自身、行业、上游、下游四个方向进行整合与集成。自身方面，企业首先要补自己的基建短板；行业方面，要做好产业融合；上游和下游产业链方面，要做好系统集成，共享共生。

### 从行业价值和作用的角度：绿色低碳和数字智慧的基础空间提供者

发达国家因为装配式建筑占比较高，很少有传统意义上的房地产开发商，只有投资商、设计商、建造商，其中建造商与开发商类似，但是基本属于制造业企业，现场施工环节最多做一些小市政、水电、景观绿化和部分基础施工等，其他大多数的建造工作在工厂环节就已经解决了。

国内的房地产企业也要承担起绿色低碳和数字智慧基础空间提供者的角色。任何一个传统产业或新兴产业，都离不开土地，离不开土地之上的基础空间，而这一个基础空间的关键，就在于装配式建筑。未来的不动产行业应该属于制造业而非建筑业，装配式建筑很可能给不动产行业带来一场全新的革命。

### 从企业发展定位和项目管理角度：全过程的资产管理者

房地产企业不能再是简单的投资人，而是全程资产整合者和管理者。专注于一个项目的全程管理过程当中，包括融资、投资、设计、建造、销售、运营及退出，首尾相连、由尾至首进行不断的循环，这样才能打磨出一个好的项目。

新周期的房地产必须向新质生产力进行范式转变，即借助"一体两翼"的建设，重新组合生产要素，实现更优质的配比，带来新的增长动力。

"一体"，指的是建筑工业化，这种生产方式不仅提高了建造效率与品质，还为实现绿色低碳与数字智慧提供了可能。

"两翼"，则分别指绿色低碳能源与数字智慧技术。前者包括分布式光伏、风电、氢能源等清洁能源的应用，旨在减少碳排放，实现可持续发展；后者则涵盖了智慧城市、智慧社区、智慧家居等多个领域，旨在提升居民的生活品质与便捷性。

装配式建筑，更科学的定义，应该叫作全工厂化建筑，作为建筑工业化的载体，具有节能环保、节省模板、工期较短等优点，由于构件是在工厂里预制完成，能减少墙体开裂、渗漏等问题，有效提高建筑的整体安全等级。装配式建筑既是新型建筑工业化的重要载体，也对资源节约、土地集约化利用具有重要意义。已经从第一代传统的预制构件、第二代装配率较高的现场装配，发展到现在第三代全工厂化的装配式建筑。未来的全工厂化的装配式建筑将不再是简单的建设，也不再是简单的工厂，而是由诸多行业组成的全新的行业，拥有波澜壮阔的发展前景。

绿色低碳：要实现真正意义上的"零碳"，首先，要有零碳概念和理念；其次，要有零碳建筑的系统解决方案；最后，要有走向未来的零碳能源。

零碳"三术"包括：全工厂化的装配式建筑技术、海水制氢的氢能源技术和前沿的微生物科学清污技术。

数字智慧：目标是实现全龄化的健康智慧，具体包括：智慧城市、智慧社区、智慧家居、智慧停车、智慧空间、智能门禁、智慧管家等。

近年来，我国以装配式建筑为代表的新型建筑工业化快速推进，标准规范不断完善，建造水平和建筑品质明显提高，掀起了发展装配式建造的高潮。

长沙远大住宅工业集团股份有限公司（以下简称"远大住工"）正是其中的代表，远大住工基于多代技术迭代创新、全国百余个生产基地的布局规模,大力推动 PC 装配式高层建筑、装配式集成建筑(多层住宅、人才公寓)和可移动模块空间三大主营业务板块齐头并进,实现多条产品线和多领域协同发展。

发展工业化,推进建筑业可持续发展。建筑工业化是通过高效、精益的工业化生产方式尽可能取代以手工作业为主的传统建筑施工方式,提升建造的质量和效率并控制其成本,让整个建设过程更加环保,让建筑业的转型升级变得更加高效。

聚焦全面数字化,推进建筑业现代化发展。当下房地产领域数字化和智能化发展大多停留在推广、展示、销售以及后续服务运营等方面,而远大住工则聚焦于建筑本身,不断完善其自主研发的 PC-CPS 智能制造管理系统,打通设计、制造、施工和运维的全产业链环节,成为建筑业的工业化标准入口和智能服务平台。远大住工通过数智融合布局产业新赛道的赋能平台与系列创新成果,带动产业互联网平台体系的全面整合,切实推动了中国建筑工业现代化发展进程。

不断推进产品化,推进产业协同整合发展。进入新时期,行业的发展重点是让建筑回归产品本质,确立满足不同市场需求的建筑实现体系,提升通用化程度,让工业化和数字化的价值得以充分释放,推动行业从项目时代进入产品时代。远大住工在积极服务 TOP30 品牌房企、共建工业化建筑产品标准的同时,展开高度产品化的多元场景应用,可广泛服务于公共服务设施领域、保障性租赁住房领域、旅游度假领域等,以科技力开创空间革命,以产品力提升居住体验,以成本力实现价值创造。

以远大住工的多层人才公寓为例。在建设速度上,远大住工以高度工业化、全流程数字化的制造方式,极大地缩短了建设周期,实现了多层人才公寓 50 天精装交付、高层人才公寓 150 天精装修交付的目标,切实解决了传统公寓建设周期长、成本高和品质低等痛点问题,有效节约了投入资金和时间成本,取得了显著的社会和经济效益。在产品理念上,模块单元的空间可任意组合，契合多样化、高层次租赁需求，更好地平衡企业、园区个性需求与标准化模式之间的成本管理。由于需求端对高品质、高效率的产品更加关注和追求，倒逼租赁市场在产品供给、标准建设、规范机制上不断进行改革创新。供给端的发力，成为租赁行业化解大城市住房困难的方向。在设计理念上，公寓房型丰富、功能健全和社交化是最大的亮点。伴随新生代消费群体的崛起，年轻人对租房品质需求不断提高，因此兼具社交和生活属性的租赁住房，更受年轻群体的青睐。在关注青年刚性住房的"软需求"、尊重其个体隐私的前提下，远大住工企业人才公寓集居住、学习、休闲和办公等生活功能配套服务于一体，居住空间和社交空间彼此相融又各自独立，充分满足新一代消费者对租住产品及服务的需求。

新基建大潮初起，在全工厂化装配式建筑的牵引下，数字化转型将全面颠覆房地产传统的线下和手工作业模式，业务场景全面在线化，业务效率和组织效能都将大幅提升。

未来的建筑产品也将打造从设计、供应链、建造到运营，都充分融入绿色低碳科技，未来的住房，应该是节能的、环保的、能为人们提供美好生活空间和精神享受的、能够存续百年的绿色健康住宅。

"一体两翼"也将助力房地产正式向泛地产进行转变。

新基建为泛地产提供骨架，泛地产要构建五脏六腑，增加血肉、血管和神经乃至细胞和末梢，更重要的是要赋予这个肌体和灵魂，做好肌体的人设，还要做好穿衣戴帽，表现时代的风貌和气质，更能散发出内在文化气质，文明底蕴和仁义善良之灵魂。

要让肌体练就十八般武艺、具备全能型的体魄和全方位的人格，这就是本书一直强调的泛地产。

# 第四节　泛地产的重新定位

在深入讨论了房地产行业在当代所承担的重要角色——为人类与自然环境的和谐共存创造基础空间以及为历史与文化的传承和创新提供物质基础之后，进一步分析了泛地产行业的企业案例，特别是它们成功的秘诀，即采用科学的精益管理实践。同时，还探讨了新基建如何为房地产行业提供新质生产力即"一体两翼"模式。基于这些讨论，对泛地产总结如下。

泛地产，是指以人民美好生活和社会文明进步为目标，以工业化建筑、绿色低碳和数字 AI 为基础空间，以人类的生态、生产、生活及配套服务等新质生产力项下的创新科技为加速器，将传统的房地产与工业、农业、商业、旅游业、文化艺术体育产业、教育、科技及老龄事业等产业进行要素整合的"地产"。

这样的整合，不仅限于物理空间，更是通过跨界合作和产业融合，实现产业间的相互渗透与促进，从而构建更广泛的、联系更紧密的生产和生活方式，或者实现更多元化、综合性的发展模式。

泛地产在不同层面的角色作用：

在宏观层面上，泛地产作为国民经济中拉动经济增长的主要力量之一——"三驾马车"中的辕马，成为宏观经济持续健康稳定发展的发动机，发挥着基础产业和支柱作用。这意味着，泛地产的发展不仅要关注经济效益，更要注重社会效益，通过产业升级带动整个社会的进步。

在中观层面上，泛地产将房地产作为基础产业链，串联众多产业链，通过创新链构建价值链，价值链又牵引供应链和产业链，最终实现与文明链的"五链合一"。在这个过程中，房地产不再只是盖房子卖房子，而是参与整个城市的规划、建设、运营中去，成为城市文明的有机组成部分。

在微观层面上，泛地产体现为项目开发的全过程资产管理，包括

泛地产的重新定位

从项目的前期策划、融资、投资、定位、设计、建造、销售、运营到最终退出的每一个环节。企业内部也需要构建"价值树"体系，明确每个环节的价值创造点，确保项目整体价值最大化。作为传统房地产向泛地产进化的重要途径之一，城市更新是社会文明的外在形态和内在精神成果的波浪式进步和螺旋式上升，是城市规划、城市建设以及科技应用领域在城市的保护、继承、提升、创新和发展的与时俱进。

泛地产在不同阶段有八大层面的融会贯通：

第一个层面，泛地产是传统地产向两端延伸，引发了以精益管理实现项目的全过程资产管理，通过首尾相连，以首瞻尾，从尾定设，实现了由"定位、设计、建造、销售"扩展到"融资、投资、定位、设计、建造、销售、运营和退出"。

第二个层面，泛地产是"融投定设建销营退"项下的精益求精、不断创新和技术升级，是专业深化的过程以及在此项下纵深的横向贯通，首尾相连，也是一个动态的过程，涉及某个项目开发过程中的动态管理以及动态管理中的各个专业环节的不断循环优化。

第三个层面，泛地产要坚持运用精益管理，对产品系列以及项目品牌的不断优化，处理产品和品牌的关系，形成一个企业的产品和平台体系。

第四个层面，泛地产要坚持处理好房屋与社区和城市之间的关系。

第五个层面，泛地产是以物质为主的建筑空间向精神空间的延展，是灯光、色彩、气味等五感形成新的空间。

第六个层面，泛地产是由狭义的地产行业向广义的地产行业，即跟人的生活相关的其他行业延展，如餐饮、酒店、文旅、老龄产业。

第七个层面，以上六个层面是"地产 + 服务"，泛地产还是会向更多的行业如家电、汽车、轻工轻纺、医药医疗延伸，形成相互协同、相互服务、互为依托的更广阔概念。

第八个层面，泛地产将延伸到美好生活和全生活领域，只要涉及通过土地和空间，与以人的美好生活为目标有关的，都是泛地产。而且随着科技发展，这些领域也都需要运用精益管理，采用"融、投、定、设、建、销、营、退"在这八个层面的上下贯通。

泛地产人应具备的六项素质：

懂历史、识文化、重专业、讲科学、教文明、知未来。

懂历史：理解历史是理解现在的关键。对于泛地产人而言，了解历史意味着知晓过往城市发展的轨迹，不同历史时期建筑风格的变化以及这些变化背后的文化、经济和社会原因。历史可以帮助从业者在规划和设计中更好地融入特色，同时也能帮助他们在保护历史遗产和推动城市发展之间找到平衡点。

识文化：文化是人类社会的灵魂。泛地产人在工作中需要识别并尊重项目所在城市的文化，包括但不限于语言、艺术、风俗习惯、生活方式等。这有助于他们在项目中融入文化元素，创造出既能满足现代生活需求又能体现地域文化特色的建筑作品。

重专业：无论是在建筑设计、施工管理还是市场营销等领域，都需要深厚的专门知识和实践经验。泛地产人必须在泛专业涉及的各个领域内不断学习和进步，掌握最新的技术手段和管理方法，以保证项目的顺利实施和高质量完成。

泛地产人应具备的六项素质

讲科学：泛地产人需要具备精益管理等科学的方法论，例如无论是进行市场调研还是项目评估，都应该基于客观的数据分析，而不是凭感觉或经验行事。同时，还要具备科学的态度，包括对新技术、新材料的开放接纳以及对节能减排、可持续发展的重视。

教文明：这不仅是指传授知识，更重要的是传播文明的理念。泛地产人应当倡导和实践文明的行为准则，如诚信经营、公平竞争等，同时也需通过自己的项目向社会传递正能量，如推广绿色建筑理念、营造和谐社区氛围等。

知未来：对未来趋势的洞察是泛地产人必备的素质之一。这要求他们不仅要紧跟行业发展趋势，还要对社会经济发展有独到见解，能够预测市场需求的变化，把握科技创新的方向，从而在激烈的市场竞争中占据有利位置。

在接下来的第五、六、七章，还将对泛地产试着做一些详尽的分析。

# 第五章
# 精益营造与服务

## 第一节　再谈精益管理下的"价值树"

精益管理风靡全球。为什么像特斯拉或者华为等成功实践的企业却凤毛麟角？其中一大关键原因，是大多企业的底层企业文化和科学战略体系没有建立起来。所以，泛地产企业应用精益思想践行精益管理，不仅要从产品、供应链和品牌维度出发，还要从底层的文化和战略维度深入推进，五个维度缺一不可。

作者基于多年的房地产从业经验和思考总结，秉承"继承、融合、联结、发展、创新"的原则，在另一本专著《房地产精益管理：重塑地产新模式》中，全新地提出了房地产企业五位一体的"价值树"模型。

在泛地产即将全面到来的新形势下，有必要再谈一谈"价值树"。

泛地产企业实践精益管理，就犹如构建一棵科学发展的"价值树"：土壤是文化体系，根基是战略体系，树干是品牌体系，树枝是供应链体系，果实是精益化产品体系。

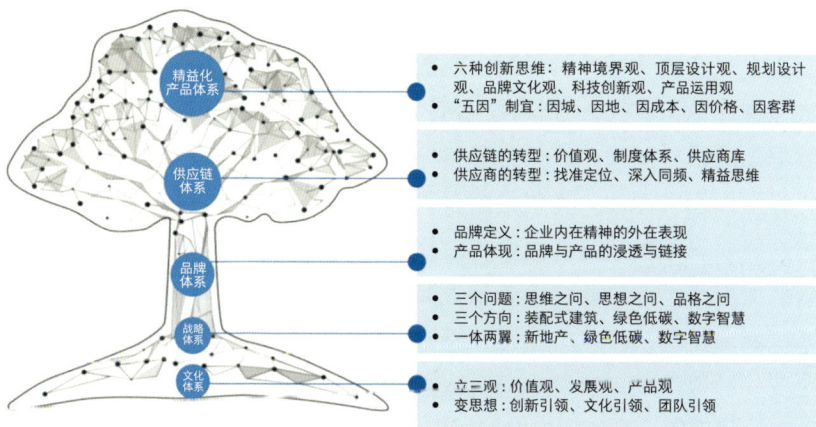

六种创新思维：精神境界观、顶层设计观、规划设计观、品牌文化观、科技创新观、产品运用观
"五因"制宜：因城、因地、因成本、因价格、因客群

供应链的转型：价值观、制度体系、供应商库
供应商的转型：找准定位、深入同频、精益思维

品牌定义：企业内在精神的外在表现
产品体现：品牌与产品的浸透与链接

三个问题：思维之问、思想之问、品格之问
三个方向：装配式建筑、绿色低碳、数字智慧
一体两翼：新地产、绿色低碳、数字智慧

立三观：价值观、发展观、产品观
变思想：创新引领、文化引领、团队引领

房地产企业五位一体的"价值树"模型

企业文化是企业持续发展的土壤，决定了企业全员共性的思维方式和底层的行为准绳。本质上，企业文化需要与社会文明规律趋同并要适度超前。为何某些房企由盛而衰？是因为企业文化导向出了问题。泛地产企业的企业文化应从"利己"转为"悦人"，如构建以客户导向的企业文化、合作共赢的企业文化、聚焦品质的匠人文化。例如从华润等多家标杆企业中，都能够寻找到这些倡导悦人的文化印记。

战略是企业发展的根基，决定企业能走多远。优秀的企业战略一般包含两部分，一部分是，长期企业定位战略，重点定义什么是不变的，这就需要从企业使命和愿景出发，聚焦核心竞争力布局；另一部分是，短期业务战略，阐述什么是变化的，这需要企业洞察市场环境变化，前瞻性地调整业务布局。失败的企业战略往往只有短期的业务战略，只追逐热点与风口，导致多次折腾中，反而让自身的基本盘优势消弭殆尽。

品牌是企业穿越周期最坚实的力量，尤其是当下房地产已进入买方市场，购房者面对众多可挑选的项目时，更青睐品牌开发商的项目。具有品牌号召力的企业，不仅拥有客户获取优势，还有供应链合作优势、合作操盘优势和政府资源优势等。所以行业显著下行的近两年，绿城、仁恒等强品牌企业仍大幅跑赢市场。

117

供应链是企业发展的重要支柱，但与制造业精益供应链体系相比，房企的供应链体系十分薄弱，在降本、增效、提质与合规方面均有巨大改善空间。第一，是构建供方的"选用育留"体系，通过全过程大数据形成供方画像，识别优质供方和绩效较差的供方。第二，是与供方建立命运共同体，为供方服务与赋能。房企不仅应关注自身采购成本，更要思考供方与房企合作过程中所产生的营销成本、生产成本和履约成本等，通过优化合作模式降低供方的相关成本，实现共赢式降本，而非压迫式降价。第三，是做好供应链链长，一方面是，实现跨企业和跨部门高效协同，避免业务出现堵点、断点；另一方面是，资源集约化管理，如与供方共同研发新产品和技术升级等。

产品是企业的安身立命之本。客户对多数房企交付的产品抱怨频出，高房价与低品质之间的"剪刀差"日趋明显，交付即维权时有发生。要提升产品力，关键要消除两大鸿沟，一是，客户需求与产品设计之间的鸿沟；二是，产品设计与工程建造之间的鸿沟。

需要特别强调的是，"价值树"的构建一定是从土壤到树梢、自下而上的，即全盘审视和全面重塑企业的文化、战略、品牌、供应链和产品体系。换言之，要运用全局思维和系统思维，从改良土壤开始，才能筑牢根基、茁壮树干、丰富枝丫，最终让这棵"价值树"结出丰硕的果实。

基于企业的规模、外部的竞争环境、产业生命周期（创业、成长、成熟）的不同，中国的泛地产企业大致可以分为三大类。不同类型的企业在构建"价值树"时，侧重方向有哪些差异？下面将以构建企业文化为例，分别进行阐述：

第一类是初创型泛地产企业——以最小成本创造最大价值。

初创型泛地产企业其中的一部分，是投资人在取得某宗土地的开发权之后，为了更好地推进单个具体项目而成立的，在该项目的开发与销售工作结束之后便宣告解散；另一部分，则是某些综合企业为了进军地产领域，花巨资倾力打造的，成立的目的不仅仅是开发当前的某个项目，而是有着一系列的开发规划，力争将地产行业纳入自己的产业体系之中。

这些企业主要的精力往往都放在如何快速地建立商业模式、实现盈利、确保"活下去"，很少会刻意进行企业文化的梳理和提炼。同时，由于团队人员数量小，组织架构相对简单而扁平，经营者自身的一些认知和想法，往往会很自然地成为指导员工的思想。此时企业需要做的，是在"利己"的角度将精益思想落实于项目具体的开发和销售环节，力求以最小的成本，在为购房者创造最大的价值的同时，实现自身的盈利。

但是，初创型企业在实现阶段性生存目标后，开始走上持续发展的道路，千万不要忘记的是，还应按照精益思想搭建优秀文化的土壤，确保正确的成长方向，"向上""向阳""向前"。

第二类是成长型泛地产企业——企业与员工、产品同频共振。

成长型泛地产企业能够在激烈的市场竞争中拥有一席之地，说明它们已经具备了一定的竞争实力。在淘汰与逆淘汰的博弈中，企业文化得以积累并不断发展，但并未最终成型。此阶段的企业文化，是一种年轻的、充满活力的文化类型。在内外经营环境的共同作用下，企业被注入许多新的观念、意识和精神，对员工具有强烈的吸引力和感召力。

有时，成长型企业的文化也会表现为企业发展的阶段性不稳定，这种不稳定性最直观的表现是，受宏观政策调控以及市场环境的影响反复波动，导致企业负责人意志发生变化，容易在企业中出现朝令夕改的工作作风，原先较优秀的文化因素也会受到冲击。

因此，这一阶段的企业要想保持奋发图强和积极进取的发展态势，持续增强企业的竞争优势，打造出属于自己的核心竞争力，精益管理便是一个极佳的突破口。

企业文化的建设绝不仅仅是领导者一个人的事情，而应是全体员工的事情。换言之，只有当文化对企业和员工产生了价值，使企业和员工同频共振，才能够更容易地被广泛接受和认可，有效避免企业"过敏"。

此外，同频共振要做到上下、内外、左右兼顾，企业不仅输出技术和服务，更要输出文化和文明，不仅自身输出，还要带动上下游供应商一起输出。供应商供应的材料配件要流淌着这家企业自身的血脉，即文化基因。

因此，成长型泛地产企业要想做到基业长青，成为百年老店，不仅要做好自身的"修行"，更要引领供应商和服务商一起走"正路"，行"大道"，向"文明"。

第三类是成熟型泛地产企业——由点及面、内外兼修、多元精益、创新前沿。

成熟型企业的基本特点是早就解决了生存和基业长青的问题，任务是带领泛产业以推动社会经济发展为己任、以推动人类文明进步为终极目标，进行企业内外多元化发展，构建创新链，形成价值链，牵引产业链，引导供应链，全面构建文明链。所以，成熟型企业也可以称为"五链企业"。

成熟型泛地产企业在其多年从事地产行业的进程中，积累了相对丰富的管理经验。企业管理者较为充分地认识到，企业文化对企业发展的重要性，同时也形成了颇具企业个性特色的企业文化，并在一轮又一轮的市场竞争中，不断进行企业文化的调整与革新，以适应新时代新形势的企业发展需求。

这类企业在进行文化调整时，应注意精益思想与企业原有文化体系的有机结合，难点在于如何改变员工的认知习惯，使其接受这种新的核心思想。很多时候，贸然去改变大家的习惯，很可能会遭遇一些阻力。

因此，精益管理的有机融入，需要由点到面、由浅入深，而非一蹴而就。在实践中，企业可以先将精益思想作为新的指导思想，把精益管理应用到某些具体的经营环节当中，在取得一定的应用成果并产生价值之后，再进行全面推广，这样不仅更利于全体员工的接受，也会使企业文化体系的升级过程更加顺畅和高效。

以上，企业"价值树"的构建所涉及的内容很广，有五个体系：文化、战略、品牌、供应链和产品，这是一级体系。其下还有二级体系，包括组织架构、人力资源体系、权责管控、财务管理体系、项目（股权）管理等。正所谓内外兼修，对于内部来说，有以上一级和二级体系，作者在《房地产精益管理：重塑地产新模式》一书中对一级体系进行了详述。

接下来，将以二级体系中的人力资源和干部选拔为例，阐述人力资源管理的体系建立应如何运用精益管理。

人力资源管理的体系建立，核心是柔性管理。

柔性，不是机械地定岗、定编、定薪，也不是静态地排兵布阵，而是一人多能、一人多岗。根据不同企业发展阶段和不同项目的实施阶段，对管理和技术人员的配备有所侧重，同样的人员兼顾几个子企业和多个项目。

人力资源的柔性管理潜力巨大，将改变当下一些国企和民营企业存在的机械和僵化的传统做法。

进一步说，即要建立不同业态、不同发展阶段、不同业务侧重点项下的人力资源的配置模型。借助 AI 技术实现人力资源的智慧配备，将彻底摆脱"拍脑袋"决策和层层相互博弈的初级人力资源管理现状。

接下来，以国企人力资源的"五种年龄"为例，详细阐述柔性模型。

国有企业传统上一般采用生理年龄的单一划分，很难系统、立体和全面地对一个干部进行"状态画像"。对于企业经营管理者而言，45 岁、50 岁、52 岁乃至 60 岁都是干事创业的黄金期，无论是理论修养还是实践积累，都具有无可比拟的优势，是企业的宝贵财富。过早地停止提拔、退居二线以及"安置"退休，经常会造成人才和人才培养的浪费。

在干部选拔任用过程中，应运用好辩证思维和创新思维，从五个维度把握干部年龄，即：生理年龄、心理年龄、组织年龄、事业年龄、专业年龄。

生理年龄，即通常意义的年龄，表示人的生长、成熟或衰老的程度。生理年龄一般情况下仅粗略代表干部的身体所处生命周期的阶段。从传统意义上看，干部的健康程度和工作精力与生理年龄有直接关系，但随着人类社会的进步和生活保健的普及，个体差异越来越大，并且传统意义上的生理年龄的"关键节点"正在不断延后,这对干部任用的年龄划分形成了根本性的挑战。在国企以德为先、任人唯贤、人事相宜的选拔任用体系下,生理年龄尽管体现了干部的身体状态,但不应成为干部任用选拔的唯一和决定性因素,还应综合考虑工作所需以及影响干部思想、综合能力和即时状态等的其他要素。

心理年龄,指依照个体心理活动的健全程度确定的个体年龄。一方面,心理年龄代表了干部内心的深度、厚度和张力的程度,是干部心智成熟与否的表现,而干部的心智成熟度直接决定了其思维的全面性和系统性,更直接影响其性格和毅力,代表了干部的韧性、张力以及驾驭复杂情况的能力,这对考察新时期的干部十分重要;另一方面,干部的心理衰老才是真正的衰老,干部的干事活力与心理年龄有直接关系,而与生理年龄没有直接关系。要辩证把握心理年龄,坚持事业需要什么样的人就选什么样的人,充分考虑干部的心理因素,使其与岗位需要高度匹配,选优配强企业干部。

组织年龄,指党员转正以后经过的年数,即党龄,表示一个党员受党教育、参加党的组织生活和为党工作的时长和经历,干部的组织年龄与干部对党的忠诚度有直接关系。政治标准是好干部的第一标准,组织年龄在一定程度上能够体现干部对党的忠诚度,可作为衡量干部的重要标准之一。特别是要以组织年龄为纵向维度,全面考察干部本人的政治表现。

事业年龄,一般指干部对待工作的事业心和责任心,即干事业的激情和干劲。相比生理年龄,事业年龄才是考察干部做事状态的科学年龄。科学把握事业年龄,全面考虑干部的事业成就和工作历练,对敢于负责、勇于担当、善于作为和实绩突出的干部,要及时大胆用起来,让干部看到只要真干事、能干事、干成事,组织上是不会埋没的。

专业年龄,指从事专业技术工作的年数,表示专业知识、专业经验与专业技能的熟练程度的高低。从某种意义上讲,专业年龄越大,干部的价值越高。重视干部的专业表现和能力,通过专业年龄维度,近距离接触干部,特别应全面考察干部对重大问题的统筹、对企业发展战略的思考、对企业科学管理的认知、对所在行业发展趋势的预判和对所在产业的技术创新与产品创新的研究等方面。

以上五种年龄，生理年龄，突出的是对"年轻化"的衡量，既要考虑年龄本身，也要考虑身体素质的实际情况；心理年龄，突出的是对基本素质的衡量；组织年龄，突出的是对政治标准的衡量；事业年龄，突出的是对干事创业能力的衡量；专业年龄，突出的是对业务水平的衡量。从五个维度对干部进行全面描述，打破单一生理年龄的判断标准，有助于全方位、多渠道考察干部，进一步提高对干部质量的判断和把握。

结合人力资源的柔性管理，应科学把握干部五种年龄，首先要从总体上进行全面系统的分析，然后，要针对不同行业或领域，划分不同层面对干部的需求，细分不同专业和不同岗位的特点，有选取、有权重地对干部个体或群体进行五种年龄的组合分析，形成更加完善的管理体系。

一是，细化衡量指标，进行干部五种年龄的大数据分析。以"五种年龄"为基础，进一步细化各种年龄的具体衡量指标，既要考虑数字本身，也要衡量内在实质。同时，还要利用日趋成熟的大数据技术，对过往和现任干部进行数据采集和分析。特别是对优秀干部要进行典型分析，通过数据分析，进一步寻找规律性内容，为开展后续工作提供借鉴和依据。

二是，考虑实际情况，建立有效的人才年龄模型。在数据分析的基础上，针对不同行业、不同产业和不同专业的中央企业，逐步建立各类要素模型和人才选拔模型，尤其注意对模型中不同年龄权重与参考系数的确定。例如企业投资管理工作岗位，需要对拟任用者在心理年龄、事业年龄和专业年龄方面加强权重。

三是，对照工作实践，持续进行模型完善，使之应用更加有效。在应用和实践中，根据工作实际，对要素模型和组合模型进行完善和迭代，使其更加精准。

综上所述，对于泛地产企业，遵循精益思想，构建优秀的企业文化、高远的企业战略、丰富内涵的品牌和优秀科学的供应链体系，并建立相应的规范标准与创新体系，才能够生长出、营造出美好的产品，加之柔性的人力资源管理作为支持，才能打造企业的核心竞争力。

每个泛地产企业，都应通过构建具有自身鲜明行业特性、专业特点和企业特色的"价值树"，真正将精益管理推进落地，构建起面向未来的底层的核心竞争力。

最后，关于精益管理在企业"价值树"二级体系其他方面的运用，还请读者结合实际因地制宜地加以运用。

关于具体专业以及项目管理中的精益管理，又是一个较为庞大且需要进行更多实践的范畴。后文中将以房地产项目开发过程中的设计、营销、建造和物业为例，展开介绍从具体专业上如何运用精益管理。

## 第二节　精益设计的实践

规划和设计是两个紧密、系统又相互依赖的概念。

城市规划是对城市进行宏观的综合规划，考虑城市的整体发展方向和目标；城市设计则更注重于细节方面，着重处理城市中的具体建筑和公共空间。

通过科学合理的城市规划，可以优化城市的空间布局，合理利用土地资源，形成健康宜居的城市环境；城市设计可以在城市规划的基础上，创造美丽的城市风貌和舒适的公共空间，提升市民的生活品质。

可以说，任何设计都要坚持以科学的、可操作性强、具有前瞻性的"规划先行"为指导原则。所以，在讨论设计这一话题之前，首先应了解国家现行的规划体系以及重要的国土空间规划。

以规划引领经济社会发展是党治国理政的重要方式，但过去的规划体系不统一以及规划目标与政策工具不协调等问题影响国家发展规划战略导向作用的充分发挥。为加快统一规划体系建设，2018 年，中共中央、国务院印发《中共中央 国务院关于统一规划体系更好发挥国家发展规划战略导向作用的意见》（中发〔2018〕44 号），理顺各类规划相互关系，明确提出了：建立以国家发展规划为统领，以空间规划为基础，以专项规划、区域规划为支撑。

其中，国土空间规划是国家空间发展的指南，是各类开发、保护和建设活动的基本依据。2022 年，我国首部"多规合一"的国家级国土空间规划——《全国国土空间规划纲要（2021—2035 年）》印发。国土空间规划体系是将主体功能区规划、土地利用规划和城乡规划等空间规划融合为统一的空间规划，通过实现"多规合一"，可以强化国土空间规划对各专项规划的指导约束作用。

> 近年来，我国逐步建立了"五级三类"的国土空间规划体系，国土空间规划的"五级三类"体系是指将国土空间规划分为五个层级和三类规划类型。
>
> "五级"是指国土空间规划的五个层级，分别是国家级、省级、市级、县级和乡镇级。不同层级的规划有不同的侧重点和编制深度。国家级规划侧重战略性，对全国国土空间格局做出全局安排；省级规划侧重协调性，对省域国土空间格局进行协调；市级、县级和乡镇级规划侧重实施性，确保各类管控要素精准落地。
>
> "三类"是指国土空间规划的三种类型，分别是总体规划、详细规划和专项规划。总体规划强调综合性，对一定区域的国土空间保护、开发、利用和修复进行全局性安排；详细规划强调实施性，对具体地块用途和开发强度等做出实施性安排；专项规划是在特定区域或领域，为体现特定功能对国土空间开发、保护和利用做出的专门安排。

然而，在盲目追求经济效益的大环境下，很多房地产项目开发者和设计者将重点放在了项目的短期收益和快速完工上，极大地忽视了历史文化遗产保护与传承、区域经济和产业发展以及城市设计这三个国土空间规划的基础性工作的重要性。

> 历史文化遗产保护与传承：在几千年的历史进程中，中华民族创造了丰富多彩、弥足珍贵的历史文化遗产，无论是物质形态的实物遗产还是精神形态的活态遗产，都从不同侧面和领域反映了不同时期和地域的特定历史现象，体现了古代先民的生产生活水平、认知审美能力和理想信念，揭示了中国社会赖以生存发展的价值观和中华民族日用而不觉的文化基因，具有永恒的价值。

许多房地产从业者缺乏对历史文化遗产价值的深入认识，特别是在一些城市的旧城区改造项目中，为了追求更多的建筑面积和现代化的外观，一些具有历史意义的传统民居或古老建筑被轻易拆除。如在一些古镇开发项目中，如果没有考古学、文化遗产保护学等专业知识的支撑，可能对古建筑的修复采用不恰当的方法。

> 区域经济和产业发展规划：是指综合运用各种理论分析工具，从当地实际状况出发，充分考虑国际、国内及区域经济发展态势，对当地产业发展的定位、产业体系、产业结构、产业链、空间布局、经济社会环境影响和产业实施策略等所做的科学计划。区域经济和产业发展规划是构建高质量发展的区域经济布局和国土空间体系的重要支撑。

许多房地产从业者没有从长远角度考虑项目对区域经济的带动作用以及与当地产业发展的协同性。例如，大型商业地产项目在建设时没有充分调研当地的消费市场和产业结构，建成后由于缺乏与周边产业的互动，导致商业氛围不浓，空置率较高。在产业园区的规划中，如果没有充分匹配产业发展升级的方向和动态变化，将导致园区的功能布局和设施配套无法满足入驻企业的需求。

> 城市设计：是指在城市范围内开展，以改善城市三维空间环境为目标，对城市功能结构和空间形态等多方面进行的设计，是一种观察和研究城市历史、现实和预设未来城市社会空间形态的方法。

许多房地产管理者和从业者重城市规划、轻城市设计，对规划指标和管控过度解读，缺乏对城市总体发展的思考与把控，以至于忽视城市空间品质的塑造，缺少对满足人民生活需求的深刻思考。这导致了城市总体空间格局较为离散，缺乏特色，整体性不强。

在国土空间规划体系"多规合一"的背景下，历史文化遗产保护与传承、区域经济和产业发展以及城市设计这三个基础性的工作，需要新时代的泛地产规划设计从业者与政府管理者前置思考并解决以下三项工作。

第一，历史文化遗产保护与传承规划。

> 2021年9月，中共中央办公厅、国务院办公厅印发了《关于在城乡建设中加强历史文化保护传承的意见》，标志着我国城乡历史保护传承工作进入了新的阶段。在规划体系重构的大背景下，历史文化保护与传承的重要性越来越突出。
>
> 2024年1月1日，自然资源部发布的《国土空间历史文化遗产保护规划编制指南》正式实施，指导和规范地方各级国土空间规划编制中历史文化遗产保护的相关技术内容，促进历史文化保护利用的高质量发展。

为实现历史文化遗产的有效保护和合理利用，同时促进城市的文化发展和城乡的和谐转型，有以下三个注意事项：

一是，要强化全时间、全空间和全系统维度的历史文化价值特色整体研究方法。历史文化价值对于城市的文化内涵意义重大，应在"全国一盘棋"的文化脉络体系下判读历史文化价值，挖掘城市在历史上的独特性和唯一性，充实中华民族"多元一体"特征的实证，进而全面梳理对应文化载体，切实做到保护对象的"时空全覆盖、要素全囊括"。

二是，要进一步注重文化遗产之间的关联性和系统性，实现多层次整体保护。以全局性视野和综合性战略思维构建保护框架，采取"先布棋盘、再落棋子"的技术思路，根据不同遗产类型的特征，因地制宜地丰富适应中国传统文化特征的保护规划层次。

三是，要充分发挥文化引领作用，带动城乡转型和魅力提升。将城市千百年保存下来的历史智慧和特色文化空间格局在新时期加以延续和发展，与现代城市空间结构有机融合，进而强化文化资源的辐射带动作用，培育特色文化功能和空间，使文化遗产全方位融入当代生活。

第二，区域经济和产业发展规划。

在区域经济和产业发展的规划中，为确保规划的落地性和前瞻性，应综合多个维度进行考量。

一是，准确把握城市自我禀赋。每个城市都有独特性，这是未来产业发展的基础。所选产业应立足城市现有产业基础，避免产业独舞带来风险，产业既是"设计"出来的，也是"生长"出来的。

二是，在产业选择上应关注产业的规模、拉动性与发展潜力。兼顾"近期与远期"发展，特别是在科技浪潮与全球化背景下，应避免盲目发展"热门产业"，要前瞻性地选择潜力产业。

三是，产业环节的构建与组织。产业规划应构建以"产品""产业环节"为导向的分析体系，细化产业类别，锁定关键产业发展环节，实现差异化发展。通过创新性的产业生态系统图，描绘清晰的发展蓝图，助力产业落地与园区可持续发展。具体由龙头、主导企业带动形成专业园区；主导企业与当地中小企业互动，形成产业链。产业良性互动，形成产业集群，带来人口聚集，促进新城产业的发展壮大，形成该产业的区域中心。

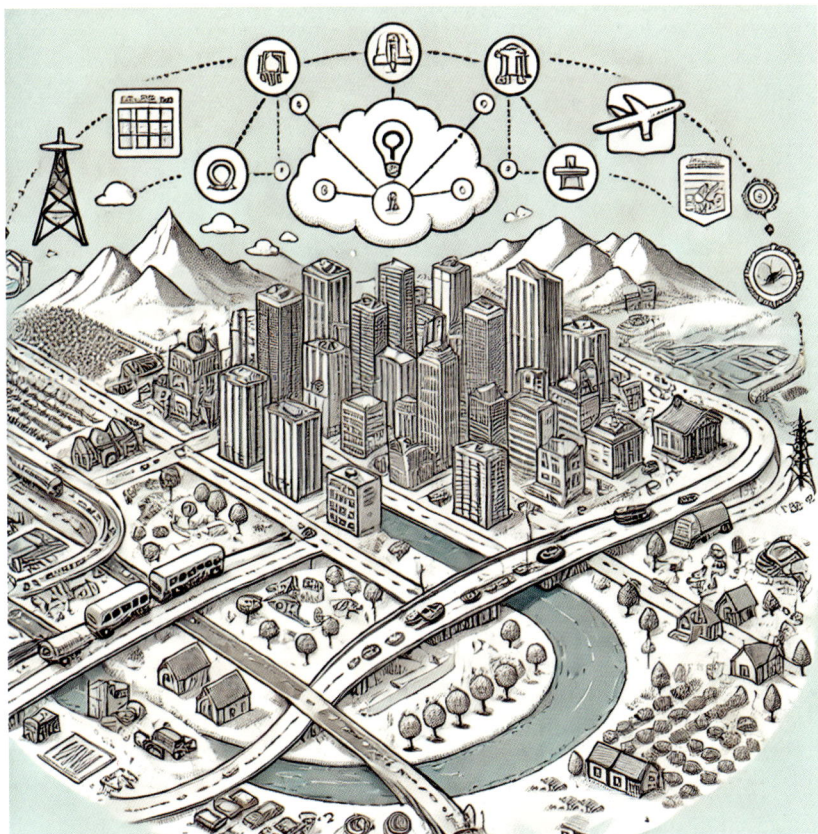

多规合一

第三，城市设计。

2019 年 5 月，中共中央、国务院印发《中共中央 国务院关于建立国土空间规划体系并监督实施的若干意见》（中发〔2019〕18 号）提出，运用城市设计、乡村营造、大数据等手段，改进规划方法，提高规划编制水平。明确了国土空间规划语境下总体城市设计对规划编制、提升城乡空间品质中的重要作用。

城市设计在国土空间规划体系"五级三类"重构背景下，分为总体城市设计、专项城市设计和详细城市设计。

以总体城市设计为例：

一是，要前置总体城市设计。总体城市设计作为一种注重发展的空间规划手段，在国家的发展计划和国土空间规划之间起着"桥梁"的作用。在着手进行国土空间规划之前，应该根据国家和地方的发展规划对空间布局的需求，同时结合城市独有的特色和发展需求，进行总体城市设计。这样的设计能够为城市的发展提供更直观和更易于理解的空间概念，让人们能够感受到未来城市和社会的样貌，进而激发人们对未来生活的期待，促进社会对城市发展愿景的共识形成。

二是，将总体城市设计成果部分纳入总体规划成果中，增强可实施性。总体城市设计由于处于非法定的地位，难以做到真正的管控。为了解决这一问题，在制定国土空间规划时，应当明确总体城市设计的具体成果标准，并将这些成果整合纳入总体规划的最终成果中。这样做可以促使在总体规划阶段之前，更加深入地进行总体城市设计的研究，从而增强国土空间规划的内容深度和科学性。通过这种方式，总体城市设计能够为国土空间规划提供更加坚实的基础和更丰富的视角。

三是，要明确总体城市设计专题作用，做好衔接。总体城市设计在面向发展规划时，旨在构建一个"理想城市"。它体现了城市设计者对城市形态的全面构思和控制，实现了从宏观到微观的城市空间有序布局，展现出城市独特的物质特征。然而，国土空间规划作为实施性规划，必然会对这一理想城市空间施加限制。因此，两者之间的有效衔接显得尤为重要。一方面，要提升总体城市设计的可实施性；另一方面，国土空间规划应充分吸纳总体城市设计中提出的发展构想，以确保规划既能促进发展，又能实现有效管控，平衡理想与现实，最终编制出既可实施又能落地的国土空间规划。

例如，2023年公布的《三亚市总体城市设计（2020—2035）》，基于城市不同片区资源环境特征和城市功能，划定出四类特色风貌分区：海滨度假区，建筑风格以轻巧、简洁、明亮和时尚为特点，强调阳光、沙滩、海风、椰林以及热带雨林等海滨特色，营造出宜人的热带滨海氛围；本土文化区，着重展现当地传统民居和少数民族的文化特色，重点在于保护历史城区的风貌和文化遗产，同时保持传统街巷的原有格局；都市商务区，体现国际化自贸区的多元文化和商务区的国际商务特色，建筑风格以现代、简洁的总部办公楼为主，展现大都市的时尚气息；乡村小镇区，则保护田园景观和原始农耕生活，建筑风格以传统民居和少数民族风情为主，凸显乡村的自然和文化特色。三亚全市的建筑风格强调以浅色系、深阴影、通透轻盈和简洁现代为主导，展现出"水波荡漾映晚霞，海门雄伟迎嘉宾"的独特魅力。

以上，泛地产作为满足人民美好生活需求与助推城乡高质量发展的行业，每一位规划设计者都需秉持初心、肩负家国情怀，不能唯指标是从，而应首先对历史文化遗产保护与传承、区域经济和产业发展以及城市设计进行系统性探索后，再做好与地产项目相关具体的设计工作。

第四，设计工作。

策划定位是前提，在设计专业上叫"上位规划"。策划定位也是设计的灵魂，即为谁设计、怎么设计、设计成什么样，本质还是用户思维，以终为始，以悦人为目标。

具体来讲，按照精益管理的基本原理，泛地产的精益设计应在动态和深度互相融合提升的原则下，做到全过程设计、全专业设计、全循环设计、全客群设计、全价值设计。

（1）全过程设计：

指的是从项目策划、概念规划、方案设计、初步设计、施工图设计到项目竣工交付的各个阶段，设计管理都需参与并发挥作用，特别强调在设计初期就应考虑到与后续各阶段的无缝衔接和高效协同。

在项目前期，需要进行市场调研和选址分析，考虑地块的地理条件、周边环境以及城市规划要求等因素，确定项目的定位和规模。在设计阶段，要综合考虑建筑、结构、给水排水和电气等各个专业的协同设计，确保方案的可行性与合理性。施工过程中，设计要根据实际情况进行调整和优化，如处理现场遇到的地质问题或与其他建设项目的衔接问题。项目建成后，还要考虑运营和维护方面的设计需求，例如建筑物的节能管理系统、设备的更新换代通道等。

作者近年主导了多个商业写字楼、城市更新及安居房等项目，特别关注对项目景观、精装、灯光、标识、软装和地下空间等方面加以打磨和对比，力求呈现人性化、现代化与功能化的产品展示效果，示例如下：

住宅营造的十大关注点：大门、大堂、立面、电梯、门窗、景观、围墙、配套、防护、户型。

住宅营造的六防：防台、防水、防火、防潮、防盗、防虫。

建筑方面：建筑风格要出彩，注重细节，考虑组团之间建筑侧面或腰线上勾勒一些高级色彩，目的是不让整个楼盘千律一遍，同时让业主通过色彩找到归家之路。

景观方面：要注重主次分明、疏密有度、成林成丛、高低起伏；树种和花卉选择的时候，要注意粗而壮与细而高的关系；注重行走时的体验，一步一景；同时注重画面感、静景、框景；注意景观植栽的即时效果以及行车和行人流线的多视角效果。

公共配套区域：注重综合利用以及可经营空间的深层挖掘，切勿闲置空间资源，为后期开展经营活动做好预留。

软装方面：注重整体的软装设计、软装饰品、软装家居和软装工程，对公共区和自用办公区进行功能完善和品质提升。

地下车库方面：以服务客户为导向，注意色彩、灯光、地坪漆；积极引入 BIM 设计，管线集成化，管线布置避让行车道区域；地库整体色彩要亮、鲜、高，不能用深色、暗色，要用浅色、鲜亮色、高级色；灯光要既亮又冷、节能。

物业方面：注重服务人员选择和服装定制，要与整个示范区氛围、品质相协调；同时要关注饮料、咖啡和茶点的品质和细节；注重业主对五感设计中视觉、听觉和嗅觉的体验，在色彩变化、背景音乐及香薰等方面要做到精而又精；要重视发挥物业顾问和物业公司在品牌度、知名度、美誉度和服务力度方面的专业作用。

商业方面：在成本可控下追求品质，商业部分考虑简约现代骑楼，线条、色彩与住宅主体保持一致。每个环节从细节到色彩、从商业到公寓要强调各自的主体性能及各方面之间的连续性以及连续性共同构成的整体性。商业部分与营销对接，从设计角度考虑在使用功能上，充分利用屋面。

美陈方面：突出主题进行美陈设计，通过故事化陈列、照明设计和色彩搭配等，巧妙利用商业空间，设计合理的顾客动线，吸引顾客视线。设计互动装置或体验区，让顾客参与其中，增加顾客的参与度和体验感。

（2）全专业设计：

要求整合建筑、结构、给水排水、电气、暖通、室内装修和景观等各个专业的设计力量。

建筑专业负责确定建筑物的整体造型、功能布局和空间尺度等；结构专业要确保建筑物在各种荷载作用下的安全性和稳定性；给水排水专业设计生活用水、消防用水及雨水排放等系统；电气专业规划电力供应、照明系统和弱电系统等；暖通专业考虑建筑物的通风、空调和供暖需求；室内装修专业关注室内空间的装饰和功能细化；景观专业打造项目的室外环境，包括绿化和休闲设施等。各个专业之间相互关联、相互影响，设计管理部门需要协调不同专业的设计工作，确保各个专业之间的协同和整合，以实现项目的整体设计目标。

泛地产领域最复杂的是酒店设计。酒店涉及 20 多项设计专篇，作者曾参与某海岛酒店项目的深化设计工作。酒店所在海岛具有高温、高湿、高盐和高日照的"四高"气候特点，酒店主要用于政务接待，兼顾公务出行，具备会议、会客、餐饮和住宿等功能。下面以该项目为例对项目的深化设计及设计贯穿施工和招采环节的要点进行阐述。

一、设计方面

（1）建筑设计原则：通过量化色相、明度和纯度，明确海岛的三种建筑标志性色彩（白、红、黄），找到建筑与岛屿和大海最为和谐的色彩组合，并确保建筑在早、中、晚，夏季及冬季的不同时段、不同季节的光线下都能展现出最美的状态，使建筑在大海和树木的映衬下，脱颖而出。

（2）景观设计原则：注意建筑与周边环境和街道绿植的协调处理，确保景观设计与建筑和谐共存。场地要适度起伏，铺装选用耐用防滑材料，采用节水和智能的自动喷淋系统。通过问卷调查推荐海岛所在地的主要花、树和草。

（3）精装设计原则：融入政务、端庄、庄重的风格，同时保持时尚现代感。色彩雅致，工艺精细耐用，装修材料强调防水、防潮等六防性能。

（4）厨房设计原则：绿色、环保、安全、健康。

（5）门窗幕墙设计原则：注意开窗率、透光性、抗压性能、保温性能、防紫外线性能以及密封性（特别是水密性）和隔声性能。

（6）泛光照明设计原则：突出建筑的横向线条，选择适合海岛夜晚的色温，创造出既有海岛风情、浪漫含蓄又不乏温暖感的夜景。

（7）软装设计原则：与硬装风格一脉相承、色彩协调。追求"小而美，精而简"的理念，同时考虑耐腐蚀、经久耐用、易于清洁以及防霉、防蚀和防脱落。艺术品的选择应体现政府风格，主题应突出属地特色。

（8）标识设计原则：以政务迎宾的宾馆为基调，主题应突出海洋和海岛的特色，表现风格要现代化与国际化。

（9）机电专项设计原则：节能、耐久、防腐、便捷使用。

（10）节水节能原则：各生产企业所能达到的国标、行标及企标的最高标准。

二、施工方面

（1）高温、高湿、高盐和高辐射给施工组织带来很大挑战；同时施工红线范围狭小，所有施工材料均需二次倒运，施工单位要提前筹划各项工作，避免窝工。

（2）项目采取设计施工总承包模式，设计单位与施工单位需紧密配合，尤其在限额设计和深化设计等方面做到高质量指导施工。

（3）根据现场施工各阶段情况，设计单位派相应代表驻场。

（4）施工单位提前策划样板引路方案，总结样板施工经验，提炼各工序、各专业施工标准，便于后续大面积施工。

三、采购与供应商方面

（1）供应商的选择应着眼于长远发展，按照城市的规划和建设规范要求建立资源库。

（2）所有材料供应商都要着眼战略性合作，基于当地气候特殊性和项目的设计要求，对自身的材料设备的性能指标工艺等，进行二次研发和二次设计。

（3）在所有标书任务中，都应加入研发的要求，制定新的标准，包括耐腐蚀、持久性、环保性、防火性、防潮性、防霉性、节能性、可持续发展、施工便捷性、美观性、安全性和易维护性等。

（4）确保采购和供应过程不仅满足当前的建造需求，还能为地方的长期发展和技术进步做出贡献。

（5）特别强调五金洁具及供水、排水管材的抗蚀性与耐用性，建议采用一线品牌中较为实用的产品，并可采用酒店品牌化定制或海岛名称的logo。

（3）全循环设计：

强调设计并非静态和一次性的过程，而是动态、持续优化和改进的循环体系，突出设计过程的循环性和迭代性。

设计管理部门在项目实施过程中，需要保持高度的敏感性和灵活性，不断回顾和评估设计方案的实施效果，及时捕捉市场变化和客户需求的动态信息，及时调整和优化设计方案，在项目全生命周期内始终保持高度的关注和投入，通过不断优化和改进设计方案，才能适应市场变化和客户需求。

（4）全客群设计：

需要考虑不同类型的客户需求。对于住宅项目，要兼顾不同年龄、家庭结构和收入水平的客户。

例如，为老年人设计的住宅需要考虑无障碍设施和紧急呼叫系统等；为家庭设计的住宅要注重户型的灵活性，满足不同家庭成长阶段的需求；消费阶层方面，对于高收入人群，可能更注重住宅的品质与配套设施的高端性等；在商业项目中，要考虑不同消费层次、消费习惯的顾客，设计不同档次的商业空间、多样化的业态组合和便捷的交通流线，以吸引更多的顾客群体。

（5）全价值设计：

指通过设计提升项目在经济、社会、文化、环境和个体福祉等各个方面的综合价值最大化。从经济价值方面看，要通过合理的规划和设计，提高土地利用率，降低建设成本，增加项目的投资回报率。

例如，通过优化建筑布局，减少不必要的交通面积，增加可销售或出租的建筑面积。社会价值方面，要考虑项目对周边社区的积极影响，如提供就业机会、改善城市形象、促进社区交流等；历史文化价值方面，注重历史文化的保护和传承，在城乡建设中，通过建立分类科学、保护有力、管理有效的城乡历史文化保护传承体系，强化区域性历史文化资源的整体价值认知和保护；在环境价值方面，要注重建筑与自然环境的和谐共生，减少对环境的污染，提高项目的生态效益，如通过合理的绿化设计改善局部小气候。

值得注意的是，设计是成本控制的关键，设计需要对产品的全部成本进行全面覆盖，全面权衡对比，达到造价可控的条件下品质最优。设计感强的产品的确会给使用者眼前一亮的感觉，但一味地追求设计精美必然会大大提高成本，因此应把"好钢用在刀刃上"，在总价限额下充分保障客户对项目建筑的品质追求，合理分配投资，重点打磨公区精装、幕墙、景观、关键机电设备和材料等，品质成本与刚性成本才是经济价值的体现。

综上，当前设计领域正经历着前所未有的深刻变革与细致发展，它不仅是技术与艺术的交汇点，更是人类生活方式、价值观与社会责任的体现。

要用好先进技术。在技术层面，数字化、智能化与人工智能的迅猛发展，使得设计工具与手段不断创新，设计过程更加高效、精准且富有创意。设计师们能够利用这些先进技术，创造出前所未有的视觉与交互设计体验，满足用户日益增长的个性化与定制化需求。

要把握审美趋势。消费者不再仅仅满足于产品的基本功能，而是更加注重其情感价值、文化内涵与环保属性。

要追求形式与功能的完美结合。深入挖掘产品的情感共鸣点，运用色彩、形态、故事等元素，触动用户的内心。

要注重跨界融合与创新。设计将不再局限于某一领域或行业，而是与其他学科、文化、技术等进行深度融合，产生新的设计思维与创意。同时，随着全球化的深入发展，设计也将更加注重文化多样性与包容性，通过设计促进不同文化之间的交流与理解。

接下来，在完成了项目设计阶段之后，将进入设计的执行、材料选择和工艺的实现阶段，即精益建造。

# 宋式美学与意式美学

- 宋式（宋氏）美学和意式美学是建筑美学的分支，随着房地产行业的审美进步，越来越受到追捧，与新法式美学成为当下建筑室内设计的三个潮流。

**宋式美学**注重空间的留白与平衡，摒弃繁复的装饰，追求"少即是多"的设计哲学，同时融入宋代器物的意蕴，如青瓷的清透、书法的灵动和木作的朴实。

**意式美学**起源于古罗马，随着时代的更迭，传统的意式美学与现代设计中简约的理念相碰撞，不注重宫廷、富丽，更倾向于民间艺术、亲切柔和线条感等表现。

色彩以低饱和度的中间色为主；材质偏好天然材料；其家具多采用直线条，装饰以宋代艺术为灵感；整体空间布局强调对称与留白，追求通透感。

色彩通常采用中性色调；材质常用高级感材料，多用深色木饰面；其家具注重功能性和实用性，装饰呈现出意式极简的奢雅与精致；整体空间布局强调几何美和简约美。

## 第三节　精益建造的愿景

中国式现代化的最终实现有赖于建筑业的现代化，若是没有担负所有产业生产、生活与生态空间的基础产业——建筑业的现代化，中国式现代化就难以为继，因此学习百年制造业的成功经验，担负起建筑业现代化重任的精益建造，就显得尤为重要。

当前，建筑业发展的短板很大程度上都源自"割裂"。其一是，建造过程割裂，传统的建造方式是以现场手工作业为主的分段式作业，设计与生产、施工脱节，运营管理碎片化，追求各自承包商的个体效益，而这样就会导致建筑设计各专业不系统而难以优化，设计、生产和施工不协同、严重脱节，技术、管理和标准不统一，各自为政；其二是，产业割裂，建筑产业间无协调、产业大而不强、产业碎片化、产业链脱节、价值链断裂。

建筑工业化作为建筑业发展的出路，是一项系统工程，要统筹规划，做好顶层设计。未来，泛地产行业建造方式的精益升级方向必然也是建筑工业化，即全工厂化下的标准化、预制化、减人化、一体化。"远大'活楼'"可以说是实践建筑工业化的最生动案例。

什么是"活楼"？

2021年7月16日，远大科技集团有限公司仅用28小时45分钟在湖南长沙建成了一座11层高的建筑"家园一号"——全球首栋"活楼"。

"活楼"是由远大科技集团有限公司（以下简称"远大"）投入13年时间、1000多名员工、80多亿经费研发成功的"不锈钢工厂化建筑"。

湖南省远大科技集团有限公司成立于1988年，从非电空调起步，经过三十余年的发展，已经由此前的单一中央空调业务板块发展成为拥有一体化中央空调、洁净新风、能源管理和可持续建筑四大经营板块，这四个业务板块都有一个核心主线：节能环保。节能环保是远大科技的标签之一，堪称企业文化的重要组成部分。远大对节能的迫切使命感，正是源于创始人张跃对全球气候变化的关注。张跃曾荣膺"联合国地球卫士奖"，是建筑领域深耕多年的技术专家。如今，他把更多精力放在了"远大活楼"上。提出的目标是要颠覆建筑行业的传统模式，推进建筑行业的"结构革命"。远大科技将"活楼"描述为建筑界的特斯拉，将其视作未来建筑，属于未来理想生活的一部分。

精益建造的愿景——活楼

"活楼"的楼板采用远大独创的超强超轻"不锈钢芯板",柱梁采用不锈钢型材,整个建筑不用混凝土。这种材料还具有耐久性好、耐腐蚀性好以及维护成本低等优点。

　　"活楼"的建筑特点是采用了模块化设计和生产,不使用任何钢筋和水泥,使用螺栓将模块与模块之间拧紧,插接水电即可完成,大大提高了建筑工业化程度,实现了100%的工厂化建造,从而改变了传统的混凝土建筑材料和施工方式。

　　"活楼"的研发和建造代表了建筑行业的颠覆性创新,不仅在技术上实现了突破,还在成本和效率上带来了显著的优化。其全球成本最低,体现在工厂生产比现场施工效率高20倍以上,建材价格降低了30%～200%,减少了资金成本,得房率高2%～5%,运行费用减少了80%～90%。

　　取名"活楼",正是基于以上原因,即"不锈钢芯板"极为耐久、抗震以及超强的生命活力;"活楼"能够实现灵活调整,视情况转换功能,随意拆卸与搬迁;"活楼"配备的节能系统和环保设施,能够保护环境,为后代留下更多绿色空间。

　　"活楼"的核心材料——不锈钢芯板是什么?

　　芯板由两块不锈钢钢板夹极薄的芯管阵列、经1100℃铜钎焊而成。芯管阵列有空隙,可以吹入热风道进行钎焊,受热均匀,不产生应力变形;还可焊制巨大柱状板材,且平整如镜。该不锈钢芯板已申请了75国专利认证。

　　与传统钢筋混凝土结构建筑相比,芯板更轻,延伸率达20%～40%,遇到地震等任何冲击只变形,不会倒塌、撕裂。芯管两端有扳边,焊接面积扩大约10倍,使芯管与面板连接极为牢固,芯管即使被拉断,焊接处也不会脱离。接缝采用激光电焊,与母材强度及使用寿命一样。

　　"活楼"跟传统建筑比有什么优点?

　　全工厂化制造:"活楼"整个建筑的结构、装修和机电都是100%工厂预制,现场只需螺栓安装,一天至少建3层。"活楼"全面借鉴汽车工业经验，实行研发系统化、零件通用化、部品模块化、生产自动化、订购简单化的"五化原则"，在工厂制造标准化的建筑产品。相比传统建筑现场施工，其效率更高，施工人员更少，建造工期更短，质量更有保障。

高效率交付：由于是工厂化，可以把所有客户需求都预先在工厂流水线解决，并设计对接了全球通用的集装箱尺寸运输，预制模块按40英尺集装箱尺寸运输，可无障碍、低成本运至世界各地。现场安装后无柱净空 11.7 米 ×4.8 米，应用极为灵活方便的物流使得"活楼"可以抵达全世界的任何一个角落。

施工零污染："活楼"现场模块安装不产生扬尘、噪声及建筑垃圾，实现零污染；必要时模块可拆卸异地复建，100% 回收利用，无污染的后顾之忧。而传统建筑需通过大规模挖石山烧水泥、捞河沙获取建筑材料作为源头，对生态环境的破坏巨大；建造产生严重扬尘、噪声污染，拆除后不可回收，产生大量建筑垃圾。

舒适节能："活楼"设定了 16 项严苛的舒适度标准，包括空气、视野、热度、风量、洗浴、静音等方面，使用户都能享受到高品质生活。"活楼"按照中国《近零能耗建筑技术标准》GB/T 51350—2019 和德国《被动房标准》进行设计、生产、验收和运行，是除可再生资源以外的最低能耗建筑，比传统建筑节能 90%。另外"活楼"屋顶还架设了太阳能板，一旦太阳能的发电多于"活楼"的耗电，成为零能耗或负能耗建筑即变为可能。热舒适度方面，活楼彻底隔热，可避免冷辐射和热辐射；洗浴舒适度方面，每户独立热水系统，5 秒出热水，24 小时有热水；静音舒适度方面，"活楼"采用 4 层玻璃窗，22 厘米外墙保温，靠新风机通风，相比传统建筑，可彻底隔绝室外噪声。

健康空气："活楼"拥有在生理影响要素中的关键改善方案。空气新鲜度方面，24 小时新风输送，不混合回风，杜绝病毒传染；空气洁净度方面，99.9% 过滤 $PM_{2.5}$，室内空气比室外洁净 100 倍，一个月不抹桌子也无尘；风量舒适度方面，空调风量减少 70% 以上且风口避开人。

抗震耐用："活楼"的结构材料采用不锈钢，这种材料具有 1000 年的寿命，且废弃后可循环利用，相比传统的钢筋混凝土，其脆性材料在遇到大地震时可能会倒塌，而不锈钢作为延性材料，遇大震时最多变形，不会倒塌，从而大大提高了建筑的抗震能力。"远大活楼"的结构、墙窗、机电和装修全部在工厂制造，采用了厚壁不锈钢型材作为活动柱梁，楼板则使用了远大科技独创的超强超轻"不锈钢芯板"，不用一寸混凝土。这种设计不仅保证了建筑的耐用性，还因其轻量化和坚固的结构设计，进一步增强了建筑的抗震性能。

灵活可变的房间布局：12 米 ×4.8 米的空间，改变了传统开发设计只能被动接受空间有柱子和承重墙等限制情况，可以自由进行使用空间的组合，根据单身、生育及养老的不同需求，平面布局可通过移改内墙门，形成双钥匙房；小户变大户，两间变一间，还可通过移除内墙门，突破空间界限。落到户型平面，结合"活楼"无承重墙特性，在基本框架保持不变的基础上，室内空间可根据需求进行不同布局，适用于住宅、公寓、酒店、宿舍等。

"活楼"不仅做到了户型空间的灵活改造，还进行了空间设计的创新。高昂的房价和对舒适生活的追求使得设计者对房屋使用空间毫厘必争，购房者也往往锱铢必较，"活楼"在用好室内空间和拓展室外空间上不遗余力。从室内使用面积来说，墙体越薄使用面积越大。传统建筑内墙厚度一般为 12 厘米～24 厘米之间，"活楼"内墙采用双层钢板夹 7.5 厘米岩棉，厚度大幅减少，增加室内使用面积，并且隔声量达到房间 35 分贝、户间 45 分贝。

5 天安装 26 层的人才公寓楼是如何建成的？

位于湖南省岳阳市湘阴县的锦都人才公寓项目，是"活楼"近期的最新产品。项目建造时间为 2024 年 1 月 7 日—11 日，系高级住宅，共 26 层，建筑面积 1.4 万平方米，可供 600 ～ 1000 人入住，公寓一层有 8 户，设 4 个电梯，每一户 68 平方米，可根据业主需求灵活布置软装，实现拎包入住。

项目之所以建得这么快，是因为整个建筑不用混凝土，结构、装修和机电都是 100%工厂预制，95% 的工作在工厂完成，实行集装箱式运输，模块式安装，施工现场只需进行螺栓吊装，可谓实现了建筑行业从手工业到现代化工业的突破。

项目的建设工厂为远大在湘阴县打造的"活楼"生产厂房，厂房面积达 6 万平方米，厂内自动化流水线由 96 个机器人、60 套激光焊系统、200 多台高精度装备构成，1000 名生产线工人人均日产 10 平方米，比传统建造方式的工效提高了 50 倍。

最后，让我们再回看远大科技创始人张跃曾经说过的一句话："全世界最大的资产是建筑，与人类生活联系最密切的也是建筑。但是，建筑行业，现阶段来看，是全世界最落后的行业。""远大活楼"现在做的事，正是努力尝试使建筑行业从"脏乱慢"的现场施工范式，向"严精快"的精益化全工厂生产范式转变。远大科技要把建筑行业变成一个真正有技术、能为人类带来美好未来的一个行业。

这也是精益制造的愿景。


# 第四节　精益营销的艺术


传统的房地产市场营销策略本质上是一种交易型营销，其核心在于向广泛的潜在客户群体推介和销售大量的房产产品。这种策略通常依赖于广告宣传、销售顾问团队和各种促销活动以吸引目标客户，目的是促进房产销售，从而增加利润。尽管这种营销模式经过了长期的发展，拥有坚实的理论基础和较强的操作性，但仍存在一些不足，比如容易受到政策变动、地区差异和成本控制等外部因素的影响。特别是在房地产市场受到严格管控的时期，如限购和限价政策下，传统的营销策略很难有大的作为。在一些热点城市和区域，购房资格往往需要通过抽签或摇号的方式获得，这限制了营销策略的有效实施。

随着房地产行业迈入泛地产时代，国家正在逐步取消对普通住宅和非普通住宅的区分标准，并优化商品住宅用地的交易机制，使住宅回归其实用性的本质。这促使泛地产营销人开始思考如何回归和坚守营销的底层逻辑。同时，消费者的需求越来越多样化，新媒体的兴起也对营销方式提出了新的要求。房地产营销正逐步向更加注重情感联系和体验的方式转变。这两个方面的发展趋势，指向了同一个目标——"精益营销"。

精益营销更强调的是以客户为中心的营销方法，不仅在传统营销框架下，倡导在最适当的时候，以最适当的方式和最适当的价格向最适当的客户提供最适当的产品，并不断地提供最适当的服务，它还更注重客户需求和价值传递，更具有创新性和灵活性。

"六全营销"突出动态发展和与时俱进。

全面满足消费者需求：了解目标客户的需求、偏好和痛点，提供符合他们期望的房地产产品和服务。这包括考虑地理位置、房屋类型、面积和配套设施等因素，以满足消费者对于居住、投资或其他用途的需求。

全面创造价值感知：通过有效的营销手段，向消费者传达房地产产品的价值。包括展示房屋的独特卖点、优势和潜在收益，如优质的建筑质量、良好的社区环境和便捷的交通等，让消费者认识到该房产的价值高于其价格。

全面建立信任和品牌形象：在房地产市场中，信任是至关重要的。开发商和营销团队需要通过诚信经营、优质的客户服务和良好的口碑建立信任。同时，打造强大的品牌形象，使消费者对品牌产生认同感和忠诚度。

全面引导消费者决策：提供清晰、准确的信息，帮助消费者做出明智的决策。包括提供详细的房产资料、样板房展示和实地考察等机会，让消费者能够充分了解房产的情况。此外，运用营销技巧和策略，如利用促销活动和优惠政策等引导消费者尽快做出购买决策。

全面适应市场变化：房地产市场是动态变化的，营销团队需要密切关注市场趋势、竞争对手和政策法规的变化，及时调整营销策略和产品定位，以保持竞争力。

全面营造情感共鸣：除了理性的价值考量，房地产营销还应该注重营造情感共鸣。让消费者能够在房产中感受到家的温暖、舒适和归属感，从而增强他们的购买意愿。

精益营销注重"六全"，核心是"悦人"，这也体现了营销领域哲学化的知行合一。"人人为我、我为人人"，是 20 世纪 80 年代的个体和社会层面的人生观大讨论，这也是初创、升级、成熟型企业要回答的初始任务和最终使命。

"五感营销"是精益营销最直接的体现。

五感营销，顾名思义，是指通过调动消费者的五种基本感官——视觉、听觉、触觉、味觉和嗅觉，传达品牌信息、增强品牌认知、促进购买行为的一种营销策略。这一概念最早由美国著名营销大师马丁·林斯特龙提出，并逐渐被广泛应用于地产、零售、餐饮和美容等多个行业。

在《感官品牌》这本书中，马丁·林斯特龙阐释了全球领先品牌成功的一个共同点：它们普遍采用了感官营销策略，构建了一个新颖的"五维"感官体验空间——通过视觉、听觉、味觉、嗅觉和情感吸引和留住顾客，从而确保顾客对品牌的忠诚度。林斯特龙认为，品牌营销不应局限于平面推广，而应扩展到多维空间，充分调动人的感官体验。这是因为，感官的全面参与能显著增强人们对特定事物的记忆。行为心理学的研究也支持这一观点，认为对他人的感知有 80% 是基于非语言性的感官信息。例如，提到榴莲，大多数人会立即想到其独特的气味，这种联想源于人们直接体验过榴莲的气味。感官上的刺激不仅帮助人们区分不同的产品，而且这些刺激能够成为长期记忆的一部分，甚至能够触发特定的行为，比如对某个品牌的忠诚或购买行为。

下面将以泛地产项下购物中心的"五感营销"为例，介绍如何通过精心设计的视觉元素、悦耳的背景音乐、舒适的触感材料、诱人的食物香气以及独特的品牌气味，为消费者打造一个多感官交织的购物即消费环境。

（1）视觉营销。

即通过视觉刺激吸引消费者的注意力，提升购物体验。

主题化空间设计：购物中心可以根据季节、节日或特定主题进行空间装饰，如春季的花卉展、冬季的冰雪世界等，通过鲜明的色彩和独特的装饰风格吸引顾客眼球。

个性化店铺设计：鼓励商户采用个性化的店铺设计，如独特的门面、内部布局和灯光效果，以突出品牌特色，增加顾客进店的兴趣。

数字化视觉展示：利用高清大屏幕和互动触摸屏等数字化设备展示商品信息、促销活动和品牌故事，为顾客提供新颖的视觉体验。

（2）听觉营销。

即通过独特的声音吸引消费者的听觉关注，营造愉悦的购物氛围。

定制背景音乐：根据购物中心的定位和顾客群体，选择适合的背景音乐，如轻松愉快的流行音乐、优雅的古典乐等，营造舒适的购物环境。

声音互动体验：设置声音互动装置，如声音画像馆、音乐墙等，让顾客通过声音参与互动游戏或创作，增加购物的趣味性和参与感。

环境音效模拟：在特定区域如热带雨林区、海洋世界等，利用环境音效模拟自然声音，让顾客仿佛置身于真实的场景中。

（3）触觉营销。

即通过触觉刺激让消费者感受商品的质感和特性。

样品体验区：设置专门的样品体验区，如化妆品试用台、服装试衣间等，让顾客能够亲手触摸和试用商品，感受其质地和舒适度。

材质触感设计：购物中心内的公共设施如座椅、扶手等采用高品质材料，注重触感的舒适性和耐用性，提升顾客的购物体验。

触觉互动装置：引入触觉互动装置，如震动地板、触感壁画等，让顾客在互动中感受不同的触觉刺激。

（4）味觉营销。

即通过特定气味吸引消费者关注，并与其形成情感联系。

美食街区：设置特色美食街区，汇聚各种美食摊位和餐厅，让顾客在购物的同时享受美食的香气和味道。

现场烹饪展示：邀请厨师在购物中心内进行现场烹饪展示，如烘焙、烤肉等，让顾客近距离感受食物的香气和制作过程。

美食节活动：定期举办美食节活动，邀请各地特色美食商家入驻，为顾客提供多样化的美食选择。

（5）嗅觉营销。

与味觉营销相似，但更侧重于气味的营造和记忆点的形成。

香薰系统：在购物中心内设置香薰系统，散发宜人的香气，如花香、果香或木质香等，营造舒适的购物氛围。

品牌特色香氛：鼓励商户开发并推广具有品牌特色的香氛产品，如香水、香薰蜡烛等，让顾客在购物过程中与品牌建立更深层次的情感联系。

季节性香气变化：根据季节变化调整香薰系统的香气，如春季使用清新的花香，冬季使用温暖的木质香等，以符合顾客的季节性偏好。

"五感营销"的核心在于提供全方位的感官体验，最终目的是为了建立自己的品牌效应和提高品牌辨识度。消费者能够买单，能够产生依赖心理，目的便达成。"五感营销"不仅关注信息的传递，更注重与消费者建立情感上的共鸣。通过触发消费者的感官记忆和情感联想，使品牌信息更加深入人心，形成独特的记忆点。

随着用户的更迭与科技的发展进步，传统五感在消费体验方面已经无法满足消费者的需求，在传统五感的基础上，自觉或不自觉地运用精益思想，"新五感"应运而生。

"新五感"即松弛感、原生感、存在感、社交感、审美感。

与传统五感相比，"新五感"能够提供更细致、更全面和更具综合性的体验方式，能够给当代年轻人提供情绪、归属、满足、治愈与社交等需求。

（1）松弛感。

追求内心平静与从容优雅的生活方式，通过开放的空间设计、引入自然元素和相关活动，使年轻人在快节奏生活中找到宁静之地，应对压力与焦虑。

例如上海上生新所二期，延续工业建筑包豪斯风格，融入自然绿植元素，采用"主广场＋内苑"形式，增设休憩区域，打造艺术装置大台阶，引入相关品牌，强化户外健康生活方式标签。

再如成都麓湖，尊重地形特征，保留并更新自有风格，提供舒适松弛的环境，建筑面向湖面开放，步道错落有致，通过品牌和绿植打造独特场景，构建宠物友好空间。

（2）原生感。

通过独特的品牌基因和原创设计以及与本土文化和传统的紧密结合，吸引顾客并建立品牌忠诚度，传递强烈的原生感。

例如福州烟台山，作为历史文化街区，融合了中西方文化，秉持"保留—传承—创新"理念，打造商业漫步街区，涵盖丰富业态，引进众多国内外知名品牌，增加体验业态，激活文旅属性。

（3）存在感。

通过独特的产品特点、创新的市场定位和突出的形象，结合城市空间、共享空间和个性化业态，为顾客提供与众不同的购物体验，创造富有归属感的环境。

例如北京王府井喜悦，位于北京核心商圈，定位为"中国核，潮流壳"，面向先锋青年群体，打破传统空间束缚，融合传统文化与时尚潮流元素，引入丰富品牌，注重北京在地文化挖掘和展示。

（4）社交感。

购物中心承载人们的社交需求，通过重新审视社交距离，构建社交与商业的关系，融合多元化场景体验，为人们搭建独特的社交空间。

例如上海北外滩影梦里，以沉浸式剧本杀场景为主题，融合多种元素，打造潮流文娱社交场，通过特色空间和年轻化业态满足年轻人社交需求。

（5）审美感。

积极探索并融合多元化的场景体验，通过独特形态、主题空间和艺术装置的结合，提升顾客的停留时间和体验感，吸引更多人前来打卡和传播。

例如上海泛太大厦，用复古与现代的融合使商业内容焕然一新，公共空间植入复古元素，店铺独具匠心，展示环保材料和可持续生活方式的理念。曼谷 EMSPHERE 以"毛坯风 + 色彩浓郁的艺术文化装饰"吸引目光，采用工业水泥风格，展示众多艺术家作品，业态多样。

以上，无论传统五感营销还是新五感营销，最大的利器其实都是"以情动人"，即共情。

在心理学上，共情也被称作移情、同感、同理心，是指能够设身处地体验他人的处境，对他人的情绪、情感具备感受力和理解力。换句话说就是能设身处地，将心比心。

共情能力的机制有三个最核心的基础：镜像神经元和心智理论这两种生理机制以及正常的情绪能力。

1988 年，由 Giacomo Rizzolatti 领导的神经科学团队在意大利帕尔马大学进行的一项关于猴子大脑的研究中，偶然发现了"镜像神经元"。这项研究最初是为了探索基础行为——科学家们将电极植入猴子大脑，观察到当猴子进行抓取动作时，其前运动皮层的特定神经元会被激活，这些神经元负责控制抓取行为。然而，研究团队意外地发现，当一名研究人员在猴子面前进行同样的抓取动作时，猴子大脑中的相同神经元也出现了激活，即使猴子自己并没有实际进行动作。这意味着观察者和被观察者之间产生了相同的神经生理反应，从而促进了一种直观的理解机制。此外，研究还发现，这些神经元不仅在视觉观察时激活，即使在仅听到与动作相关的声音，比如抓取声音时，也同样会激活。这种具有模仿观察行为的特殊神经元被科学家们命名为"镜像神经元"。

镜像神经元就像大脑中的"魔镜"，它是能直接在观察者大脑中映射出别人的行为、情绪和意图等的一类特殊功能的神经元。这类神经元广泛存在于多个脑区，参与行动理解、模仿、共情和社会认知等认知活动。

简单来说，共情就是先通过镜像神经元获取对方的状态，通过适当的情感共情，使自己体验到对方的感受，用认知共情覆盖情绪共情，思考对方需要什么、我能够为他提供什么。

然而，此处讨论的共情，其实与心理学概念略有不同，主要是指通过了解目标群体的真实感受，从中找到营销机会的方法。

毕竟，世界不是由生意构成的，而是由生命构成的。商业的本质是服务于生活和生命，商业的目标就是让人性得到释放，让需求得到满足。

市场的主体是人，一切营销也都是围绕满足人的需求开展的，通过共情，找准了人的需求，就相当于发现了"商业金矿"。通过共情，挖掘客户的个性化的物质需求和精神需求能否得到恰逢其时、恰到好处的深度满足，是精益营销的关键。

"新五感"的核心是"利他"和"悦人"。因此，营销既是卖产品，也是"卖自己"；同时营销既是"成交用户"，也是"成交自己"。

## 第五节　精益物业的服务

传统物业是指住宅和商业地产等开发后形成不动产的接盘者和运营者。传统物业管理是指业主通过选聘物业服务企业，由业主和物业服务企业按照物业服务合同约定，对房屋及配套的设施设备和相关场地进行"四保一服"，即保安、保洁、保绿、保修和客服等活动。

物业管理的内涵和外延远远不仅于此，人们更愿意把物业管理称为管家。

古今中外对管家的理解是一样的。在中国古代称之为总管，法国称之为管家。犹如交响乐团的总指挥，无论东西方，管家为每个家庭营造了舒适、快乐和幸福。

中国物业管理行业始于 1981 年。当时国内第一家物业管理公司于深圳经济特区成立。继《物业管理条例》于 2003 年正式颁布，《中华人民共和国物权法》于 2007 年正式颁布并多次修订，《关于加强和改进住宅物业管理工作的通知》于 2021 年正式颁布后，物业管理行业的监管框架日趋完善和成熟。

现今，中国物业管理行业服务于泛地产的各个领域，包括住宅物业、商业物业、写字楼、公共物业、产业园、学校、医院及其他物业。

疫情防控曾给社会生活带来了较大的影响，也使得物业服务的重要性得到了重新评估，物业管理行业的运作理念也随之发生了变革。业主们对物业管理的期望不再局限于过去的基本售后服务，而是开始追求更多元化和高质量的服务。一方面，业主们对物业公司在资产管理和社区生活服务方面的期待越来越高；另一方面，随着对美好生活向往的不断提升，业主们对于社区生活质量、文化体验和精神文化建设等高附加值服务的需求也在不断增长。

政府及相关部门也充分认识到物业服务在社区管理中的重要作用，故而积极推动物业服务融入社区基层治理。政策层面开始鼓励住宅物业企业向社区零售、养老、托幼、家政、文化、健康、房屋经纪、快递收发等生活服务领域延伸，物业公司也积极响应，逐步向全社会服务过渡转型，行业发展逐步迎来突破。

社会资本对物业服务企业更为青睐，各大头部物业服务企业纷纷创新服务理念和成长方式，不断拓展物业服务的外延。基于此，物业服务的场景、技术水平和市场格局都发生了显著的变化。

新变化孕育着产业高速生长的新机遇。

如何进一步推进泛地产项下物业行业的精益实践？作为房地产行业、物业管理行业和酒店餐饮行业多年的实践者，我们在提出泛地产概念的同时，也提出物业行业的"三化"，即物业的酒店化、物业的国际化及物业的"学校化"。

为什么提出物业管理的酒店化？

酒店可以说是人们学习生活方式的"学校"，因为在酒店建立之初，一些先知先觉者，在富裕后，主观上不仅考虑自身的喜怒哀乐，在客观上需要更多人陪伴其享受喜怒哀乐，因此开小高级酒店，让更多的人享受更高端的生活放松、更高阶的文明氛围。

物业行业从多个维度和层面进行深入学习与借鉴学习酒店行业，以提升自身的服务质量和运营效率。酒店是最高级形态的地产，酒店化的物业服务不仅包括传统的"四保一服"等基础服务，还引入了酒店式的管理和服务理念。

一是，标准化服务提升。酒店行业有一套成熟的标准化服务流程，从客户预订、入住到离店，每一个环节都有详细的操作规范。从人员培训到服务流程，都有一套严格的标准。物业行业可以借鉴这一点，制定详细的服务标准和操作流程，确保每一项服务都有章可循，提高服务的一致性和专业性。

二是，客户体验提升。酒店行业强调个性化服务，根据客户特别是常旅客的不同需求提供定制化服务。"无论客户下午三点想吃早点还是深夜三点想做瑜伽，酒店统统给予满足"，这种"早餐时间是客户需求决定而非酒店决定"的客户意识和客户至上的思维，物业行业可以充分借鉴，通过客户数据分析，了解业主的需求和偏好，提供个性化的增值服务以增强业主的满意度和忠诚度。

三是，客户反馈机制。酒店行业非常重视客户反馈，通过多种渠道收集客户意见，及时改进服务。物业行业可以建立多渠道的客户反馈机制，如微信、电话、APP等，方便业主随时反馈意见，并及时处理和回应，提升业主的满意度。

为什么提出物业管理的国际化？

我国的物业管理最早从中国香港引入，香港地区物业管理理念主要源自英国等西方国家，从起源上看，物业管理可谓是个舶来品，随着全球化的浪潮，物业管理也逐渐回归国际化。国际化的物业管理不仅意味着引进国外先进的管理理念和服务标准，还包括先进服务理念，实现更好的融合和更好的悦人。

一是，理念的国际化。引进国外先进的物业管理理念，如绿色物业、智能物业等，提升物业管理的现代化水平。例如，通过智能化系统管理小区，实现安防、消防、停车等多方面的智能化管理，提高管理效率和安全性。

二是，服务多元化。国际化的物业服务注重多元化，通过引入专业服务，满足不同文化背景业主所带来的服务多样化和专业化需求。例如，在多语言服务、文化活动组织等方面进行创新，为不同国籍的业主提供更贴心的服务。

三是，国际化的共享。国际化物业的内涵不仅限于业主多元化或者能够提供国际化的基础设施和公共服务，更重要的是物业以包容开放的理念和国际化的视野，培养不同文化背景业主的主人翁心态，积极参与社区、园区的服务和治理，推进国际化社区、园区的共建、共治和共享。

为什么提出物业管理的"学校化"？

当今物业管理的基本问题，早已不是单方面物业公司服务能力的问题，也不是过去的开发商侵权问题，而是业主对文明进阶的生活方式的需求与滞后的物业服务之间的矛盾问题。

古有孟母三迁，孟母为了让自己的孩子跟更有文化、更有道德水准的人生活在一起，搬了三次家，由此形成了物以类聚，人以群分的传统认识。作为城市的规划建设者，是否应该让有相同目标追求的人生活在一个社区作为初衷？

过去收入和财富水平已经成为房地产行业目标客群的划分标准，这就使不同教育水平、文化背景、文明程度的人生活在一个屋檐下，带来了一些冲突和矛盾。

对此，为了解决矛盾和冲突，同步提升居民文化素养和社会文明程度，人们是否可以在每个社区开办学习文明的"学校"，让每个物业负责人都当"校长"，让每个物业管理员当"教员"。当然前提是每个校长和教员要先身体力行地学习文明，再让不同背景、出身、教育程度等的人，或学习或温习文明，最后达成同一个屋檐下的同样的文明，这是和谐社区、和谐城市与和谐社会的基础，也是古今中外先人和哲人追求的共同理想——世界大同，因此世界大同要从精益物业做起。

人们对文明的诉求，可以用马斯洛的需求层级理论阐释：在满足了基本需求和安全需求后，居民开始追求社交需求和尊重需求，最终实现自我需求。自我需求是最高级的需求，需要居民和社区真正地融为一体，使居民在社区共识的基础上享有决策权、主导权，最终实现自我价值。

问题是，什么样的物业服务可以帮社区居民最终实现自我需求呢？

是那些围绕业主的生活场景，提供物超所值的优质服务，在提升自身的同时，还能像学校一样，"教化"业主学习更高阶的生活方式，并最终让生活在社区的各方形成一种"命运共同体"联结的物业服务。此为：

一是，重视社区文明宣传。充分利用一切可以利用的环境媒体（绿化、建筑小品、环境布置、宣传栏、温馨提示、黑板报、电子显示屏幕、社区刊物等），以营造积极健康的社区文明氛围，如进行法律知识、敬老、养犬、减慢车速等方面倡导文明行为的宣传，既为业主提供了服务，又从管理意识上对业主进行了引导。

二是，制定社区文明公约。爱护公共设施，爱护一草一木；杜绝私搭乱建，维持社区良好环境；交通工具按规定停放，不堵塞通道；生活垃圾入篓，坚持践行垃圾分类；公共楼道保持畅通，自家杂物收回室内；家庭装修减少打扰，及时处理装修垃圾；严控社区出入口，社区安全联防共建；搭乘电梯相互礼让，拒绝争抢，禁止吸烟；文明养宠，出门牵绳，及时处理宠物垃圾；阳台不放易坠物品，切莫高空抛物；控制生活噪声，不影响邻居；尊重个人生活方式，倡导兼容并蓄。

三是，制定和谐关系公约。见面问好，用微笑传递友善；尊重长辈，爱护儿童，待人友善；关爱残疾人和困难家庭，平等互助；拥军优属，尊重英烈，彰显民族精神；友邻互助，乐于伸出援助之手；邻里纠纷，以和为贵，及时化解；社区惠民器材轮替使用，相互礼让，不争不抢；乔迁婚嫁等家庭要事降低干扰；参加社区活动，遵守礼仪，听从引导；公共突发事件科学应对，遵守规定，不恐慌、不漠视；积极配合社区应急工作，多包容，多理解；社区公益人人参与，弘扬传统美德。

综上，物业作为泛地产在服务层面的延伸，发展前景广阔而充满机遇。践行物业"三化"之路的物业管理行业必将迎来更加美好的明天。只有做到了利他和悦人，才能真正实现悦己，这也正体现了共产党宣言"无产阶级只有解放全人类，才能最后解放自己"，这里的"解放"，不仅仅是财富的均等和地位的公平，更指人民文明的共同提升。

# 泛地产项目的
## "六五四三"

这是在长期实践中，摸索出主要针对具体项目地块的房地产投资开发过程，用以指导参与期间的全专业和全体人员的行为。

### "六大空间"

即（6+6）：

色彩、灯光、步道、连廊、大堂、架空、轿厢、阳台、厨房、门窗、花园、户型。

至少利用"五感"中的"三感"对客户在物质和精神上**双重影响**。

### "五化"

全专业审视项目，对项目从定位、设计到施工等各个环节进行：**深化、细化、量化、标准化和模板化**。

### "四必须"

各相关专业就市场竞品：
**必须**时刻紧跟对标。
**必须**踩盘2次形成复盘成果。
**必须**驻场前写心得体会并提出改进措施。
**必须**在投标方案中提出对标分析和更优方案。

### "三画像"

项目团队根据客群提出本项目**画像**。
营销团队在示范区开放前给出产品**画像**。
所有驻场人员自我定位固化**画像**。

# 第六章
# 泛地产中的其他精益

## 第一节　色彩、效应与感悟

　　大千世界因为色彩而变得格外美丽，色彩无处不在，寻常却又"神秘"，人们能清楚地看到每一种颜色，并大致知道它们的名字，但似乎又对它们一无所知。

　　直到物理学为人们提供了科学的解答，光是由一系列电磁波组成的，这些电磁波以不同的频率和波长存在，当光线照射到物体上时，物体会根据自身的物理特性（如表面材质、颜色等）吸收一部分光波并反射另一部分，色彩正是光的不同波长反射人眼视网膜后产生的视觉感受。

　　同时，眼睛所看到的任何一种彩色光，全部都是色彩三要素即色相、饱和度（纯度）和明度的综合效果，其中色相与光波的频率有直接的关系，明度和饱和度与光波的幅度有关系。根据国际照明委员会（CIE）对 CIE XYZ 色彩空间的研究，预估人类的视觉可以分辨多达1000万种颜色。

新鲜空气

健康照明

低噪环境

泛地产中的其他精益

　　但人对于视觉中的五彩缤纷，仍有太多解答不了的未知之处，因为色彩不仅仅是物理现象，更像是一种心理和情感的表达工具。

　　回顾中、西方色彩理论的发展不难发现，色彩理论的产生是一个漫长的过程，涉及科学、文化、艺术等多个方面，色彩的发展不仅促进了人类对视觉感知和心理反应的理解，还对绘画、设计、服装、广告以及泛地产等领域产生了深远影响。

　　可以说，色彩是关乎一个民族共有的精神财富。

　　西方色彩的发展建立在神学与现代科学基础之上。

古埃及人崇尚金色和蓝色，金色是太阳的颜色，太阳是古埃及人崇拜的核心，蓝色代表着尼罗河之神，象征永恒的生命力。古希腊包括后续文艺复兴时期的神像，如维纳斯和大卫像，都是用乳白色的大理石为建筑材料，因为白色石块象征着理想、洁白以及信仰。

14—16世纪，伴随着物理学、光学和解剖学等的兴起，西方开始对色彩进行科学解读。牛顿通过色散实验发现，白光是由红、橙、黄、绿等多种色光复合而成的复色光，不同色光有不同的折射性能，这是从科学上对色彩本质的首次明确表述，即光的一种波动性质。从牛顿开始，西方社会开始根据科学理论进行色彩研究。

19世纪，德国诗人和思想家歌德发表了西方第一部系统的色彩理论著作《色彩论》，他认为色彩不仅仅是物理现象，还与人的情感和心理体验有关。歌德的色彩理论对后来的艺术和设计发展产生了深远的影响。这一时期，随着化学和光学的发展，西方科学家们对色彩的本质有了更深入的认识。麦克斯韦的电磁波理论解释了光的本质，为色彩的研究提供了更坚实的科学基础。同时，印象派画家们通过对自然光线和色彩的观察，打破了传统的色彩观念，强调瞬间的视觉感受和色彩的变化。

20世纪至今，色彩理论得到了进一步的发展和应用。美国孟塞尔创建了一套基于三维模型的颜色系统，该系统提出色调、饱和度和亮度三个维度。此外，现代艺术运动如立体主义、抽象表现主义等对色彩的运用更加自由和创新，探索了色彩的情感、象征和表现力。

近百年来，西方在高级色彩的运用上取得了巨大的进步，色彩的应用越来越细腻、细分和高级。西方国家喜欢采用丰富鲜艳的颜色，并将其与环境、生产制造、人的生活以及产品服务紧密结合，特别是在生活方式和文明程度方面的体现尤为显著。西方的颜色命名充分反映了这一点。

伊夫·克莱因以其姓氏命名了一种蓝色调，即克莱因蓝，这种色彩因其纯净度和视觉冲击力而闻名，被尊称为"理想的蓝色"。

勃艮第红这一名称源自其与法国勃艮第地区红酒的相似色泽，它代表着高贵与优雅，常被用来象征野心、财富和权力。

申布伦黄则起源于18世纪70年代，当时哈布斯堡的皇帝约瑟夫二世命令在奥地利和匈牙利的建筑，特别是皇家城堡的外墙上涂抹这种色彩。从那时起，申布伦黄就成为皇室美学的一个标志。

这些颜色不仅在艺术和设计中具有重要地位，还与西方的文化和历史紧密相连，充分体现了西方在色彩运用上的独特魅力和深厚底蕴。

相较西方，中国色彩理论的发展与传统哲学、文化沉淀的关联度更大。

中国传统的色彩源于天地万物，也源于中华古老文明的想象力，更注重色彩的意象，追求以色达意的色彩观念，具体的规则来自先秦以后的"五色体系"。

五色，指中国古代最上位的五种颜色——青、赤、黄、白、黑。

五色的形成与阴阳五行学说有关，古人认为五行是产生自然万物本源的五种元素，一切事物的来源都是如此。水、火、木、金、土分别对应黑、赤、青、白、黄作为色彩象征。

不同于西方的颜色由明度、纯度和色相决定，中国的颜色是以正色、间色来区分。

古人认为五色是最纯正的，因此上述五色为正色，而赤白调成的"红"、青白调成的"碧"、青黄调成的"绿"、黑赤调成的"紫"、黑黄调成的"骝黄"，这红、绿、紫、碧、骝黄五种颜色则为间色。

由于五个间色本身还能再生成间色，所以间色的数量是非常大的，但由于间色不够纯粹，所以重要性不高，等级比较低，对它们的使用也就没有限制。例如在古人服饰上，正色多用于上衣，间色用于下裳，正色用于表，间色用于里。

中国的颜色命名也是一大特色。

有的色名源于自然现象，如形容破晓的"东方既白"，表现日暮的"暮山紫""海天霞""夕岚"，展示竹间雾色的"筠雾"，体现雨后初晴的"天青色"，还有的来源是从四季、节气到草木、文学等。中国传统色名，比诗还深，比画还美，多达千种，都体现了古人看待世界的方式。

总之，中西方传统色彩理论体系是基于两套不同的底层逻辑，这两套逻辑对于色彩在中西方的应用延展有着重要影响，西方色彩理论因为更具科学性，所以在全球的应用范围更为广泛。

当然，色彩理论的发展是一个不断进化的过程，它与人类文明的进步紧密相连。从最初的哲学思考到现代的科学分析，色彩理论在艺术、科学和设计等多个领域都发挥着重要作用。

中国传统色彩因为一度缺乏科学维度的诠释，在某种程度上限制了色彩应用。然而近些年随着中国传统文化自信的浪潮，越来越多的行业也开始结合西方色彩的科学理论，重视和应用中国传统色彩，中国人对高级色彩的需求开始觉醒。

例如，2020年杭州承办了第19届亚运会，该届亚运会的色彩系统，可以说是近年来生动呈现中国传统色彩理论优秀成果的一次创新实践。

杭州第19届亚运会色彩系统主题为"淡妆浓抹"，灵感出自宋代诗人苏轼的诗句"欲把西湖比西子，淡妆浓抹总相宜"，通过对中国色彩文化和杭州城市特质的提炼与浓缩，设计出以"虹韵紫"为主，以"映日红、水墨白、月桂黄、水光蓝、湖山绿"为辅的色彩系统。

淡妆浓抹

不难看出，杭州亚运会色彩系统的一大亮点就是色名，六个色名分别对应一句描写杭州的诗词，既包含了江南山水的自然生态，也融汇了创新活力的运动激情。

　　"虹韵紫"，是杭州亚运会的主形象色，象征日月辉映、时代风采，出自白居易《忆江南》中的"日出江花红胜火，春来江水绿如蓝"。红与蓝交相辉映出紫色，寓意欢聚与交融。

　　"水光蓝"，晴空、水波之色，象征未来科技、浙江精神，出自苏轼《饮湖上初晴后雨二首·其二》中的"水光潋滟晴方好，山色空蒙雨亦奇"，寓意探索与创新。

　　"湖山绿"，青山、生态之色，象征葱郁湖山、杭城诗性，出自龚自珍《湘月·天风吹我》中的"天风吹我，堕湖山一角，果然清丽"，寓意自然与活力。

　　"月桂黄"，桂花、芬芳之色，象征沁染团圆、神州意蕴，出自白居易《忆江南·江南忆》中的"山寺月中寻桂子，郡亭枕上看潮头"，寓意传承与超越。

　　"映日红"，霞光、气韵之色，象征华彩激情、亚洲活力，出自杨万里《晓出净慈寺送林子方》中的"接天莲叶无穷碧，映日荷花别样红"，寓意挑战与热情。

　　"水墨白"，淡墨、包容之色，象征哲思境界、东方睿智，出自柳永《望海潮·东南形胜》中的"东南形胜，三吴都会，钱塘自古繁华。烟柳画桥，风帘翠幕，参差十万人家"，寓意开放与多元。

　　杭州亚运会色彩系统的另一大突破就是运用了渐变色，色调选取一个渐变的区间，一方面，对应"淡妆浓抹"的主题；另一方面，也顺应了现代色彩理论应用的趋势，把动态演绎得更具感染力。

　　从城市端到赛事端，将色彩系统运用到不同的场景中。它们同各种亚运视觉标识一道，展示着杭州亚运美学，讲述着杭州亚运故事，把杭州深厚底蕴的历史人文、浓郁而秀美的江南山水，把江南色提炼、延展、推广、应用到淋漓尽致，挥洒出既有葱郁湖山自然生态，又富创新活力运动激情的城市画卷。

亚运色彩本身是体育和美育的结合，将强身健体的公共体育活动转化为社会大众对运动美、文化美、视觉美、城市美和生态美等涵盖诸多审美对象的社会美育活动，进而形成独特的亚运美学形态和体育文化形态。

在此意义上，对亚运色彩的思考仅限定在掌握色彩技术的少数人是不够的，一定需要更多的人参与其中，读懂亚运色彩应用，欣赏亚运色彩之美，这样才能最大限度地发挥亚运色彩的美学价值。

什么是像杭州亚运会色彩系统一样的高级色彩？

在人们的普遍认知里，画面色彩与内容能在视觉上、空间上、情感上保持一致，即看着舒服的色彩就是高级色彩。进一步说，按照形式美法则的规则中，高级色彩应该是协调、统一场景、提出视觉路径、产生节奏，并能够创造重点的。日本知名专业平面设计师伊达千代在《色彩设计的原理》一书中对高级色彩的配置做了详细回答。

如何配色，整体画面才会有协调感？

（1）色相一致。利用色彩的纯度和明度进行配色。比如，用绿色的色相，通过调整其明度和纯度达到协调的画面。

（2）明度一致。通过改变色相和纯度进行配色。这种配色不会让主题部分突出，而且明度的统一较困难。

（3）纯度一致。通过改变色相和明度进行配色。用纯度低的色彩统一配色，可以使整体带有灰暗，给人以安宁、沉稳的印象，当色彩数目不够多时，也会感到冷清。用纯度高的色彩统一配色，能带来热情、欢乐和愉快的印象。

（4）色相的搭配方式。可以在圆形色环中画三角形、正方形或者五角形来取色搭配做组合。根据需要的色彩数目，有时也要将两个色相中间的色彩显示出来。有时还可以加上灰色用来缓和对比，色相对比最强烈的是选择对角线上的互补色。

（5）从自然中取得协调的配色。从自然中或者身边的事物中取得配色的方法。

（6）用色调来配色（明度与纯度一致的配色，称为"色调"）。明度中等而纯度高的色调称为鲜明的色调，整合了有活力和热闹风格的色彩。纯度和明度皆最高的则称为淡白的色调，整合了清淡而可爱的色彩风格。

（7）间隔色突出重点。与色相同色系，明度较低的颜色能突出重点。例如，纯度高的红色和绿色组合。注意：色彩的边缘会产生晕光的现象，在边缘的部分插入中间的颜色，可以使色彩显得较为沉稳，并且突出主体。

（8）无色彩的应用。配色没有统一性的，用黑白灰做背景，可以增强统一性。例如，许多纯度和明度参差不齐的色彩进行组合时，由于配色没有一贯性，容易给人没有整体感的印象，采用白色或黑色等无彩色的背景将每种颜色进行区隔后，色彩就算看起来是各自独立的，整体也能体现统一感。

（9）色彩的数量与协调的关系。过多的色彩会造成杂乱的印象，应该注意使用色彩的数量。数量少能给人留下较强的印象，并且画面统一，明度高的色彩不适合用于单色设计。色彩面积的大小也会给人不一样的感觉，面积太大让人感觉色彩比实际深。

（10）渐变色的使用。渐变色可以设定在色相相异、明度相异和纯度相异的色彩中。渐变色的配色不仅具有空间宽阔的感受，也可以演绎出梦幻般的气氛。明度纯度都高的色彩组合成的渐变色，展现出孩子气以及给人甜美的梦幻印象。明度和纯度都低的色彩组合出来的渐变色，给人成熟、诡异的异域印象。

（11）重复用色。可以不遵循配色统一的原则，也能留下配色统一的印象。

整体协调了以后，如何突出主体？

（1）对比。指数个设计要素之间具有某些落差的状态。有许多方式可以考虑，只要在色彩的某个要素上添加落差，就可以产生明度的对比、纯度的对比和色相的对比等各种不同组合方式，强调想突出的主体。

明度对比。当背景的明度极低或极高时，只要运用明度相反的文

字色彩，即可突出想要的主体。（黑色与黄色这组配色组合落差最大）

纯度对比。人们的目光容易被鲜艳的色彩吸引，所以要想强调设计中的某一部分，就可以使用高纯度的色彩。注意：纯度过高的颜色组合在一起容易给人一种花哨低俗的印象，所以如果要运用高纯度的色彩，发挥它鲜艳的作用，就必须先压低其他颜色的纯度。

色相对比。是把不同色相的色彩组合在一起，借助其产生的对比效果创造出强烈鲜明对比。（在色环中距离越远的颜色对比越强烈）

（2）强调色。强调色的重点在点缀，所以用量不可过多，用量过多则无法发挥"画龙点睛"的功能。适合用来当作强调色的颜色，一般是鲜艳的、高纯度的。

（3）辨识度。越重点的信息用明度越高的色彩来表示，明度差异大的组合就是处于辨识度高的状态。

（4）若是希望设计出华丽的感觉，就运用多种色彩连接组合进行配色。

（5）冷色系放在暖色中会有后退的感觉，暖色系放在冷色中则有前进的感觉。（在纸上绘画的时候，就是通过高光暗影体现物体的立体感）

（6）纯度高的暖色系色彩有映入眼帘的感觉，被称为"诱目性"很高的配色。它们一般是用于需要引起人们注意的标志词，效果极为明显。例如：红色和黄色组合，深蓝色与红色组合。

（7）节奏与色彩的面积。

反复使用相同的色彩和形状，可以使设计的作品产生节奏感。

相同的颜色使用面积不同，印象也会随之改变，面积越大颜色看起来越厚重，越能让人感觉到色彩的冲击力。

高纯度、明度所组合的配色，形成的节奏也会散发出轻快的感觉。明度、纯度都比较低的组合，能够感受到节奏是厚重的。

大家都听过"莫兰迪色"，这种在原有的色调里加入一定比例的灰色，隔离了颜料原本的光泽，使每种颜色都蒙上一层中性的灰调色，降低了色彩的饱和度，这一色系的颜色看上去不张扬、不鲜亮，却也

# 莫兰迪色卡

莫兰迪色卡

普遍被认为自带一种高级感。

每种色彩都会给人不同的心理感受。比如人们常说的，紫金搭配显贵气，紫色代表神秘，蓝色代表迷离空旷，红色代表热情与危险，绿色代表生命等。这些色彩的心理感受，并不是人类后期赋予或者毫无根据杜撰出来的。现代人的行为和思维等，其实都是因进化演变而形成的一种自然生理机制。

所以，如"莫兰迪色"看起来高档的色彩，其纯度、明度和饱和度都比较低，这是表象，但这并不是使它们看起来显得高档的根本原因。

之所以一些颜色显得高档，其最根本的原因是该颜色传递出的情绪很少，而降低色彩饱和度，其实就是在降低和削减色彩对人情绪的干扰和影响。例如，黑白照片看起来比彩色照片高档，大部分奢侈品牌会选择黑白，其实都是在降低色彩本身对于人情绪的影响，而使人感觉高档。

综上，色彩的魅力是无穷无尽的，在艺术创作中扮演着不可替代的角色。所谓的高级色彩并没有一个绝对的标准，每个人对它的理解都可能不同。然而，可以达成共识的是，高级色彩通常具备一些独特的属性、结构和象征意义，至少体现在以下五个维度：

第一，高级色彩能够将人类的五感融为一体，以视觉为主导，同时紧密联系其他感官，能够激发并同时触动人的至少三种感官体验。

第二，高级色彩具有穿透表面直达内心的能力，能在人的内心深处激起深层次的共鸣。

第三，高级色彩与自然环境有着密切的联系，它不仅仅是视觉上的享受，也是对自然之美的一种反映和致敬。

第四，高级色彩与民族和民俗传统紧密相连，它承载着文化的记忆，反映了一个民族的历史和身份。

第五，高级色彩与人类历史文化的发展紧密相关，它不仅反映了过去，也预示着未来，是文化演进的一个缩影。

这些维度共同构成了高级色彩的丰富内涵。

回到泛地产领域，色彩理论（系统）在建筑领域的应用场景包括建筑设计、城市色彩、环境色彩及景观色彩规划等。以豪宅为建筑代表的立面设计为例——诠释高级色彩。

简约风格成为主流：高档次的房屋设计趋向于使用简约的色彩，如高级灰、高级蓝、银色、白色等，这些色彩能够营造出一种冷淡风的低饱和度效果，使建筑立面显得更加干净、利落，体现出简约却丰富的高级感和格调。例如，杭州绿城·凤起潮鸣采用了高级蓝立面，北京融创香山壹号院则采用了超白玻和经典石材"蓝眼睛"组成的幕墙体系，体现了简约而高级的设计风格。

色彩和谐统一：在豪宅的立面设计中，色彩的和谐统一被高度重视。设计师通过使用同色系、近色系或素色系的搭配，表达和谐之感，使建筑整体看起来更加舒适和悦目。例如，融信·杭州世纪运用白色和香槟金色的铝板，通过色彩排列营造视觉上的序列变化，呈现色彩的韵律感。

细节变化更显精致：在立面色彩设计中，通过巧妙地使用色彩点缀，如香槟色、金色等，可以增加立面的层次感和对比度，使建筑显得更加精致和具有美感。例如，贵阳·铁建城以浅灰色为基调，局部采用金色渡边，活跃生动，增强了采光性和通透度。

色彩更大胆前卫：一些豪宅的设计开始尝试使用更大胆的色彩，如古铜色，以打造出更前卫的立面形象。这些色彩不仅展现出温润雅致的特点，同时也具有时尚和前卫的一面，给人温馨而高贵的感觉。天津中海·云麓公馆传承铃铛阁飞檐建筑精粹，使用飞檐仿铜色铝板，效果跳跃、亮丽，使得整体立面前卫、个性、精致。

材质和工艺的创新：现代的材料和精湛的工艺，如透光率极高的超白玻、经典石材、蜂窝铝板等，被用于立面设计中，以增强建筑的采光性和通透度，同时也提升了建筑的美观度和艺术效果。例如，杭州绿城沁园外立面采用了蜂窝铝板与深色欧洲灰玻璃，利用铝型材的细腻勾勒出蜂窝铝板与大面 LOWE 玻璃的通透几何形态。

建筑外立面色彩是一种艺术，它不仅是立面风格的延续，更是一种新的生活方式与品味。一幢建筑要用什么材料与配色，就相当于设计者用什么语气在诉说，或温柔或热烈，都是一种态度的表达。真正的豪宅需要隐性而高级的色彩设计，才更符合当代审美的观感以及更符合人性化居住的尺度感。

再比如，建筑地下空间的高级色彩运用，要敢于以"悦人"为目标，一改常规地下空间地面深色和墙面白色的凌乱感。例如，北京首都机场航站楼地面浅色、标识标牌深色的做法，地坪大面积的浅色使整个空间干净、利落、清亮，而深色点缀则可以增加空间的层次感和视觉效果。地下空间的色彩觉醒，是高级色彩运用的极大进步。

综上，泛地产领域的色彩管理从来就不是"现在完成时"，而是"现在进行时"，需要与时俱进、推陈出新才能永葆生命力。呼吁泛地产人们以色彩为媒重识传统，在生活中感悟色彩，在色彩中体味人生，或许就会为自己打开一扇门，进入一个前所未有的全新世界。

## 第二节　灯光、照明与空间

日月更替，光谱万物。光，让地球的生命保持节律，生生不息。

光，是人类文明发展轨迹的描绘者，随着科学技术的高速发展，人们由利用自然光向使用人造光源迈进，灯光照明经历了漫长的变革历程。

在古代，人类主要依靠自然光源和简易的照明设备，如火把来照亮黑暗。火的发现赋予了人类在夜晚与黑暗抗争的能力，显著延长了人类的活动时间和范围。随着文明的发展，人类开始提炼煤炭和石油等化石燃料用于照明，煤油灯等现代照明工具随之出现，城市的夜晚因此变得更加明亮，夜生活变得更加多彩，工业生产等活动也能在夜间顺利进行。然而，这些照明工具能耗大，照明效果有限，无法满足人们日益增长的照明需求。

随着电力的广泛应用，电灯等现代照明工具开始出现，开创了人类用电来照明的历史。19世纪，爱迪生经过无数次的实验，成功改良了白炽灯泡，使电灯能够长时间稳定地发光，并且相对煤气灯更加安全、清洁、易于控制。电灯的出现迅速得到普及，先是在城市的公共场所如火车站、市政大楼等地方使用，随后逐渐走进千家万户，彻底改变了人的照明习惯，开启了电气照明的新纪元。

进入21世纪，灯光照明技术再次迎来了革命性变革。LED（发光二极管）灯的开发和应用，使得灯光照明更加高效、便捷、环保和智能。LED灯具有长寿命、低功耗、高亮度等优点，成为现代照明的主流选择。此外，智能照明系统的出现，使得照明控制更加灵活和智能化，用户可以根据需要调整灯光的亮度和颜色，进一步提升了照明的舒适度和功能性。

目前，衡量灯光性能和质量的主要指标包括：色温、色容差、显色指数、光通量、光效率、照度及眩光指数等。

色温（K）：指光源的颜色倾向，数值越大，光色越冷。常见的色温有2700K（暖白光）、3000K（中性白光）、4000K（冷白光）等。

色容差（SDCM）：指灯光实际色温与理论上的标准色温

之间的偏差。色容差越小，灯光的颜色越接近标准色温，通常不应大于5SDCM。

显色指数（CRI）：指灯光对物体颜色的还原度。显色指数越高，灯光下的物体颜色越接近自然光。自然光的显色指数为100。

光通量（LM）：是评估光源亮度和照度能力的重要指标，单位是流明（LM）。光通量越大，发出的光线越多。

光效率：指光通量与功率之间的比值，即每瓦的光亮度。光效率越高，达到某一亮度的耗电越低，越节能。

照度（Lux）：指光照强度，即被照物上光通量的大小，单位是勒克斯（Lux）。照度越高，光照越强。

眩光指数（UGR）：表示灯光是否刺眼，指数越大越刺眼。眩光指数用于评估灯具的舒适度。

在了解灯光的各项指标之后，就可以相对量化地分析灯光是如何影响着人的心理与生理健康。

（1）情绪调节方面。灯光的色彩、亮度和色温等因素都显著影响人的情绪状态。例如，暖色调灯光（色温2700～3500K）往往会给人带来温馨、舒适和放松的感觉，冷色调的灯光（色温在5000K左右）常营造出冷静、清爽甚至疏离的氛围；明亮的灯光可以提升人的兴奋度和积极情绪，比如在大型商场、娱乐场所，往往会使用较高亮度的灯光（500～800Lux），让人感到充满活力、乐于参与其中。而昏暗的灯光则可能使人趋于安静、内敛，像一些咖啡馆、西餐厅常采用较暗的灯光（100～300Lux）营造浪漫、私密的氛围。

（2）认知与注意力方面。充足且均匀的光线有助于人们更清晰地看清事物，提高阅读、学习、工作的效率。例如，在教室中如果灯光过暗或者存在阴影区域，学生们更容易出现视觉疲劳，注意力难以集中；而在办公室里，良好的照明（500～600Lux）可以让员工更准确地分辨文件内容以及电脑屏幕上的信息等，从而减少因视觉不佳而分心的情况。不同色温的灯光也会对认知产生影响，如高色温的白光（5000～6000K）在一些需要高度集中精力的场所如实验室、设计工作室等，能激发思维的活跃度；而低色温的暖光（3000～4000K）则更适合在休息、放松的区域，缓解精神紧张，更好地恢复精力。

（3）心理安全感方面。灯光在营造心理安全感上有着不可忽视的作用。夜晚，街道上明亮的路灯（10～15Lux）可以让行人感到安心，减少对黑暗中潜在危险的恐惧。相反，如果处于长期光线昏暗甚至黑暗的环境中，人很容易产生焦虑、不安等负面情绪，感觉自己处于一种未知且危险的状态。

（4）视觉健康的生理方面。灯光的亮度、频闪以及显色性等都与视觉健康息息相关。过亮的灯光可能会造成眩光，使眼睛产生刺痛、干涩等不适症状，长期处于眩光的环境下还可能损伤视网膜，影响视力。而频闪严重的灯光（频闪百分比大于30%），虽肉眼难以察觉其闪烁，但因眼睛不断适应光线变化，会导致眼睛疲劳、视力下降，尤其使用劣质照明灯具更易出现这种情况。

显色性好的灯光（显色指数 Ra 在 90 及以上），能让物体的颜色真实呈现，这对于保护眼睛也很重要，比如在美术馆、博物馆等场所，高质量的照明可以让观赏者准确地看到展品原本色彩的同时减轻眼睛的视觉负担。

（5）生物钟调节与睡眠方面。人体的生物钟会受到光线的强烈影响。自然光中的蓝光成分在白天有助于调节人体的生物钟，让人保持清醒和警觉。然而到了夜晚，如果室内灯光中蓝光比例过高（超过30%），就可能会干扰人体褪黑素的分泌（褪黑素是一种帮助人们入睡和维持良好睡眠质量的重要激素），如长时间在睡前使用电子设备（其屏幕发出较多蓝光）或者卧室灯光偏冷白且亮度较高，都可能导致入睡困难、睡眠浅等睡眠问题。

通过这些量化分析，可以更直观、具体地看到灯光在各个方面对人的心理和生理健康所产生的影响，从而在生活与工作等场景中更加科学合理地运用灯光设计确保照明效果和功能，保障人的身心健康。灯光设计主要原则包括：

（1）功能性原则。灯光设计的首要任务是满足照明功能需求。为不同空间提供合适的照度、色温和显色指数等参数，以确保人在进行各种活动时能够获得良好的视觉体验。

（2）舒适性原则。灯光设计应创造出一个舒适的环境，使人们感到自在和放松，在照度、色温、亮度分布等方面要合理搭配，避免刺眼或昏暗的灯光造成视觉不适。此外，灯光还要与色彩、材质等元素相结合，共同营造宜人的空间氛围。

（3）节能性原则。通过选择高效节能的灯具与合理的照明方案，可以降低能耗和减少碳排放，从而实现绿色照明，保护环境并降低用电成本。

（4）美观性原则。通过合理的灯光布局和灯光效果设计，与空间的整体风格和氛围相融合，可以提升空间的艺术感和感染力。

灯光在建筑物中的应用分为建筑物外观照明及建筑物内部照明，依然要遵循上述原则，确保照明效果与建筑特点相协调，在增强功能性和舒适性的同时，提升建筑美感。

建筑物外观照明主要包括功能照明和装饰照明。功能照明主要用于保障建筑周边区域的安全和便利等；而装饰照明则用于提升建筑物的美观度，通过灯光效果突出建筑物的外观特色和设计风格。

一是，功能照明。

功能照明侧重满足建筑物在夜间的实际使用需求以及保障周边环境的安全与正常通行等基本功能。它的核心目标是提供足够且适宜的光线，让人能够清晰地看到建筑物的轮廓、出入口和通道等关键部位，确保行人、车辆在夜间可以安全地靠近、进出以及在周边活动。

二是，装饰照明。

装饰照明着重于通过灯光的艺术化运用，提升建筑物的美观度，凸显其独特风格，营造出具有吸引力和感染力的夜间视觉形象，使建筑物成为城市夜景中的亮点，增强其辨识度和艺术价值，同时也能为城市营造出特定的氛围和文化气息。

装饰照明主要运用于：建筑外立面整体照明，如许多标志性的高楼大厦会采用大面积的泛光照明展现整体外观；建筑轮廓勾勒，即利用线形灯带或者串灯沿着建筑物的边缘和轮廓进行布置，可以清晰地勾勒出建筑的形状，增强其立体感和层次感；重点部位突出照明，即针对建筑物上一些具有特色的关键部位，如雕花、装饰壁画、独特的建筑构件等，采用重点照明的方式强化其艺术效果。

装饰照明还需要考虑光源颜色与建筑物外墙材料颜色的搭配。光色与材料颜色之间具有相辅相成的关系，合理的搭配可以增强建筑的视觉效果和感染力。例如，暖色调的灯光与暖色调的墙面材料相结合，可以营造出温馨舒适的氛围；而冷色调的灯光则更适合与冷色调的墙面材料搭配，以展现建筑的现代感和科技感。

建筑物内部照明包括公共区域照明和私密空间照明。

公共区域如大堂、走廊和楼梯间，需要明亮均匀的光线，以保障通行安全和空间感；而私密空间如办公室、会议室和居住空间，则需要根据具体功能需求进行照明设计，既要满足使用功能，又要兼顾舒适度和美观性。

一是，公共区域照明。

大堂作为建筑的门面，通常采用较为豪华、大气的照明方式，可能会使用大型的吊灯作为主照明，搭配壁灯、地灯等进行辅助照明，营造出宽敞、明亮、高档的氛围。例如，一些五星级酒店的大堂，顶部会悬挂造型华丽、璀璨夺目的水晶吊灯，散发的明亮光线能均匀地照亮整个大堂空间。同时，墙壁四周安装的壁灯，灯光柔和且带有精美的灯罩装饰，与吊灯相互映衬，增添了温馨又典雅的氛围；地面上间隔设置地灯，能起到引导宾客行走路线以及烘托整体氛围的作用，让大堂的照明富有层次感。

走廊的灯光通常要均匀、柔和，避免产生明显的阴影和眩光，同时可以通过灯光的排列和造型体现出一定的设计感。如在一些写字楼的走廊，采用了嵌入式的筒灯均匀排列，灯光色温适中，保证了人在通行时能清晰视物，又不会觉得光线刺眼。

电梯间的灯光则要注重清晰性和安全性，让人们能够准确地操作电梯按钮等。一般会在电梯轿厢顶部安装明亮的平板灯，提供充足且均匀的光线，照亮整个轿厢内部，同时在按钮区域上方还会设置小型的射灯，使按钮更加醒目，方便乘客使用。

二是，私密空间照明。

办公室照明要考虑到人的工作效率和舒适度，一般采用均匀分布的格栅灯、平板灯等提供整体照明，同时在办公桌上配备可调节角度和亮度的台灯，满足个性化的工作照明需求。员工也可以根据个人使用习惯，调节桌上台灯的角度和亮度减少周围环境光的干扰，提高工作的专注度。

学校教室照明，可在天花板安装多组护眼灯，确保教室里的每一个角落都能被均匀照亮，同时在黑板上方安装特定角度和亮度的黑板灯，其光线能精准地投射到黑板上，即使在白天阳光较强或者教室灯光全开的情况下，也能让学生清晰地看到黑板上的文字。

体育馆照明需要满足各类体育活动的开展，要保证场地内光线充足、无眩光，并且能够适应不同的运动项目和比赛要求。像专业的篮球馆，顶部会安装大功率的金卤灯或者 LED 投光灯，通过合理的布局，将光线均匀地覆盖整个比赛场地。而且灯光的显色性要好，能让球员身上的队服以及篮球等器材的颜色真实呈现，营造出良好的比赛氛围。

对于泛地产来说，优质的灯光照明设计不仅在室内设计领域发挥作用，提高居住和使用的舒适度，还能通过增强空间的视觉效果和美观度，显著提升项目价值。

一是，提升室内设计品质。通过重点照明强调艺术品或家具的特色，背景照明则能营造温馨的氛围。室内不同空间需要不同的照明，如客厅需明亮柔和光线，厨房需明亮工作灯光，卧室则需柔和照明以助放松和睡眠。灯具的选择和布局也至关重要，吊灯、筒灯、壁灯和台灯等不同类型的灯具，通过合理搭配与布局，既满足功能性需求，又兼具装饰效果，如客厅中吊灯搭配筒灯和壁灯，卧室中床头灯和落地灯共同营造舒适环境。

二是，增强项目综合价值。通过合理灯光布局与效果设计营造独特视觉效果和氛围，可提升项目整体美感与艺术价值，如在小区设置照明设施营造居住环境、建筑外观融入灯光元素增强立体感层次感。同时，灯光能增强客户购房体验，营造温馨舒适的氛围使客户放松愉悦，促进购房决策形成。灯光可引导客户视线，突出重点部位与特色元素，帮助客户理解空间布局与设计理念，提升购房意愿。

三是，塑造项目品牌特色。灯光设计是塑造房地产项目品牌特色的重要手段，凭借独特灯光效果和风格打造独特品牌形象与识别度，如高端住宅采用豪华精致灯光设计展现高品质尊贵感，注重生态环保项目采用节能环保灯光方案突出绿色可持续品牌理念。

除了以上灯光对人、建筑、地产三个方面的影响之外，还有三个更深层次的方面：一是，如何对色温、色容差、显色指数、光通量、光效率、照度及眩光指数等指标的最优组合，实现对人、对物的照明达到最优效果，实现预设的特定功能，是一个精细的专业问题，更是如卖油翁一般不断实践、熟能生巧从而达到炉火纯青的过程；二是，灯光如何与"五感"中的其他"四感"搭配协同，相互映衬，实现更多量、更宽泛、更深入的悦人体验和功能，亦是一个考验泛地产人的全新领域；三是，在泛地产的建设过程中，如何将灯光与人这一重要考量因素，连续而有逻辑地运用到设计、建造、营销和运营的全过程中，特别是应用到设计领域的几十个细分专业中，从而形成灯光悦人的一体化思维，就显得更为重要了。

光是空间的灵魂，随着照明技术的持续革新、智能化的进步、绿色照明理念的提升以及人性化设计的深化，人们能够营造出更为舒适、美观和环保的照明空间。这不仅提高了人们的生活质量，也促进了社会的可持续性发展。展望未来，灯光将继续扮演关键角色，为人类的生活带来更多美好的体验。

# 精益室内设计的 10项原则

- 主题续室内，客群入生活。
- 宋意简约法，格调超酒店。
- 风水绕人文，眼镜落四边。
- 明暗深浅跳，色彩灯光伴。
- ＬＤＫＧＢ，去墙立岛炫。
- 三卫主三分，全能卧室选。
- 善用三新俱，数智集各商。
- 燃气和水电，爱老护幼点。
- 竞品卷为王，匠心铸锋芒。
- 贯立面景观，点睛收于软。

# 第三节 气味、城市与悦人

早在古希腊时代，亚里士多德便将气味识别当作人类的重要感官。气味作为一种无形的存在，却在人们的日常生活中扮演着重要的角色。从心理学的角度看，气味能够触发记忆、影响情绪甚至改变行为。在城市研究中，气味被视为城市身份和文化的一部分，影响着人们对城市空间的感知和体验。在商业品牌、建筑设计、家居环境及个人健康等领域，气味都发挥着巨大作用。

气味的化学和生物学基础由有机化合物的分子结构、挥发性以及人类嗅觉受体的相互作用共同决定。

气味由挥发性有机化合物（VOCs）引起，这些化合物在空气中传播，被人的嗅觉系统所感知，如果某个化合物容易挥发，那么它散播到周围空气中的分子就会多，人在呼吸时鼻腔就特别容易捕捉到这种物质的分子。而化合物的分子结构决定了它们的气味特性，如酯类化合物通常具有果香，而硫化合物则可能具有不愉快的气味。

人类的嗅觉系统由鼻腔内的嗅觉受体细胞组成，嗅觉受体细胞位于鼻腔的上皮组织中，对气味分子的识别是通过与特定的受体蛋白结合实现的，这些受体蛋白对特定的气味分子具有高度的特异性，当它们与气味分子结合时，会触发一系列的信号传导过程，最终导致神经信号的产生和传递。

同时，一个嗅觉受体能结合一组气味分子，一种气味分子又能激活多个嗅觉受体。因此，通过嗅觉受体和气味分子的多重组合，理论上能够区分出的气味可以多达万亿种。

嗅觉是人类所有感官中最敏感的，也是与记忆和情感联系最密切的感官。

嗅觉是一种凭直觉反应的感觉，不像视觉与听觉，需要借助大脑的理解与分析。研究证明，嗅觉记忆的准确度比视觉高一倍，人们回想 1 年前的气味准确度为 65%，然而回忆 3 个月前看过的照片，准确度仅为 50%。

对于这种特定的气味能够唤起与之相关记忆的现象，被称为普鲁斯特效应。这一效应的发现源于 20 世纪法国作家马塞尔·普鲁斯特在其作品《追忆似水年华》中的描述，他通过品尝一块玛德琳蛋糕时所感受到的气味，回忆起了童年的往事。现代心理学研究也证实了气味与记忆之间的这种联系，研究表明，气味能够激活大脑中与记忆相关的区域海马体，从而触发记忆的重现。

然而，人类每天吸气和呼气超过 20000 次，但不是每次呼吸都会触发气味与记忆的联系，这是由于人脑存在一个过滤机制，对空气中的许多气味进行了过滤，接受记忆中的气味感受点。如我们自己家中的气味是习惯了的熟悉的气味，通常只有当家中的环境或物品发生变化时，人们才会意识到气味的存在，只有当气味强烈、陌生或暗示时，人脑才会记录它们。

此外，气味对人的情绪也有着显著的影响。某些气味能够引发积极的情绪反应，如薰衣草的气味通常会令人放松和减轻压力，而其他气味如腐臭则可能引起厌恶和不适。这种情绪反应的产生与大脑中处理情绪的区域"杏仁核"的活动有关，气味分子通过嗅觉受体细胞传递的信号，能够直接影响这些情绪相关的脑区，从而引发相应的情绪反应。

第六章
泛地产中的
其他精益

气味还能够影响人的行为。如某些气味能够提高警觉性，而其他气味则可能促进放松和睡眠。在工作环境中，清新的气味如柠檬或薄荷可以提高工作效率，而在卧室中，温暖的香草或肉桂气味则有助于促进睡眠。这些气味通过影响情绪和认知状态，进而影响人的行为选择。

以上，每个人都有自己熟悉的气味，基于气味对人的记忆、情绪、行为的影响，人们行走在城市当中，随时随地都在被各种各样的气味所包围，公园的花香、马路上的汽车尾气、图书馆的书香、商业中心的香氛，每一种气味经大脑处理后都代表了城市生活的一个场景。

气味隐匿在忙碌嘈杂的大千世界中，它构成人们周围的环境，反映当下的状况，串联起人们对一座城市的回忆，当气味可视化便有了城市气味的概念。

国外学者较早意识到了城市气味的重要性：

英国"感官艺术家"凯特·麦克莱恩（Kate McLean）在气味城市研究领域做出了重要贡献。她提出了"嗅觉景观"，通过绘制城市的"嗅觉地图"彰显气味在城市生活中所扮演的角色。

> 凯特·麦克莱恩通过组织气味漫步活动，引导人们用嗅觉探测和感知不同区域内的不同气味，并对这些气味进行描述和记录。收集到的数据被合成为"嗅觉地图"，成为对每个地方感知到的"嗅觉景观"的美丽的视觉翻译。
>
> 嗅觉地图是一种将嗅觉与视觉结合，用可视化工具来呈现气味的方式，向人们传达一种改变的感官视角，并呼吁人们以一种新方式在物理上重新体验城市生活，重新定位感官。

她认为，气味是城市的重要特征之一，能够帮助人们理解世界，揭示原本隐藏的城市文化习俗，并使城市环境体验更加完整。通过将气味这种通常难以捉摸的感官体验具体化，引导人们去重新认识那些常常被忽视的气味以及城市中那些隐秘的特质。例如：

> 纽约的气味是"一种温暖而略带潮湿的酒窖香气"，这种气味让人联想到纽约的历史沉淀和繁华都市的复杂性。
>
> 阿姆斯特丹的气味是"运河水的清新、咖啡的浓郁以及甜华夫饼的诱人香气"的混合，这些气味交织在一起，体现了这座城市的水城特色和悠闲的生活氛围。
>
> 爱丁堡的气味特色被描述为"从当地啤酒厂飘散出的麦

芽香气"，这种香气不仅让人感受到城市的工业历史，也体现了苏格兰威士忌文化的深厚底蕴。

凯特的城市气味理论还揭示了气味在城市规划中的重要性，城市气味对街区品质、街道活力和商业布局等均有影响，将城市气味研究纳入城市规划和运营管理工作，可以增强城市意象、提高城市空间品质、增加居民幸福度。

相较国外，我国对城市气味的科学研究起步较晚。

过去我国对气味的研究主要关注于空气质量和水体恶臭等环境应激源上，很少将气味作为人体空间感知进行考量。直到近十年内，国内才有高校开始对城市气味进行较大规模的系统性研究。

如 2017 年，清华大学建筑学院团队参考凯特的城市气味理论等国外研究，对北京旧城的气味进行了分类。

北京旧城的气味分为食物、自然、城市生活排放、城市建设、动物、汽油与尾气、医药、烟草、人造香气、其他共十大类，并适当细分为中类和小类，以指导下一步的气味地图绘制。根据气味分类，绘制出旧城内的气味地图与城市气味浓度地图。旧城中气味源点多，各种 POI 点位都对城市的街道产生了影响，每条街道都有着丰富的气味层次。

通过将城市气味图、城市气味浓度对应地落到北京城市街道地图中，可以发现，居民对气味的喜好、不同气味的浓度与城市街道地图之间存在着密切的关联性。

如筛选出北京旧城中为人喜爱的气味。发现这些地区能体现旧城的特色，对旧城品质与活力的展示具有参考意义。若对应到街区街道，后海、南锣鼓巷、西单、王府井、天坛等地区具有适宜的步行空间和丰富的街道气味。

筛选出北京旧城中令人讨厌的气味。发现这些地区影响了旧城的街区品质，因为，机动化带来城市气味品质的下降。交通尾气的排放、城市装修、交通枢纽的人流密集处，都是街道气味景观降低的关键因素，这些气味限制了人们在街道空间上的停留、交往与互动。

由此可见，城市规划者可以利用城市气味设计更加宜人的城市空间，如通过种植特定的植物改善公共空间的气味环境。城市规划中的气味考虑不仅限于改善空气质量，还要创造悦人的感官体验，参照气味的流动方向设计街道，或者通过气味平衡人行道和车行道的规划，还可以参考嗅觉地图，规划出包括运动、观光、文化等不同主题的游览路线，以引导人们获得更好的出行体验。

研究城市气味还有什么意义？

一方面，气味是城市身份的一部分，能够反映城市的文化和历史。如巴黎的面包香、京都的樱花香，这些气味成为城市文化的一部分，也是城市身份的象征。城市气味的研究可以帮助人们更好地理解城市的文化特色和历史背景，也为城市规划、城市品牌和旅游推广提供了新的视角。

另一方面，对城市气味进行延展，每一座城市，每一个品牌，每一座建筑，每一个空间，每一个家庭，乃至每一个人，都可以通过气味赋予与众不同的意义和温度，实现气味对品牌、建筑、空间与人的情感链接，具体包括：

（1）气味与商业品牌。

对于商业品牌来说，气味特别是空间香氛，可以通过改善空间环境为企业带来直接或者间接的经济利益提升，帮助企业塑造品牌专属嗅觉 Logo。通过气味设计专属的代表品牌的独特性格内涵，找到消费者与品牌之间的情感纽带，给消费者带来独特的产品体验，刺激消费者的感官兴奋点，引导消费者的购买偏好，就能提高消费者对品牌的认同感和忠诚度。如乘坐新加坡航空公司班机的每一位旅客都可以感受到一种特制香味，名为"Stefan Floridian Waters"，这是一种经过特别设计的香味，令人印象深刻，与新加坡航空公司形象紧紧锚定，并已被注册成为新加坡航空公司独一无二的商标。

（2）气味与建筑设计。

建筑设计也可以考虑气味元素，通过设计策略控制和优化建筑内部的气味环境。气味设计不仅要控制和减少不良气味，还要创造愉悦的气味体验。如通过合理的通风设计和使用气味控制技术，可以减少建筑内部的异味。同时，通过在建筑内部使用具有特定气味的建筑材料，如芳香气味的香樟木、松木等或使用花朵等植物，可以增强建筑的主题和氛围，在图书馆中使用书香，在酒店中使用清新的花香等香薰系统正是这个道理。加香方式上可以采用中央空调管道或新风机管道安装香薰系统效果最好。

此外，有别于某些五星级酒店对独特香型的追求，商场是一个受众范围相对广泛的建筑空间，追求大众的普遍接受度，其香型需要独特但辨识度不能过高的中庸香味。

（3）气味与建筑文化。

气味可以反映建筑的历史和文化背景。建筑的气味设计要融入当地的文化元素，使用当地的植物和材料创造具有地方特色的气味环境。如亚洲的寺庙可能会使用檀香和沉香营造宁静和神圣的氛围，而西方的教堂则可能使用蜡烛和香薰增强宗教仪式的感官体验。如西雅图大学圣依纳哥教堂在设计中，蜂蜡被涂在墙壁上，使空气中弥漫着香甜的气味，为祷告环境营造了一种舒适的氛围。

（4）气味与地产。

地产的价值不仅取决于其物理特征，还受到气味环境的影响。一个清新、健康的气味环境可以增加房产的吸引力，提高其市场价值。特别是地产营销中，可以利用气味学的原理，通过创造悦人的气味体验潜移默化地影响客户。如在展示区和样板间中使用香薰或植物营造宜人的气味环境，一方面，提升购房者的购房体验和满意度；另一方面，按照嗅觉记忆可以驱动客户行为的原理，香氛可延长消费者在空间内的逗留时间，更吸引消费者深入了解产品，有助于成交意愿的提升。此外，房地产的广告和推广也可以强调房产的气味环境优势，如"清新空气""自然花香"等，以吸引潜在买家，增加成交欲望。

（5）气味与家居。

家居设计考虑到气味元素，通过选择适当的材料和装饰创造舒适的居住环境。家居设计中的气味设计不限于消除不良气味，如使用低挥发性质的油漆和天然材料的家具可以减少室内污染；也可以引入令人愉悦的气味提升居住体验，如室内植物或精油扩散器的添加可以为家居环境带来清新的自然气息；同时，也可以在装饰风格中融入相应的香氛，以增强整体的感官体验，如现代简约风格的家居可能适合清新的柑橘或薄荷香，而传统风格的家居可能更适合温暖的香草或木质香。此外，随着科学提炼技术的发展，香味与家居纺织品的结合应用变得更加广泛。如英国苏格兰的花呢生产商和威士忌酒酿造商联合研发了一种新型"哈里斯花呢"（Harris Tweed），名为"Aqua Alba"，该产品通过微胶囊芳香整理技术，使织物能够持久地散发出威士忌酒香。

（6）气味与个人健康。

气味对个人健康的影响，包括气味疗法对身心健康的潜在益处以及气味在医疗和护理中的应用。有研究表明，气味感知与暴饮暴食和肥胖密切相关，而暴露某些与食物相关的气味会导致人们，尤其是那些超重的人吃得更多。一方面，可以使用气味触发吃更多的欲望，提高食品消费和销售；另一方面，可以减少饥饿的感觉，加上营养计划等其他干预，有助于限制暴饮暴食，促进减肥。而对于医院和学校等场所中的特殊群体，则需要更加严格的气味控制措施，医院需要控制消毒剂和清洁剂的气味，以减少对病人和医护人员的刺激；学校则需要创造清新、健康的学习环境，避免刺激性气味对学生健康和注意力的影响。

综上所述，气味学是一个跨学科的研究领域，它不仅包含化学和生物学的基础知识，还与品牌建设、建筑设计、房地产和家居环境等领域有着密切的联系。在泛地产行业中，气味设计有可能成为一个新兴的职业方向。这要求气味设计师不仅要精通各类香料和香味，还要能够将嗅觉与其他感官（如视觉、听觉、触觉、味觉）相结合，创造出愉悦的体验。此外，他们还需要了解品牌、建筑、设计和人文等方面的知识。通过深入研究气味对人类的影响，气味设计师可以更好地应用气味学的原理，提升人们在生产、生活和生态环境中的体验和质量，进而通过精细化管理推动泛地产行业的全面发展。

## 第四节　声音、心理和建筑

声音在物理学中定义为由物体振动产生的声波，通过空气、固体或液体等介质传播并能被人或动物听觉器官所感知的波动现象。

从声音的定义可以看出，声音的核心价值在于服务人类的听觉感官——耳朵，这便决定了声音作为学科（声学）在科学研究与实际应用中的独特性。

初期声学的重要性并未得到充分的认识，尽管声学与人息息相关，但人们往往更关注那些直接可见、可量化的技术进步，而忽视了声音这种难以直观感受和量化的感官体验。

然而，随着制造业的快速发展和以人为本的生活方式的文明进步，人们逐渐开始意识到，人类"五感"的主观感受和愉悦舒适性是不可或缺的考量因素。这一转变使声学开始受到重视，声学开始从最初在音乐领域的初步应用，到后来在电子电器、海洋探测、建筑设计、环境保护、汽车制造、铁路运输、航空技术乃至医学诊断、地震监测和语音交互等多个领域的广泛应用，声学已从一个物理学的分支，逐渐成长为与现实生活紧密相连、具有极强的交叉性与延伸性的重要学科。

心理学正是由此被引入声学并发展成为心理声学。

与视觉、味觉、触觉等其他感官相比，用于精确描述听觉感受的词汇显得相对有限。在专业音频领域尤为有限，人往往难以将主观评价和客观评价截然分开。

客观评价主要依赖于可量化的参数，如频率、电平和频谱等。这些参数可以通过专业的测量工具进行精确测定，从而为音频工程师提供客观、可靠的评估标准。例如，通过频谱分析仪，可以直观地看到音频信号的频率分布；电平测量则能准确地反映声音的强弱。

主观评价更多地依赖于个人的听觉感知和心理反应。虽在一定程度上可以通过专业术语进行描述，但它们的真正含义往往取决于听者的主观感受，这些感受不仅受到个人听觉系统的生理结构影响，还受到文化背景、听觉经验以及当前心理状态等多种因素的制约。

心理声学正是这样一门学科，它专注于研究这些主观范畴（如对听觉的感知）以及它们与客观范畴之间的关系。通过深入研究人类听觉系统的生理机制和心理过程，心理声学试图揭示声音的物理特性如何被大脑转化为感知体验，以及这些感知体验如何进一步影响人们的情感和行为。

心理声学通过什么指标定义声音的"好坏"？

人们能够清晰地发现噪声会令人不舒服。世界卫生组织曾明确指出，噪声已然成为对人类健康危害程度仅次于心脏疾病的"第二杀手"，不仅仅是高噪声级别的声音会让人感到烦躁不安、听力受损，实际上声音所具备的各种属性如音高、音色、响度乃至声音的节奏和韵律等，都会在不同程度上对人的心理和生理状态产生诸多影响。

为此，确定声音是令人厌烦还是令人愉悦的，心理声学给出了六个主要指标，包括：音高、响度、锐度、音调度、持续时间、粗糙度。

非量化地看，音高方面，高音调的声音，可能会使人紧张、兴奋，如在一些激烈的体育赛事现场，高音调的助威声、呐喊声此起彼伏，身处其中的观众很容易被氛围带动，情绪变得高涨；而低音调的声音，常常会给人沉稳、压抑的感觉，在一些悬疑类的影视配乐中，低沉的音效适时响起，就能瞬间营造出神秘莫测、紧张凝重的氛围。音色方面，悦耳动听、纯净的音色，如钢琴的清脆音符、鸟儿的鸣叫声，往往能让人心情愉悦，舒缓压力，放松身心；而那些嘈杂、刺耳的音色，比如用尖锐物体划过玻璃表面发出的声音，会让人瞬间感觉不适，甚至生理上还会起鸡皮疙瘩。此外，响度的影响、声音的节奏与韵律等方面的影响也是不胜枚举。

　　量化地看，心理声学实验中，听众被要求评估声音的不同方面，如音高和音色，为了量化这些结果，利用统计分析方法为声音感知进行建模。虽然现代科技可以客观地观察大脑中的物理和化学变化，但想测量人类大脑对声音的反应依然不是那么清晰可见。因此，迄今为止，仅有响度等少数指标通过建模等方式形成了国际计算标准，每个心理声学参量也都有多重计算模型。

　　然而，随着技术的进步越来越多的行业将心理声学作为一项重要工具，通过某些工程软件，使用数学和计算方法进行人类大脑处理声音的仿真，纵然它们无法说明感知的所有细微差别，但这些模型可以帮助预测在不同条件下声音的体验方式，并识别听觉掩蔽等因素，从而为工程师优化设计提供参考。

　　音乐和电影制作、车辆工程、建筑与环境设计、通信设备等各个领域的工程师们，也都在依靠心理声学或量化或非量化地为他们提供信息，即声音将如何影响其设计的体验方式。汽车工程师利用心理声学增加跑车加速时的刺激感，通过合理的隔声、吸声设计，能够让驾驶室内部保持相对安静，让驾驶者可以更加专注、舒适地驾驶；土木工程师则用它了解高速公路的噪声会如何影响附近公园游客的愉悦感。

　　建筑声学与心理声学是声学领域中互为支持的两个分支。类似于心理声学是研究声音对人的心理和生理影响的学科。在建筑领域，建筑声学是研究建筑环境中声音传播、评价和控制的一门学科。

现代建筑声学的奠基人是美国物理学家华莱士·萨宾（1868—1919），他得出了著名的混响时间计算公式——萨宾公式。建筑声学自诞生以来便承载着极为重要的研究价值，历经漫长岁月，直至今日，它是声学研究领域里不容忽视且至关重要的课题。

从时间线的角度对建筑声学进行梳理划分，大致可以分为五个阶段：

第一个阶段：1930年之前，物理声学到建筑声学的初步成型阶段。

在早期，物理学家们对声音的基本物理特性，如声音的产生、传播、反射和折射等原理进行了深入的探索和研究，随着人们对室内空间环境中声音效果关注度的不断提升，这些声学基础理论逐渐开始应用到建筑领域，建筑声学也由此慢慢有了雏形，一些简单的关于室内声学优化的理念和方法开始出现。

第二个阶段：1930年至1960年，早期科学探索阶段。

随着科技的进一步发展以及建筑行业的日益繁荣，越来越多的专业人士开始投身到建筑声学的研究当中。他们尝试运用新出现的科学技术手段和测量工具，对不同类型建筑空间内的声学现象进行更为细致的观测和分析，不断积累数据，探索如何通过改变建筑结构、材料等因素改善声学效果，虽然当时的技术手段相对有限，但也为后续的深入发展奠定了坚实的基础。

第三个阶段：1960年至1980年，参数化阶段。

计算机技术开始崭露头角并逐步应用到各个领域，建筑声学也受益于此。专业人员能够借助计算机的计算能力，对建筑声学中的各类参数，比如不同材料的吸音系数、空间的混响时间等进行更为精准的量化分析，通过建立各种数学模型，模拟不同建筑设计方案下的声学效果，进而更加科学地指导实际的建筑声学设计工作，使得建筑声学的设计有了更为系统和量化的依据，应用范围也得以进一步扩大。

第四个阶段：1980年至今，数字化时代。

计算机技术在这期间得到了突飞猛进的发展，各类专业的声学模拟软件应运而生，设计师们可以利用这些软件，在电脑上轻松地构建虚拟的建筑空间模型，并进行高精度的声学模拟运算，直观地呈现出声音在建筑内部的传播和反射等具体情况，而且还能够快速地对不同设计方案进行对比和优化，极大地提高了建筑声学设计的效率和质量，让建筑声学真正进入了数字化、智能化的发展阶段。

第五个阶段：1990年至现在，"可听化"阶段。

随着音频和虚拟现实技术等相关领域的技术突破，如今不仅能够通过电脑模拟看到声音在建筑中的传播情况，甚至还能通过特殊的音频设备，让人提前听到建筑建成后可能呈现出的实际声学效果。比如在建筑还处于设计图纸阶段时，设计师就可以借助相关技术，让业主或者使用者提前体验到未来空间里的声音环境，以便及时做出调整和优化，这无疑为建筑声学设计提供了一种全新的、更为直观有效的验证方式，推动着建筑声学朝着更加人性化、精细化的方向持续发展。

如今建筑声学已发展为一个宽泛的学科，主要包括建筑物声学和室内声学两大研究领域。

建筑物声学，主要是从宏观角度研究建筑结构体整体与声音相互作用的一门学科领域。它着眼于建筑在规划、设计、建造以及所处环境等方面对声音传播和分布等产生的影响。涉及建筑外形、建筑选址及与环境布局关系等多方面。

建筑外形方面。不同的建筑外形决定了声音在其周边及内部的反射、折射和衍射等传播特性。例如，矩形的音乐厅，其四个墙角容易使声音产生聚焦现象，导致声音能量在局部过度集中，而其他区域声音又相对较弱。悉尼歌剧院独特的帆船造型，其不规则的曲面使得声音在建筑外部和内部的反射路径变得复杂多样，经过精心设计后能让声音更为均匀地散布在演出空间内，避免出现声音分布不均的情况。

建筑选址方面。建筑物所处的地理位置对于声学效果的影响显而易见。例如将学校、医院或者居民区等对安静环境要求较高的建筑建在机场、火车站、工厂等噪声源附近，外界的嘈杂声会大量传入建筑内部，干扰室内正常的声学环境，即便建筑内部的声学设计做得再好，也难以保证理想的安静氛围。

建筑周边环境布局方面。建筑周围的其他建筑物、自然地形以及绿化植被等都会与声音产生互动，进而影响目标建筑的声学状况。比如，一片密集的树林可以作为天然的隔声屏障，吸收和散射一部分外界传来的声音，减少噪声对建筑内部的干扰。相邻建筑之间如果距离过近，且墙面材质光滑，声音就可能在它们之间来回反射，形成回声干扰。

室内声学，聚焦于建筑内部空间环境中声音的传播、反射、吸收以及混响等具体声学现象，并通过各种手段营造出符合特定需求的理想声学效果。其核心在于如何让声音在室内空间中达到最佳的表现，满足人们在该空间内进行不同活动时对声音环境的要求。涉及界面材料、空间形状与尺寸、内部构造与设施布局等方面。

界面材料方面。室内墙壁、天花板、地面等各个界面，所选用的材料直接决定了声音的吸收与反射情况。例如，木质材料相较于混凝土材料，通常具有更好的吸音和声音扩散效果，在一些小型的音乐工作室中，使用木质墙面和天花板，能够让声音听起来更加温暖、柔和，避免声音过于生硬和产生过多回声。

空间形状与尺寸方面。室内空间的形状和尺寸对声音的传播和分布起着关键作用。狭长形的会议室可能会导致声音在传播过程中产生明显的近端和远端声音强度差异，影响后排人员听清楚发言内容；影剧院等空间往往会采用特定的长宽高比例，配合合适的内部构造设计，优化声音的传播路径，使各个座位区域的观众都能享受到优质的声学效果。

内部构造与设施布局方面。室内的构造细节以及家具、设备等设施的摆放也会影响声学效果。如在电影院银幕后方的空间构造、音响设备的安装位置以及座椅的排列等都会与声音相互作用，音响的布局要遵循声学原理，合理分布在不同位置，形成立体环绕声效果，让观众仿佛身临其境。

总之，建筑物声学和室内声学相辅相成，前者侧重于建筑整体的宏观层面，后者聚焦于建筑内部的微观环境，对二者的研究共同服务于创造良好的建筑声学环境这一目标。

建筑声学如何实现悦人？

一方面，建筑声学通过设计呈现的声音、音乐、语言等，创造出和谐与优美的听觉效果，如轻松、愉悦、激昂、庄严等；另一方面，为了达成建筑声学采用的不同材料、颜色、形状、纹理等，创造出丰富和多样的视觉效果。听觉氛围和视觉美感二者交相辉映、相得益彰，乃至辅以嗅觉、触觉和味觉所呈现的美学，即悦人的建筑声学。

（1）结合风格流派营造的悦人。

无论是古典风格、现代风格还是地域特色的建筑，都可以将声音与视觉元素按照该风格的理念进行统一协调。以古典风格建筑为例，在设计歌剧院时，会采用古典的柱式、穹顶等建筑元素，这些元素在美学上展现出了优雅、庄重的古典韵味。同时，在声学设计上，穹顶的弧度和构造可以经过精心设计优化声音的反射和混响，柱式的排列也可以对声音起到一定的扩散和引导作用，使得建筑在外观和内部声学效果上都符合古典风格的整体要求，使人们仿佛穿越回古典时期，感受到古典艺术的魅力。

（2）结合空间层次营造的悦人。

有层次感的空间可以同时服务于声音和视觉需求。在一些大型的艺术建筑中，会设计多层的挑台、回廊等空间结构。从声学的角度，这些错落有致的空间层次可以对声音起到多次反射和扩散的作用，增加声音在空间内的混响效果，使声音能够在不同层次的空间中回荡，营造出宏大、磅礴的听觉氛围；从建筑美学的角度，多层的空间结构增加了建筑的立体感和纵深感，人们在建筑内部走动或是从外部观看时，视线会随着这些层次而不断延伸和变化，形成丰富的视觉体验，仿佛置身于一个充满艺术气息的立体空间画卷之中，增添了建筑整体的观赏性和艺术价值。

（3）结合材料运用营造的悦人。

将不同声学特性和质感的材料进行搭配使用，可以在声学和美学上都产生独特的效果。例如在一个现代风格的会议室设计中，将光滑的金属材质与多孔的吸声板材相结合。金属材质表面光滑，对声音反射能力较强，可用于特定区域引导声音的传播方向；而吸声板材则用于吸收多余的声音，控制混响时间。从美学角度，金属的冷硬质感与吸声板材的柔和质感形成鲜明对比，再搭配不同的色彩，营造出一种现代、时尚且富有层次感的空间氛围，使整个会议室既有满足交流需求的良好声学环境，又具备独特的视觉冲击力。

（4）结合采光设施营造的悦人。

通过控制光线的投射角度、强度以及光影的变化，可以与建筑内的声学环境相互呼应，营造出特定的氛围。例如在教堂建筑中，彩色玻璃窗户透进来的斑驳光影，配合着教堂内部高大空间中声音的回荡，营造出神圣、庄严的氛围。从声学角度，教堂的空间设计使得诵经、唱诗等声音能够产生悠长的混响，增强了宗教仪式的神圣感；而光影透过彩色玻璃形成的绚丽效果，从视觉上进一步强化了这种庄严神圣的氛围，让建筑的声学和美学在这种氛围的营造中达到了高度统一。

可以预见，声音、心理和建筑是如何建"好房子"的重要内容，将成为中国泛地产的下一个高地。这需要理论界、学术界和行业的前行者们，汇集建筑设计、室内设计，声学、声场与心理学和营销等多专业，进行一次时代性的交叉研究，以便适应文明进阶的要求。

综上，声学不仅是一门古老而深厚的学科，更是一门充满活力、不断创新的前沿科学。它关乎人们的听觉健康、生活质量乃至整个社会的文明进步。推广和普及声学知识显得尤为重要，通过加强声学教育、提高公众对声学的认知度，可以更好地利用声学技术改善生活品质、推动科技进步，使这门古老而又充满活力的学科进入寻常百姓家，在更广阔的领域里发挥更大的作用。

# 精益软装设计
## 8项原则

- 文明引方向，内外软连贯。
- 美学定格调，客群定适配。
- 明暗与深浅，跳色呈亮点。
- 比例构层次，节奏显韵律。
- 主次明焦点，过渡隐天然。
- 环保贯始终，善于用三新。
- 工艺塑细节，材料并质感。
- 文化赋底蕴，自然取灵感。

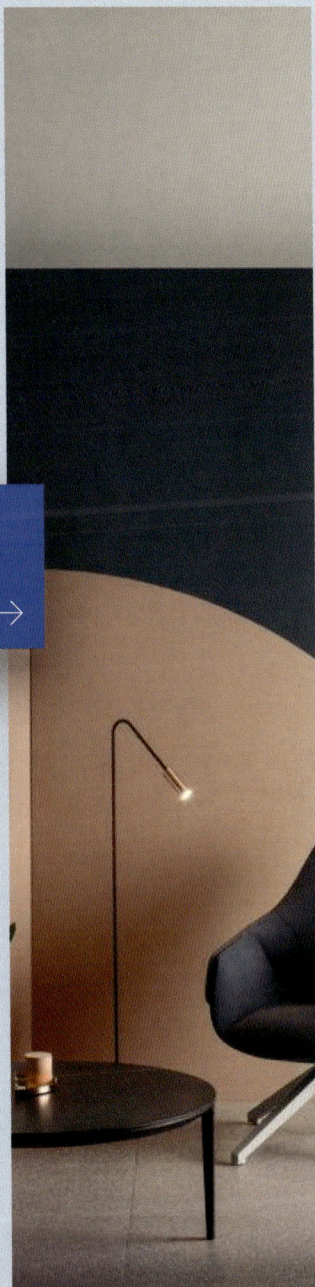

→

# 第五节　树木、花卉与芳草

人类是从自然中走来的，亲近自然是人的天性。人类创造了城市，但城市的产生又隔断了人与自然的联系，所以人们要在城市中种植物来营造"自然"，这就是城市园林绿化产生和存在的根本原因。

城市园林绿化常用的树、花、草等植物种类有 300 多种，因其自然风貌、花叶外观和色彩韵律之美而被人们喜爱。

不同的植物被用于表达不同的意境和文化内涵，达到烘托场景氛围的作用，如品节高雅的梅、兰、竹、菊，出淤泥而不染的莲花，苍劲有力的松柏等，都在居住区中得到广泛利用。

房地产经过多年发展，园林绿化已经成为人们除工作和居住场所之外的"第三生活空间"，并逐步在居住区园林绿化的植物造景上形成了五个基本原则。

统一原则，通过多种植物在外形、色彩、质感和比例上存在的差异和变化显示景观的多样性，同时注意保持整体上的相似性和统一感，营造生动活泼、和谐统一的群落美。

调和原则，植物景观营造时，注意植物与植物之间、植物与其他造景要素之间的相互联系与配合，通过近似性与一致性产生舒适的协调感、变化性与差异性形成强烈的对比感，突出主题。

均衡原则，将体量、质地各异的植物种类按照均衡的原则进行配植，形成相对稳定的景观布局。

韵律和节奏原则，一种植物等距排列称为简单韵律；乔灌相间排列或带状花坛中不同花色分段交替重复，产生交替韵律；园林景观中连续重复的部分，作规则性逐级增减变化形成渐变韵律。

意境美原则，情和景虽为两种概念，实则不可分离，景生情，情生景。植物造景可以达到借植物独特的形、色、味、声、韵表达和寄托人的思想、意志及品质的目的，寄情于景，触景生情。

为了实现不同的意境美感，居住区树木惯常的配置手法主要有孤植、对植、列植、丛植等。

孤植，主要表现树木的个体美，包括树冠、颜色和姿态等。孤植树多为主景树，一般株形高大，树冠开展，树姿优美，叶色丰富，开花繁茂，香味浓郁。孤植树的构图位置应突出，常配置于大草坪、林中空旷地。在古典园林中，假山旁、池边、道路转弯处也常配置孤植树，力求与周围环境相调和。所以孤植时一般选择树形高大、姿态优美的可观花、观叶或者观果的植物。

对植，两株或两丛相同或相似的树，按照一定的轴线关系，使其互相呼应的种植形式。常用于园门、建筑入口、桥头、假山登道等视觉突然收窄的空间。树种一般选择整齐优美、生长缓慢的树种，以常绿树为主。在自然式栽植中，也可以用两个树丛形成对植，这时选择的树种和组成要比较近似，栽植时注意避免呆板的绝对对称，但又必须形成对应，给人以均衡的感觉。

列植，乔木或灌木按一定株距栽种，栽种有单行、环状、错行、顺行等多种排列方式。多用于道路、地下管线较多的地段、公路、铁路、城市广场、大型建筑周围、防护林带、水边种植等。列植宜选用树冠体形比较整齐的树种，形成的景观比较整齐、单纯、有气势，可起到夹景的效果。此外，列植宜选用枝叶繁茂的同种树种，如圆形、卵圆形、倒卵形、椭圆形、塔形、圆柱形等。

丛植，将两三株到一二十株的树不规则近距离地散植在绿地中，形成疏林草地的景观效果。树丛常布置在大草坪中央、土丘、岛屿等地作为主景或草坪边缘和水边作点缀；也可布置在园林绿地出入口、路叉和弯曲道路的部分，引导游人按设计路线欣赏园林景色；可用在雕像后面，作为背景和陪衬，烘托景观主题，丰富景观层次，活跃园林气氛；运用写意手法，几株树木丛植，姿态各异，相互趋承，便可形成一个景点或构成一个特定空间。

在树木搭配上，还要注意上、中、下层的植物数量及疏密搭配，突出每种植物的形、色、香、韵等独特的美感特征，使植物空间在四个季节都有可观的风景，具体包括：

以阔叶树木为主：居住小区是人们生活、休息和游憩的场所，应该给人舒适和愉快的感觉；但在中国传统美学中，针叶树的松柏给人的是庄严、肃穆感，所以小区内应以种植阔叶树为主，在道路和宅旁更为重要。

养护管理简单：选择生长健壮、管理粗放、少病虫害、有地方特色的优良树种。可种植宿根、球根花卉及自播繁衍能力强的花卉，既能降低成本，又能获得良好的观赏效果，如美人蕉、芍药、葱兰、波斯菊、虞美人等。

丰富植物种类：要考虑四季景观及绿化效果，采用常绿树和落叶树，乔木和灌木，速生树和慢长树，重点与一般相结合，不同树形、色彩变化的树种的配置。种植绿篱、花卉、草皮，使乔、灌、花、篱相映成景，丰富美化居住环境。

多种攀缘植物：绿化建筑墙面、各种围栏、矮墙，提高居住区的立体绿化效果，并用攀缘植物遮蔽丑陋之物。如地锦、五叶地锦、凌霄、常春藤、山荞麦等。

选择有小果、小种子的植物，招引鸟类：栽植一定数量的结果实和种子的植物，能模拟出自然景观，引来鸟类，形成鸟语花香的环境，如：李类、金银木、苹果类、菊类、向日葵、柳树、串红类等。

此外，为了最大化发挥植物的景观特性，打造生态自然的居住区景观，还要考虑五个结合。第一，低成本的树木与高成本的树木做好搭配；第二，速生林与中生、慢生林搭配；第三，小区外围的降噪树和隐私围栏的树要结合发挥作用；第四，观赏与遮阴树木的结合；第五，针叶林和阔叶林的选择与地域和气候的结合。

居住区花卉的配置与树木基本相同，也要考虑因地制宜，四季有花，就地取材，低成本、易养殖种植，耐旱、耐寒、花期长甚至一年多季的品种以及还要考虑花朵形态颜色的喜庆，赏心悦目，做到以花悦人。

比如在北方，春天可种植迎春花、桃花、海棠花，春、夏、秋季可种月季和玫瑰花，秋季可种千日红。在中原和长江中下游，花卉种类繁多，所以要聚焦多种当地的"市花"和特色花，比如苏杭地区多种桂花，长沙多种杜鹃、芙蓉、夹竹桃，广东海南地区多种木棉、紫荆、鸡蛋花、三角梅及紫薇花等。

相较于树木和花卉，草的重要性常常被忽略。

在某种程度上，草坪业已成为衡量一个国家社会发展、经济发达和国民文明程度的关键指标。中国工程院院士、中国草业科学奠基人任继周曾说："草坪的面积基本是与人口数量、文明程度和社会发展水平同步增长的，这是不以人的意志为转移的客观规律。"

草除了绿化美化、净化空气、涵养水源和保持水土等生态功能，最重要的功能是提供休闲、游憩、娱乐和运动场地，特别是草在园林绿化中的基本形态——草坪，直接为城市居民提供了亲近自然的场所。

考虑到当前人们普遍对草坪不够重视，因此还要以唤醒与普及为出发点谈一谈草坪。

自二战结束后，草坪已在欧美地区成为一门新兴产业，涵盖了草坪的研发、种植、管理、设施和维护等多个产业链环节，草坪成为环境保护、园林绿化、竞技运动和全民健身必备的元素。

我国草坪产业从 20 世纪 90 年代起步，到 90 年代末迅速发展，在全国大中小城市推广普及。21 世纪初，随着生态环境建设、城市绿化、运动场地建设以及国家经济发展，我国草坪产业进入发展腾飞期。

相较于发达国家，我国草坪业还存在诸多不足，表现在：不重视草种研发，草种选择品类很少，偏暖季型；盲目引进，依赖进口；南北差距较大，因地制宜不足；反复建植及低水平的管理所造成的浪费，严重影响了草坪业的进一步发展；缺乏行业自律，缺少"领头羊"和行业组织。

最直观的差距体现在，当前我国城镇人口户均拥有草坪面积约为15平方米，美国早在20世纪90年代户均拥有草坪就达到800平方米，草坪业与电子技术、生物技术、航天技术等一起，被列为美国支柱产业之一。一块精心打理过的草坪被视为中产阶级的身份名片，能够体现家庭的经济实力和社会地位。美国人对于草坪的维护非常重视，每年购买割草机等设备支出高达90亿美元，草坪的维护和美化成为许多人休闲娱乐的重要方式。

差距之中往往也蕴含着发展机遇，随着人居环境不断改善和我国城市化不断加速，将继续扩大未来我国草坪业市场的需求，大幅促进我国草坪产业的快速发展，居民对草坪的需求也将被彻底唤醒。

居民渴望以芳草"妆点"美好生活，草坪的文化内涵进一步得到丰富和拓展，草坪将文明生活的象征和人类追求天人合一的寄托。

一方面，绿色是生命的底色，园林绿化最讲究错落有致、层次分明，如果一味种树，枝丫密密麻麻，庭院空间被高大树木挤占一空，凭窗远眺，视野受限，心胸也为之郁结。反之，若能多种草坪，草坪不仅可以与其他绿化元素一起和谐共存、有机融合，而且还能增加庭院的视觉通透度，降低园林的郁闭，丰富整体景观的层次和景深。

居民置身翠绿如茵的草坪之上，不仅能让人视觉为之一阔、嗅觉顿时清新豁然，而且能够陶冶志趣，让人安享静谧之感，使脑神经从高度紧张刺激的状态中解放出来，消除紧张和疲劳，特别是满足都市人群回归自然、返璞归真的内心渴望。而且，草坪的整体成本比树木成本要相对便宜一些，所以，少种树、多种草，可以在经济效益、社会效益和人文效益等层面实现多赢。这也是作者近年来一直在业内强调，要少种树、多种草的原因。

另一方面，在源远流长的中华文明史中，以北方草原畜牧业为基础的草原文化也是重要组成部分。中国有五个朝代均靠草原文化建国，草原文化为中华文明增添了勇敢、直率、乐观开朗的底蕴。在当前中华民族伟大复兴的过程中，草原文化的复兴同样意义深远。

当前，越来越多的泛地产企业已经意识到了草坪对于优化居民生活环境的重要意义，开始思考草坪与人类生活方式、人类社会文明的关系，将草坪优化人类美好生活的价值进行充分发挥，如三亚阿那亚项目的社区草坪，不仅通过美化环境和改善生态缓解了居民压力、促进了健康生活，还为家庭野餐、亲子运动会、户外音乐会等活动提供场所，增进社交，培育了社区文化，更带动提升了项目价值。

我国草坪业发展依然任重道远，行业还应加快草坪技术的中国化、民族化、区域化、城市化、客群化的研究工作，在草坪技术的落地实施方面运用精益管理，应把握"六性原则"：先进性、落地性、经济性、系统性、集成性、持续性。同时，要注重草坪技术与其他技术的系统化集成，比如草地与设计、水电、物业、智能、建筑施工、营销等领域的系统化集成。行业更要深刻理解草坪与生活方式、生活品位、人类文明进步的关系。

总之，作为自然与人文的和谐共生体，不论是树、花还是草，不仅美化了人类居住环境，更通过悦人逐渐成为人心灵的一片净土。未来泛地产园林绿化的发展，将会在传统的美学理论、功能理论、环境美化理论、田园城市理论、休闲游憩理论、绿地空间结构理论等的基础上，吸收借鉴环境伦理学、环境心理学和生态哲学等新的观念，以人为本、以人与自然协调为目标，逐渐走向生态、文化、科学和艺术结合的多元化精益道路。

# 精益园林景观设计的
## 10项原则

- 属地适种，城市经典。

- 即时呈现，四季争艳。

- 高低起伏，成林成丛。

- 有护有围，比例匀称。

- 隔离严密，养灌便利。

- 过程调整，现场比兑。

- 主题一致，内外统一。

- 色彩高级，五感悦人。

- 诗情画意，酒店格调。

- 逻辑主题，卷中为王。

# 第六节　交通、环境与人

交通与环境之间的关系，在人类发展的不同时期有着不同的功能定位和使命。

早期，交通主要用来行走，实现人与人之间的连接。后来，随着社会的进步，交通开始承担更多的功能，如运输水电气等。而在如今道路更高级的阶段，交通更多地被用来愉悦人的心灵。

纵观人类历史长河，交通推动着人类文明进程。人类需求和社会生产力进步也促进了交通运输的变革。

交通的起源最早可以追溯到人类的原始社会时期。在这一时期，人们依血缘关系生活在一起，以采集和狩猎为生，活动范围相当有限。然而，由于自然地域和部落群体专长的差异，部落之间开始出现了交换以及为了生存的简单交流，人们开始制造简易的交通工具实现短距离的往来，独木舟和车子的出现为后世交通工具的发展奠定了基础。同时，为了跨越河流，人们还制造了独木桥和梁桥，居住在沿海地区的人们则利用水的特性实现了简单的漂航。为了满足这种交换的需求，自然的道路和人工的道路应运而生，这就是交通的最初形态。随着交易规模的扩大，城市逐渐兴起，道路交通成为城市内部和外部联系的重要通道。

近现代以来，世界科技、文化、政治、经济和生活的方方面面深刻影响着交通的演变，日新月异的科学技术更使得交通不断实现阶段性突破发展。如今全球正迎来新一轮科技革命和产业变革，创新、协调、绿色、开放、共享的新发展理念日益深入人心，交通运输呈现出高速化、重型化、综合化、集成化、高科技化、智慧化、绿色化和品质化等明显的发展趋势。

在城市内部，交通系统不仅仅是简单地输送人和交通工具，它还是一个复杂而精细的网络，涉及地上和地下的水资源等管网管线、人流组织、通信以及各类基础设施的集成。如何优化这一网络，让城里的人们能够更加密切、高效地互动，成为现代城市交通规划的重要课题。

随着社会的不断进步，交通基础设施已经实现了初步的现代化。然而，初级现代化与人的关系、与人的心性和群体的文明如何更好匹配，交通基础设施如何能更好地服务人类的文明、优化人的心性、愉悦人的心灵，成为交通领域亟待解决的问题。例如，交通管理的标识标牌在保证交通安全的前提下，应该更加注重色彩和形状的设计，以更加鲜艳、悦人的方式呈现给交通者。

交通规划、设计和管理也需要与时俱进。不仅要站在运输的视角，更要站在文明进步的视角和旅游者的视角思考问题。交通基础设施应该融合更多的学科专业规划、设计、建设多功能、多主体、多目标的交通体系。运用精益管理的理念，站在交通的终端使用者、行人、驾驶者和旅游者的角度重新思考交通行业的基本问题。以全国各地兴建的旅游公路为例，在建设过程中过于注重交通功能而忽视了旅游体验。路上行驶的车辆和行人往往被行道树、路灯、交通标识标牌等视觉障碍所困扰，无法直接充分欣赏沿途的美景。这反映出交通规划、设计和管理在旅游公路方面还需要进一步加强和改进。

综上，解决之道就是：运用精益管理的理念，坚持以人为本，重塑交通体验；融入城市文化，打造特色交通空间；通过绿色交通，促进可持续发展；发展智慧交通，科技赋能未来出行。

第一，以人为本的交通规划与设计，首先体现在对行人、骑行者及公共交通使用者的重视上。在设计时，不仅要确保交通设施的便捷性和安全性，更要关注其舒适性和愉悦感。通过设置宽敞的人行道、自行车专用道、无障碍设施以及充足的休息区和遮阳避雨设施，为不同出行需求的人群提供友好的交通环境。此外，利用大数据和智能技术优化公共交通线路和班次，减少等待时间，提高出行效率，也是以人为本理念的重要实践。

第二，交通空间不仅是物理上的移动通道，更是城市文化的展示窗口。将城市的历史、艺术和风俗等元素融入交通规划中，可以创造出具有地域特色的交通景观，增强市民的归属感和游客的文化体验。比如，在地铁站内设置艺术墙，展示当地艺术家的作品；在公交站台设计中融入传统建筑元素，体现城市的历史风貌；或是通过灯光、绿化等手段，营造温馨舒适的候车环境，让每一次出行都成为一次文化之旅。

第三，在追求交通效率与人文关怀的同时，绿色交通理念也日益受到重视。包括推广低碳出行方式，如鼓励使用公共交通、骑行和步行，减少私家车依赖；发展新能源汽车，减少碳排放以及通过智能交通系统优化交通流量，减少拥堵和排放。绿色交通不仅有助于缓解城市环境问题，还能提升居民的生活质量，是实现城市可持续发展的重要途径。

挖掘与重塑城市的"根""魂""血"

第四，随着物联网、大数据和人工智能等技术的快速发展，智慧交通成为提升交通效率、改善出行体验的关键。通过智能信号控制系统优化交通流量，利用手机 APP 提供实时路况信息和个性化出行建议以及通过智能停车系统解决停车难问题，这些都是智慧交通的具体应用。智慧交通不仅能够提高交通系统的整体效能，还能为市民提供更加便捷、安全的出行服务。

最后，伴随着我国城市化和现代化的进程，交通被赋予了更多的功能，如健步、慢跑、马拉松和旅游等。交通不仅仅是运输的概念，更是与产业发展、生态环境、人的生活方式和交流方式的结合。这就要求人们不能仅仅考虑单一的运输功能，而要重视交通规划的系统化，即多维度和多视角的综合考虑。同时，要重视交通规划的新质化，即赋予不同的内容，结合人的生活方式的多样化、产业的多元化和生活方式的丰富化，满足运输以外的需求。这也要求交通的规划、设计、投资和运营者走出传统、保守的思维，离开自己的舒适区和固化的知识体系，勇于改变，敢于创新。

交通作为城市跳动的脉搏与文明的桥梁，在人类社会的发展中扮演着至关重要的角色，需要不断创新和优化交通基础设施的建设和管理方式，以更好地服务人类的文明和社会的进步。同时，也需要加强跨学科的合作与交流，在泛地产的框架下，共同推动交通领域的可持续发展。

# 第七节　空气、建筑与人

中国经济在改革开放的浪潮中迅速崛起，重化工业特别是炼化和钢铁行业迎来了黄金发展期。然而，这一时期的快速发展也带来了不可忽视的环境问题，中部、华北地区的空气雾霾尤为严重。

雾霾天气不仅影响了人们的身体健康，还对人们的日常生活和心理状态产生了负面影响。在雾霾特别严重的日子里，人们不得不减少户外活动，学校和企业也可能会因为空气质量太差而停课或停工。长期处于雾霾环境中，人们还可能会出现呼吸道疾病、心血管疾病等健康问题。

为了应对室外恶劣的空气环境，人们开始将目光投向室内空气净化，这一需求催生了全球空气净化企业的蓬勃发展。他们通过技术创新和产品升级，为人们提供了更加清洁的室内空气环境。

空气污染状况的转折发生在 2013 年。这一年秋天，国务院出台了《大气污染防治行动计划》（以下简称"大气十条"）。次年，政府工作报告中提出"要像对贫困宣战一样，坚决向污染宣战"。

2018 年，国务院发布《打赢蓝天保卫战三年行动计划》，接续到期的"大气十条"，覆盖此前未受治理目标约束的城市。

2013 年之后的十年，以京津冀及周边、长三角、汾渭平原等重点区域为主战场，大力推进挥发性有机物、氮氧化物等多污染物协同减排，持续降低细颗粒物浓度。通过采取综合措施，加快消除重污染天气，中国整体空气质量实现了明显好转。十年的大气污染治理使京津冀地区空气中的颗粒物浓度在 2013 年至 2021 年期间下降了 53%。

2023 年，国务院印发《空气质量持续改善行动计划》，这是我国继《大气污染防治行动计划》和《打赢蓝天保卫战三年行动计划》之后发布的第三个"大气十条"，大气污染治理仍在路上。

此外，须看到的是，中国目前仍然是全球空气污染较严重的国家之一，颗粒物（Particulate Matter，PM）污染也已经成为影响中国国民预期寿命的第五大威胁，仅排在心血管疾病、肿瘤、高血压和吸烟之后。

$PM_{2.5}$ 的主要成分包括：含碳颗粒（包括元素碳和有机碳，元素碳主要产生于高温燃烧过程，有机碳则主要来自相对低温过程的不完全燃烧产物）、硫酸盐、硝酸盐、铵盐、重金属等。$PM_{2.5}$ 在空气悬浮过程中还会进一步吸附空气中存在的有机金属等化学成分、细菌、病毒、真菌等微生物成分。

同时，随着时间的推移，人们逐渐认识到，空气颗粒物污染 $PM_{2.5}$ 也是更加需要关注的空气质量指标。

空气中的污染物以粒径划分：

$PM_{10}$ 以上：可到达人体的鼻腔、咽喉，人体自身防护功能可以排出。

$PM_{2.5} \sim PM_{10}$：可到达人体的咽喉、上呼吸道，人体自身防护功能可以排除。

$PM_{1.0} \sim PM_{2.5}$：可到达人体的上呼吸道、支气管，人体自身防护功能可以部分排出。

$PM_{0.5} \sim PM_{1.0}$：可到达人体的支气管、肺泡，人体自身防护功能很难排出。

$PM_{0.01} \sim PM_{0.5}$：可到达人体的肺泡并沉积（$PM_{0.3}$ 以下可直接进入血液），人体自身防护功能无法排出。

根据 2013 年复旦大学公共卫生学院、上海市大气颗粒物污染防治重点实验室的研究成果，大气中粒径在 0.25 ~ 0.5 微米范围内的颗粒物（即 $PM_{0.5}$）的浓度与居民健康危害的关系最为显著，且粒径越小，健康危害越大。

不同粒径的颗粒物进入人体的扩散、沉积方式也有所不同，粒径较大的颗粒物在呼吸道里移动相对困难，所以一般都在上呼吸道通过撞击沉积。

更应关注的是，$PM_{0.5}$ 可以灵活地通过呼吸道，沿着气流一直扩散到肺泡，然后有可能越过人体的血气屏障，进入心血管系统引起疾病，甚至还可能干扰人体神经系统的平衡。

来源方面，人们吸烟时进入人体的烟气绝大多数都是 $PM_{0.5}$。汽车尾气，主要是柴油机尾气排放的黑炭颗粒物以及硫酸盐、硝酸盐等二次污染物也都是 $PM_{0.5}$ 的来源。

因此，空气净化的重点应该是去除 $PM_{0.5}$ 及以下尤其是 $PM_{0.3}$ 以下的颗粒物。当然如能去除 $PM_{0.5}$ 以下的这些细微颗粒物，自然 $PM_{2.5}$ 就被去除了。

对于泛地产人来说，如何解决 $PM_{2.5}$ 以下的气体对人健康的影响是一个重大课题。

可以试想一下，如果能把 $PM_{0.5}$ 的数据在建筑空间内以 100 倍为单位降低，会带来怎样的好处呢？作者曾在调研长沙远大活楼时有过亲身经历，根据实时监测数据，长沙市区的 $PM_{0.5}$ 数量级比远大活楼的室内数量高 500 倍。最直观的感受是，在活楼室内休息，作者睡得很香、很沉、很愉悦。经过对住过远大活楼的人尤其是居住时间较长的人进行调研，发现大家都有同样的感受。

这也从侧面印证了长期处于干净环境中，特别是洁净的空气中，人的内心会变得喜悦、温顺、善良，心灵也更加美好。反之，在肮脏的环境中，人可能会变得恶劣，心灵也会受到污染。

综上的结论是，洁净的空气会润育美好的心理。

要想实现远大活楼室内良好的空气环境，必须依靠建筑工业化项目下的系统集成。包括系统的研发和集成，通过空调和新风机实现高效换气和高效净化，通过特殊门窗、墙体密闭的材料、持久耐用的配件和五金件实现高度密闭保温和高度节能。

要想实现良好的空气环境，还要选择环保、无污染的建筑材料，比如低挥发性有机化合物（VOC）的涂料、地板、家具等材料，减少室内空气污染的来源，选择具有良好保温性能的材料，减少能源的消耗，同时也有利于室内空气的稳定。

要想实现良好的空气环境，更要构建一套完整而严谨的管理体系支撑。从研发设计到生产制造再到后期维护，每个环节都需要贯彻精益思想，力求做到精益求精。例如，在产品研发阶段就要注重创新和技术突破；设计时则应综合考量美观性与实用性；制造过程中要严格控制成本与品质；供应链管理上需优化资源配置；安装服务方面则要求专业高效；最后，在日常运营维护中亦不可松懈，持续监控并调整各项参数以保持最佳状态。唯有如此，才能真正做到让建筑服务于人，创造出既节能环保又令人心旷神怡的理想居所。

当然，打造高品质空气环境的生活空间是一个系统工程，涉及多个方面的共同努力。可以说，"远大活楼"用建筑工业化的基本形态，在某种程度上回答了哲学的基本问题——精神和物质谁决定谁的问题，即唯心主义和唯物主义在"活楼"里达成了统一。只有当社会各界都能认识到这一点，并付诸实践时，才能够真正实现人与自然和谐共存的理想状态。

# 泛地产项目开发的
## 看板制

- 向制造业学习，将丰田汽车精益化生产的核心——看板制，植入到房地产项目的开发过程中，由此提出泛地产项目开发的看板制。
- 这是在项目开发全过程，项目各条线及供应商、服务商等全体人员参与，进行项目"六五四三"螺旋式上升式不断循环的过程。

**核心目标**

- 以悦人为核心目标，以营销为抓手进行产品定位，贯穿项目全过程不断打磨提升。

**初步看板**

- 在初步的"六五四三"之后，投资、定位、设计、成本、招采、工程六大专业，都要形成各自专业的初步看板。
- 一般的初步看板，由营销人员在定位阶段提出，做好读城、读地、读人、读竞品以及做自身后形成的看板。

**终极看板**

- 随着初步的标准化看板向其他五个专业进行模板化传递，不断深化、细化和量化，过程中相互勾稽、循环重置，直至项目竣工，最终形成项目的终极看板。

# 第七章
# 精益管理下的健康生活方式

## 第一节 以血糖管理为主线的健康三大法则

在谈精益的生活方式之前，先再回顾一下精益管理的定义。精益管理是建立在自然科学、人文科学和思维科学基础之上的，以现代制造业为主要对象的科学管理理论。总的原则是系统、全面、动态、全员、细微和循环。

精益管理具体指的是组织或个体在各项活动中，将不同学科的原理进行筛选、整合和创新性应用，并在持续实践中不断总结和优化，以达到炉火纯青的境界。这一过程体现了全过程思维，强调系统集成、基础搭建、过程控制和顶层设计同等重要，需要协同推进。

精益管理的内容博大精深、无所不包。在前几章中更多的是从世界观、人生观、价值观、宏观、中观、微观、产业观、行业观、企业观、文化观、产品观、文明观"十二观"的角度对泛地产领域的精益管理展开全面理解和审视。泛地产既要为社会组织构建生产、生态基础空间，也为家庭和个人营造环境和生活空间。

如何一脉相承、一以贯之地运用精益管理，发挥其放之四海而皆准的作用，指导个体实践健康生活方式的精益，是本章讨论的重点。

做人、做事、做企业乃至治理国家，基本的逻辑和规律是一脉相承的，治大国若烹小鲜，强调修身齐家治国平天下。传统意义上的"修身"，意味着自我完善，包括品德修养、知识积累、能力提升等方面。通过"修身"，更准确地说是"修心性"。个人可以塑造出高尚的品格，具备卓越的才能，从而为实现更高层次的"齐家治国平天下"目标打下坚实的基础。

泛地产对于个体而言，就是怎么营造美好生活，将居住的美好在衣食行等个人健康领域延伸。

健康饮食

调节情绪

积极运动

规律作息

精益管理下的健康生活方式

211

作者认为，世界上有三种高尚的职业，教师、医护和地产人。教师是人类灵魂的工程师，医务人员是人类健康的工程师，为什么还有地产人？

因为地产人是人类美好生活基础空间的营造者。而要地产人为其他所有人营造美好生活，首先要身体力行，正所谓"己所不欲、勿施于人"，美好生活营造者恰恰要营造自己的美好。

精益的个人健康生活方式正是践行修身，特别是不仅要修"知行合一"的精神和内涵，还要修生活的内容和方法，这是修身的基础和源头，有了基础才能使高尚的灵魂依托在坚实的肉体上。

所以，不仅要心性上"修身"，还要在身体上"修身"，身心的交互、统一、和谐，才是完整的"修身"。

用精益管理指导人们的身体健康，就是形成精益生活方式的过程，依然要遵循目标、策略、原则、方法、路径、措施、行动、反思、总结、提升，由知行合一升华为"知行思升"。

换句话说，就是既能指导组织，也能指导个体的精益管理，才是完整形态的精益管理。

个人每天的修身可以简单概括为三件事：吃饭、运动和睡觉。而普遍公认的三大健康生活方式正是做好这"三件事"，即科学饮食、合理运动、优质睡眠。

下文将以可量化的血糖管理为主线，指导人的饮食、运动和睡眠。

血糖，即血液中的葡萄糖，是身体的主要能量来源。正常情况下，血糖水平在餐后会有所升高，但在胰岛素的作用下，血糖会被迅速转运至细胞内部供能，从而维持血糖的稳定。当胰岛素分泌不足或细胞对胰岛素的反应减弱时，血糖水平就会持续升高，进而引发一系列健康问题。

根据医学标准，空腹血糖（即至少 8 小时未进食后的血糖）的正常范围为 3.9 ～ 6.1 毫摩尔每升，而餐后两小时血糖的正常范围应低于 7.8 毫摩尔每升。当空腹血糖超过 7.0 毫摩尔每升或餐后两小时血糖超过 11.1 毫摩尔每升时，即可诊断为糖尿病。

为什么选择以血糖管理为主线谈精益的健康生活方式？

一方面，因为危害人类健康的三大疾病（糖尿病、心脑血管疾病、癌症）都直接或间接地与血糖有关。长期的血糖升高将诱发糖尿病等糖代谢疾病的发生，血糖浓度过高还会增加活性氧（ROS）的浓度，过高的 ROS 会对细胞造成损伤，从而增加慢性炎症的风险，而慢性炎症几乎和所有的慢性病都有关联，其中就包括癌症和心血管疾病。因此，长期的高血糖可谓"万病之源"。

另一方面，即使胰岛功能健康的人可能不会受到血糖升高的困扰，但是健康的人也要非常注意每天血糖波动，血糖浓度的急剧增加，即出现葡萄糖峰值，会影响人们的方方面面，包括心情、睡眠、体重、皮肤、免疫系统的健康，患心脏病的风险，还可能对血管、神经等组织造成损害。

人类的基因是在"饥一顿、饱一顿"中演化的。在自然环境下，人类祖先很难获得高纯度的糖分，这种糖分是高密度能量的来源。因此，人类发展出了对糖分的偏好。然而，随着近一百年来科技的飞速发展，人类从长期的营养不足迅速转变为营养过剩。糖分的角色也发生了转变，从提供能量的"生命之源"变成了导致代谢性疾病的"主要原因"，以至于许多人对糖分产生了恐惧。

2024 年，法国生物化学家杰西·安佐斯佩的《控糖革命》一书出版，该书在行业内外反响热烈。书中，作者从如何科学控糖出发，详细分析了应该关注糖摄入的要点，也给出了相当实际而简单的实操方法。该书提出了三个核心观点：关注血糖峰值变化、改变饮食顺序的重要性以及控糖方法的科学性。

为了更好地控制血糖的变化幅度，人们要掌握自身的血糖峰值出现的规律，比如餐后出现疲乏、尿频、口渴、头疼、嗜睡，甚至视线模糊等症状，大概率就是因为血糖正经历着一次高峰，最好的办法是使用便携式血糖仪。

作者本人就曾经用便携式血糖仪持续监测血糖指标 3 个月，运用精益管理的方法论，在自身饮食、运动和睡眠方面进行实践和摸索，总结得到结论后，得出的结果与《控糖革命》一书的观点高度一致，并在与研究机构和医院专家的交流中得以验证，其中，有以下几点要再次着重提出：第一，睡眠是世界上第一种"药物"，几乎可以治愈一切；第二，保持快乐是世界上第二种"治疗仪"，可以替代各种检查仪和诊疗仪；第三，运动是世界上最好的"保健品"；第四，健康要从吃好每一口饭和每一餐饭做起；第五，确定目标，找准方法，自我管理，培养习惯，形成素养，是修身的精益管理，也是人生一种的境界。

接下来将分别展开讨论。

## 第二节　科学饮食的精益实践

人类生命所必需的、从食物中获取的六大类营养物质分别为糖类、蛋白质、脂肪、维生素、水和无机盐，其中，能为人体提供能量的是糖类、蛋白质和脂肪，被称为"三大产热营养素"。糖类是人体最重要的供能物质，也是构成细胞的一种成分；蛋白质是构成人体细胞的基本物质，它能被分解，为人体的生理活动提供能量；脂肪是人体内备用的能源物质，同时也参与细胞膜的构建。

糖类作为自然界中广泛分布的一类重要的有机化合物，可分为单糖、二糖和多糖等。常见的单糖包括葡萄糖、果糖和半乳糖，二糖包括蔗糖和麦芽糖，多糖大多存在于淀粉和纤维素中。糖类在生命活动过程中起着重要的作用，是一切生命体维持生命活动所需能量的主要来源。植物中最重要的糖是淀粉和纤维素，动物细胞中最重要的多糖是糖原。

葡萄糖是人体内最重要的供能物质。

精益管理下的健康生活环境

食物中含量最多的糖类是淀粉，淀粉等多糖首先在口腔被唾液淀粉酶水解，进入胃内储存，然后在小肠内被胰液淀粉酶进一步水解生成单糖，如葡萄糖、果糖、半乳糖等。最后被小肠黏膜吸收入血液，输送到身体各个部分，供全身组织利用。所有非葡萄糖的单糖被吸收入血液后，都要转变为葡萄糖。

葡萄糖通过血液循环被运输到人体的各个部分，有三个转化途径：一部分氧化分解，最后生成二氧化碳和水，并释放能量供生命活动需要；另一部分被肝脏和骨骼肌等组织合成为糖原，肝脏中的糖原作为能量暂时贮备，而肌肉中的糖原则主要用来为肌肉活动提供能量；还有一部分转化为脂肪和某些氨基酸的非氮部分。

从上述糖类在人体内的消化分解、吸收转化及利用的各个环节中不难发现，通过合理的饮食搭配和进食方式，可以有效影响生化反应的实现，即控制血糖水平，因此科学饮食是血糖管理的基础。

首先，科学饮食从食材的选择开始。

全谷物如燕麦、糙米、全麦面包等，富含膳食纤维和 B 族维生素，有助于维持血糖的稳定。蔬菜如菠菜、芹菜、西兰花等，富含膳食纤

215

维和维生素 C 等营养素，有助于降低血糖水平。水果如苹果、梨、柚子等，富含果胶和膳食纤维等营养素，有助于控制血糖水平。但需要注意的是，水果中的糖分较高，应适量食用。

而高糖食物如糖果、巧克力、甜饮料等，会导致血糖的急剧升高。高盐食物如腌制食品、咸味零食等，会增加高血压的风险，进而加重高血糖对血管的损害。高脂肪食物如油炸食品、肥肉等，会增加心血管疾病的风险。

此外，传统观念认为，高血糖患者应严格限制碳水化合物的摄入。然而，近年来的研究表明，适量的碳水化合物摄入并不会导致血糖的急剧升高。相反，选择低 GI 的碳水化合物食物并控制摄入量，有助于维持血糖的稳定。因此，在血糖管理过程中，不必完全摒弃碳水化合物，而是要学会科学选择和合理搭配。

## 食物的升糖指数（GI）与血糖负荷（GL）

升糖指数（GI）是衡量食物引起血糖升高速度的指标。高 GI 食物（如白面包、白米饭）会迅速提高血糖，而低 GI 食物（如全谷物、蔬菜）则会缓慢释放葡萄糖，平稳血糖水平。

血糖负荷（GL）则综合考虑了食物的 GI 和碳水化合物含量，更能全面评价食物对血糖的影响。计算公式为：血糖负荷 = 升糖指数 × 碳水化合物含量（克）/100。例如，西瓜的 GI 较高，但其 GL 较低，因为其碳水化合物含量较少。

其次，科学饮食要均衡膳食，通过合理搭配各种食物，确保身体获得所需的各种营养素。

一是，碳水化合物的选择。

糖类又称碳水化合物，可以分为简单碳水化合物和复杂碳水化合物。简单碳水化合物包括单糖和双糖，它们通常具有甜味且易于消化。而复杂碳水化合物则是由许多单糖分子通过糖苷键连接而成的高分子化合物，如淀粉和纤维素。

碳水化合物是影响血糖的主要营养素之一。应选择富含复杂碳水化合物的食物，如全谷物、豆类、蔬菜等。全谷物如燕麦、糙米、全麦面包等，富含膳食纤维，消化吸收相对缓慢，能够避免血糖的快速上升。

豆类不仅含有丰富的蛋白质和膳食纤维，还具有较低的生糖指数（GI）。蔬菜则是低糖、高纤维的食物代表，能够提供丰富的维生素、矿物质和抗氧化剂。

同时，要减少简单碳水化合物的摄入，如白面包、白米饭、糖果等。这些食物消化吸收快，会导致血糖迅速升高。

二是，蛋白质的摄入。

优质蛋白质对于维持身体正常代谢和血糖稳定至关重要。可以选择瘦肉、鱼类、蛋类、豆类、低脂奶制品等食物。瘦肉如鸡肉、牛肉、猪肉等，富含蛋白质且脂肪含量相对较低；蛋类是优质蛋白质的良好来源，同时还含有多种维生素和矿物质；豆类不仅富含蛋白质，还具有降低血糖的作用；低脂奶制品则可以提供钙和优质蛋白质。

三是，健康脂肪的选择。

选择健康的脂肪有助于维持血糖稳定和心脏健康。橄榄油、鱼油、坚果和种子中的不饱和脂肪是良好的选择。橄榄油富含单不饱和脂肪酸，有助于降低胆固醇水平；鱼油中的 $\omega-3$ 脂肪酸具有抗炎和保护心脏的作用；坚果和种子如杏仁、核桃、亚麻籽等，富含蛋白质、纤维和健康脂肪。

$\omega-3$ 脂肪酸家族成员，主要为 $\alpha-$ 亚麻酸、二十碳五烯酸（EPA）和二十二碳六烯酸（DHA），能促进甘油三酯的降低，有益心脏健康，对人体多种疾病有治疗效果，有助于其他一些状况——类风湿关节炎、抑郁等。

同时，要减少饱和脂肪和反式脂肪的摄入，如动物脂肪、油炸食品、加工肉类等。这些脂肪会提高胆固醇水平，增加心血管疾病的风险。

最后，除了食物的选择要健康和搭配要均衡外，科学饮食还要做到进食方式的调整，进食方式会对血糖水平产生重要影响。

一是，饮食顺序。

先吃纤维，再吃蛋白质和脂肪，最后吃碳水化合物。餐前先吃绿色蔬菜，如菠菜、甘蓝等，可以减缓碳水化合物的吸收，降低血糖峰值；再吃蛋白质和脂肪可以延缓胃排空，进一步平稳血糖；在蛋白质或脂肪的选择上，应先吃植物蛋白再吃动物蛋白，先吃白肉、再吃红肉；碳水选择上依旧是优选低 GI 食物，如全谷物、豆类、坚果等，可以避免血糖快速升高。

同时，控制水果摄入，选择低糖水果，如浆果、柚子等，避免高糖水果，如芒果、菠萝。此外，适量饮用醋，餐前喝一小杯醋，可以减缓碳水化合物的吸收。

血糖峰值对于减脂人群也很重要，与摄入的热量较少但是葡萄糖峰值飙升的人相比，那些摄入的热量较多但是血糖曲线平稳的人可以减掉更多的体重。让胰岛素水平降低才是减肥的关键，只有胰岛素水平先降下来，体重才可能减轻。

二是，规律进餐。

一日三餐定时定量，避免过度饥饿或过度饱食。可以根据个人情况适当加餐，但要注意控制加餐的量和时间。例如，可以在两餐之间选择一些低糖水果、坚果或酸奶作为加餐。

三是，细嚼慢咽。

细嚼慢咽有助于增加饱腹感，减少食物的摄入量。同时，细嚼慢咽还能促进食物的消化和吸收，有助于维持血糖的稳定。

四是，避免暴饮暴食。

暴饮暴食或者过快的进食速度，都会导致血糖的急剧升高，增加胰岛的负担。

例如：枚冈合金工具株式会社，位于日本东大阪市，成立于 1949 年 3 月，是一家专注于模具设计、制造的企业。早期这家公司只是一家生产磨具的小企业，曾是典型的"3K（辛苦、肮脏、危险）街道工厂"，90 年代一度濒临倒闭。然而，公司原董事长古芝保治通过个人精益的实践和长期坚持践行 3S 活动（整理、整顿、清扫），使公司彻底实现扭亏为盈，并成为日本众多中小公司的标杆。

古芝保治著有《彻底 3S："枚冈流"成功法则》一书，虽然他已经 75 岁，作为 3S 导师，依然每年在世界各地进行近百场相关培训，他认为 3S 管理活动不仅仅是为了企业经营，更是为了全体员工在物质和精神两方面的幸福。

古芝保治，长期坚持每天早上跑 3 公里，洗冷水澡，心态像中年人，乐观开朗，长期坚持吃好每餐饭，每一口都要咀嚼 30 下，通过口腔分泌的唾液中含有的唾液淀粉酶，与食物充分混合，帮助食物消化，增加营养的吸收，减轻了胃部消化的负担，身体精瘦，精神矍铄。

在公司任职期间，早会后 10 分钟，古芝保治每天坚持带着全员一起清扫地面，将工厂和办公室分成 6 个区，针对每一个区进行彻底的擦拭。他认为清扫活动带来的额外负荷可以加快心跳，促进血液循环，为身体各个细胞带去新鲜的氧气，促进细胞的活性化，进而诱发线粒体分泌 ATP 等能量物质，使身体得到锻炼，增强免疫力。更重要的是扫除是在净化心灵，通过全员清扫，使员工的工作效率得到提升，员工们更积极主动地参与业务改善，企业内的氛围变得乐观向上，订单越来越多。

古芝保治就是这样一个通过修身管理企业、生产产品、做好服务的修身齐家典范。他用人生践行精益管理，并找到了人生的价值、个人健康、家人幸福、对员工关爱和对社会的贡献的统一，虽然平凡但堪称完美，这正是精益管理追求的终极目标。

# 第三节　合理运动的精益实践

人体运动最直接的供能物质是 ATP（三磷酸腺苷，一种高能化合物），人的肌细胞内只储存了很少量的 ATP，而运动又需要持续地提供 ATP，所以就需要有持续生成 ATP 的系统。

这个系统根据能量物质来源可分为三类：磷酸原系统、糖酵解系统、有氧氧化系统，即人们常说的人体的三大供能系统。

无论是哪种供能系统，经过不同方式的转变，最后都要以生成 ATP 的方式为人体供能。可以先简单这样理解：磷酸原系统速度最快，但持续时间最短；有氧氧化系统持续时间最长，但速度最慢；糖酵解系统介于二者之间。

磷酸原系统，是最容易提供 ATP 的系统，在类似于跳跃、百米冲刺这样的极短持续时间的运动类型中，磷酸原系统是主要的供能系统，它能很快地为肌肉的收缩提供必要的能源物质 ATP。

糖酵解系统，顾名思义，能量来源是糖（血液里的葡萄糖、肌肉里的肌糖原、肝脏里的肝糖原）。由于体内的糖原储备要比磷酸肌酸多，所以糖酵解系统也能比磷酸原系统相对更持久地提供能量。

有氧氧化系统，这里主要强调的是以消耗脂肪为主，在有氧条件下把脂肪彻底氧化成水和二氧化碳，并合成 ATP，提供持续的能量的过程。

在每个运动阶段，这三类供能系统都在同时起作用，并不是独立供能的，只是不同阶段贡献的比例不同。因此，很多减脂的人有个误区，认为运动 30 分钟以上才消耗脂肪是错误的。其实，哪怕只是散步

10 分钟，身体也都会消耗更多葡萄糖。

　　运动使多余的葡萄糖被消耗掉，而不会堆积在体内。如果饭后在椅子上坐 1 小时，葡萄糖就会在体内堆积，并导致葡萄糖峰值的出现。如果此时站起来运动，葡萄糖几乎会立即被肌肉消耗殆尽。

　　开始吃饭后 70 分钟内的任一时间进行锻炼，都能够有效抑制葡萄糖峰值的出现，因为葡萄糖水平到达峰值所需时间大概是 70 分钟，所以在这个时间内运动最好。

　　可以选择散步等运动，或通过俯卧撑、深蹲、平板支撑或者举重等抗阻运动锻炼肌肉。实验证明，抗阻运动能够使葡萄糖峰值降低30%，甚至还能够使接下来 24 小时内的葡萄糖峰值下降 35%。葡萄糖峰值的出现难以控制，但可以使这个峰值变得相对较小。

　　总的来说，运动可以促进肌肉对葡萄糖的利用和储存，从而降低血糖水平。同时，运动还可以提高身体的胰岛素敏感性，使胰岛素更有效地发挥作用。此外，运动还有助于减轻体重、改善心血管功能等，对高血糖及其相关疾病的预防和治疗具有积极作用。具体来说：

　　一是，选择适合的运动方式。

　　有氧运动如快走、跑步、游泳、骑自行车等，能够有效地提高心肺功能，消耗热量，降低血糖水平。每周至少进行 150 分钟的中等强度有氧运动，可以分成 5 天，每天进行 30 分钟。

　　对于初学者来说，可以从快走开始，逐渐增加运动强度和时间。跑步是一种高效的有氧运动，但要注意选择合适的鞋子和跑步场地，避免受伤；游泳是一种全身运动，对关节的压力较小，适合各个年龄段的人；骑自行车可以选择户外骑行或室内动感单车，既能享受自然风光，又能锻炼身体。

　　力量训练如举重、俯卧撑、仰卧起坐等，可以增加肌肉量，提高基础代谢率，有助于控制血糖。每周进行 2 ～ 3 次力量训练，每次训练包括全身主要肌肉群的练习。

　　可以从较轻的重量开始，逐渐增加负荷。在进行力量训练时，要注意正确的姿势和动作，避免受伤。可以请教专业的健身教练，制定适合自己的力量训练计划。

柔韧性训练如瑜伽、太极等，这些运动可以提高身体的柔韧性和平衡能力，有助于预防跌倒等意外事件的发生。

二是，掌握运动强度和时间。

运动强度和时间的选择应根据个人的身体状况和运动目标确定。中等强度的运动可以使心率加快，但仍能正常交谈；高强度的运动则会使心率大幅加快，呼吸急促，难以正常交谈。

对于血糖控制不佳的人来说，应从低强度的运动开始，逐渐增加运动强度和时间。运动时间一般在 30 分钟以上，但要避免过度疲劳。如果运动过程中出现头晕、心慌、出冷汗等症状，应立即停止运动，并采取相应的措施。

此外，还可以选择高强度间歇训练（HIIT），HIIT 是一种在短时间内进行高强度运动并交替休息的训练方式。研究表明，HIIT 不仅可以提高身体的代谢水平，促进葡萄糖的利用和储存；还可以增加肌肉量，提高身体的胰岛素敏感性。因此，对于高血糖人群而言，HIIT 是一种既高效又安全的运动方式。当然，在进行 HIIT 时应根据自己的身体状况和运动能力选择合适的强度和时间。

三是，运动快乐和提高效率。

如果运动不是一件快乐的事，人肯定无法长期坚持下来。近年来的一些研究发现，跑步、跳绳等一些持续、坚持的运动会让大脑产生更加本质的化学神经递质：内源性大麻素。神经学家把内源性大麻素称为脑内的"忘忧"化学元素，这就是运动会带来快感对大脑影响的重要原因。

如果定期进行运动，还会使大脑感受提高内源性大麻素受体的密度，大脑会对任何刺激内源性大麻素系统而产生的快感变得更加敏感以及定期的运动能体验到更多快乐。其中就包括了跑步的快乐，这也就解释了为什么运动得越多，人们就会越享受。

运动中巅峰的快感很容易被注意到和体验到，但更重要的是，运动后大脑会增生神经元，强化海马体，提高人的记忆力和学习效率。

这些大脑化学物质的分泌其实是在帮助人为接下来的事做准备，这也就是为什么在运动后工作会感觉更加专注、思维更加活跃、效率更高的根本原因。

## 第四节　优质睡眠的精益实践

　　睡眠是身体恢复和修复的重要时期，也是血糖管理的重要环节。通过改善睡眠质量，可以有效降低血糖水平，预防高血糖及其相关疾病的发生。

　　一般来说，成年人每天需要 7 ～ 9 小时的睡眠时间。过短的睡眠时间会导致身体应激反应的增加，进而引发血糖的升高；而过长的睡眠时间则可能导致身体代谢水平的降低，同样不利于血糖管理。因此，应根据自己的身体状况和生活习惯合理安排睡眠时间。

　　睡眠不足或睡眠质量差，会导致身体应激反应的增加，影响身体的代谢水平，导致胰岛素敏感性的降低等一系列问题，进而引发血糖的升高。具体包括：

　　应激激素分泌增加：当人体缺乏充足睡眠时，应激激素如皮质醇的分泌会增加。皮质醇是胰岛素的拮抗激素，如果胰岛功能正常，也许能抵御皮质醇增加，相应的胰岛素分泌也增加，把血糖控制在正常范围。但如果是胰岛功能相对比较欠缺的糖尿病患者，就不能分泌出相应的胰岛素来拮抗皮质醇，这会导致血糖升高。

　　胰岛素敏感性降低：睡眠不足或睡眠质量差可能会影响胰岛素的敏感性，使得身体细胞对胰岛素的反应减弱，从而影响血糖的利用和代谢，导致血糖水平难以控制。

　　生物钟紊乱：睡眠不好可能导致人体的生物钟紊乱，进一步干扰血糖的正常代谢。

影响自主神经功能：睡眠不好还可能引起自主神经功能紊乱，进一步干扰血糖的调节机制。

对此，成立于 1963 年，有着"世界第一睡眠研究机构"之称的斯坦福大学睡眠研究所，其所长西野精治在《斯坦福高效睡眠法》一书中对睡眠质量的提升给出了答案。

斯坦福高效睡眠法的核心在于通过控制体温和大脑活动优化睡眠质量，而不仅仅是延长睡眠时间。

一是，利用黄金 90 分钟睡眠法则。

黄金 90 分钟法则，即入睡后的最初 90 分钟是非 REM 睡眠最深的阶段，对睡眠质量有决定性影响。如果这 90 分钟的睡眠质量高，那么整个睡眠周期的质量也会提高。

二是，通过体温调节促进睡眠。

睡前沐浴：在睡前 90 分钟洗个热水澡，可以提高体内温度，之后随着体温的下降，有助于产生睡意。

足浴：通过扩张脚底毛细血管，改善血液循环，促进热量释放，有助于体温下降，使人更容易入睡。

调节室内温度：保持室内温度适宜，既不冷也不热，有助于减少体内和体表的温度差，从而促进睡眠。

三是，通过大脑调节促进睡眠。

单调法则：通过重复单调的活动，减少大脑的兴奋度，帮助大脑进入睡眠状态。例如，可以听单口相声或进行其他单调的活动。

固定睡眠时间：每天尽量在同一时间睡觉和起床，以培养稳定的睡眠模式。

睡前呼吸冥想：闭上眼睛，慢慢地吸气，过程持续大概 3 ~ 5 秒；然后再缓缓地呼气，时间控制在 4 ~ 6 秒。专注于呼吸的整个过程，一旦发现思绪飘走了，轻轻地把注意力再拉回到呼吸上即可。重复这个呼吸过程，持续 10 ~ 15 分钟左右。

四是，白天的清醒战略。

注重光的利用：早上起床后，尽量让阳光照在自己身上，以抑制褪黑素的产生，提高清醒度。

设定两个闹钟：第一个闹钟比第二个提前 20 分钟，声音小且时间短，目的是让自己进入浅睡眠状态，从而更容易起床。

适量饮用咖啡：成年人每天安全的咖啡因摄入量为 400 毫克。咖啡可以帮助提高白天的清醒度，但应避免在傍晚以后饮用，以免影响夜间睡眠。

合理饮食：晚餐不宜过重，以免影响睡眠质量。同时，晚上可以吃一些冰镇食品，如冰镇西红柿，以帮助降低体内温度，促进睡眠。

此外，根据瑞典乌普萨拉大学研究人员在《睡眠研究杂志》上发表的一项研究，被子重量对褪黑素释放的影响，尤其是加重毯子（约占体重的 12%）与轻毯子（约占体重的 2.4%）之间的差异，重毯子施加的压力可能激活了皮肤感觉传入神经，通过脊髓将感觉信息传递到孤束核，进而促进小细胞催产素神经元的活动。这些神经元不仅可以促进平静和幸福感，减少恐惧和压力，还与松果体相连，影响褪黑素的释放。

以上，通过较短的篇幅，讨论了如何通过饮食、运动和睡眠打造精益的生活方式。每个人都应该成为自己生活的主宰，个人也应当遵循精益管理的目标、逻辑和方法，构建一套适合自己的生活方式的方法论。在这个过程中，广泛地整合生理学、心理学、运动学、保健医学和临床医学等领域的知识，进行系统化的梳理，培养习惯，形成素养，并持之以恒地实践，必将取得成效。

这些不仅对患有慢性疾病的人至关重要，对于健康人士、青少年来说，从预防、健康长寿、修身齐家的角度出发，培养健康的生活习惯和生活方式也同样重要。这与制造业一直强调的方法论、日清日结和系统措施不谋而合，同样是精益管理理念的体现。只有将社会组织、家庭和个人的力量联合起来，才能真正铺就中国泛地产领域的精益管理之路。

第七章 精益管理下的健康生活方式

# 建筑空间与
# 调节衰老

- 本书中，一直强调人性、精神、人文及文明与各种
  经济活动特别是各种开发建设活动的关系。
- 更进一步强调了，建筑空间对人千丝万缕、潜在和
  不可忽视的重要影响。
- 而长寿与抗衰，是每个人向往与追求的"终极课题"，
  应该成为泛地产的研究方向。

### 哈佛大学"时空胶囊"实验

1979年，哈佛大学朗格教授的实验中，老人被置于
模拟20年前（1959年）的"时空胶囊"环境中，通过
复古的家具、音乐、报纸等元素，营造出与过去一
致的时空氛围。

这种设计使实验组老人从心理上将自己代入年轻时
的状态，仅一周时间，便引发实验者关节柔韧性、
智力测试得分等多项身体指标的显著改善。

朗格的实验揭示了：
- 建筑空间不仅是物理容器，更是心理与生理状态的调节器。
- 通过解构年龄标签、强化自主性与时间沉浸感，建筑成为对抗衰老的"隐形疗法"。
- 未来泛地产设计需更关注环境对人的赋能，而非单纯的功能适配，从而实现"空间
  即健康"的理念。

# 第八章
# 城市更新中的精益之道

## 第一节　城市更新的内涵和再认识

　　城市是我国经济、社会、文化和政治活动的主要集中地和重要承载，随着时代的发展，城市对物质空间与功能的需求在不断发生变化。近十年来，我国的城镇化水平不断提升，城镇化过程带动了我国经济的迅猛发展和房地产开发的提速，成为城市快速推进外延式、扩张式、摊大饼式发展的主要内在因素。

　　截至 2023 年末，我国城镇化率已经达 66.16%，表明我国已经进入城镇化的中后期阶段。

　　未来，我国城镇化发展将从"高速"转向"高质"，城市空间利用将从"低效"转向"高效"，经济潜力的提升将从依托"增量"扩大转向"存量"挖掘。

　　城市更新，可以进一步优化空间利用效率，重塑产业发展格局，拉动基建投资，提升城市质量和活力，是城镇化进入中高发展阶段的必然趋势，是推动城市高质量发展的必然要求，已经成为我国当代城市发展建设的重要主题。

回顾中西方城市更新的发展演化历程。

西方国家的城市更新源于"二战"后西方各国对城市衰败地区、贫困区域的改造探索。1958年，在荷兰首届世界城市更新大会上，城市更新的概念被首次提出，即"改善生活环境的城市建设活动"，《不列颠百科全书》将城市更新定义为"对错综复杂的城市问题进行纠正的全面计划"。

西方国家城市更新主要历经了四个阶段：

大规模重建阶段（"二战"后—1960年）：以物质更新为基础，大规模拆除重建，清理贫民窟。具体的实施模式主要有规划新城镇、绿化带、住房和城市中心区再开发等。

社区福利更新阶段（1960—1970年）：强调社会和社区福利，以社区更新为主，提升已有房屋居住环境，解决人口社会问题。这一时期的城市更新不再单纯地考虑物质因素和经济因素，而是反对大规模的拆除重建，强调以人为本，重视人的需求，通过渐进式的综合整治，系统地解决就业、教育、环境等社会公平性等问题。

公私合作更新阶段（1980—1990年）：突出以房地产为导向的旧城再开发，减少政府干预，释放市场力量，形成一种自上而下的新自由主义更新模式。

城市综合更新阶段（1990年以后）：物质环境、经济和社会多维度的社区复兴，更新模式高度重视人居环境，提倡城市多样性和多用途性，注重社区历史价值保护和社会机理保持以及更新中社区的参与和作用制衡，强调自上而下与自下而上相结合的方式，将房地产开发的范围和内容与经济、住房、培训、环境改善等联系起来。

从西方城市更新历程来看，欧美国家基本均经历了从政府主导到政府与私人投资者合作，再到政府、私人部门和地方团体三方合力开发的模式转变以及从大拆大建到对原有建筑进行小规模、分阶段、自组织的渐进式更新和保护性更新的思维重塑，通过成立专职组织对城市更新授权、执行政府的财政措施、设立城市更新基金，以较小规模公共资金撬动更大规模的私人资金，激发全社会活力，实现了更具效率和效益的城市更新建设。

西方国家的城市更新过程不仅深刻反映了城市发展有其客观规律，城市更新终将变得更加精细、更有温度、更贴近群众以及更注重融合社会、文化、经济和物质空间为一体的全面复兴。同时，不断启示我国应更注重从不同城市、不同地区发展的实际问题出发，有效结合各方力量，整合各类资源要素，建立多种融资渠道，建立多元化重建模式，采取更加灵活的改造模式。

与之相比，我国城市更新的总体发展历程短，城市化速度快，在国家和地方政府的主导下，计划色彩更加浓厚，整体是从1970开始，历经了以下四个阶段：

文化保护基础上的旧城改建阶段（1970—1990年）：为了实现城市居民的居住条件改善和旧城区的保护，北京、上海、广州、南京、合肥、苏州、常州等城市，相继开展了大规模的旧城改造。期间，我国著名建筑学与城市规划专家吴良镛院士提出"有机更新论"，在进行旧居住区改造过程中保护了北京旧城的肌理和有机秩序，并在苏州、西安、济南等诸多城市进行了广泛实践。

大规模更新改造阶段（1990—2009年）：1994年，国务院发布了《国务院关于深化城镇住房制度改革的决定》（国发〔1994〕43号），市场机制的引入使旧城区土地得以增值。自此，在北京、上海、广州、南京、杭州、深圳等城市开展大规模城市更新活动，涌现了北京798艺术区、上海世博会城市最佳实践区、南京老城南地区更新、杭州中山路综合更新、常州旧城更新以及深圳大冲村改造等一批城市更新实践与探索，更新重点涉及重大基础设施、老工业基地改造和城中村改造等多种类型。但与此同时，也发生了一些破坏历史风貌、激化社会矛盾的问题。

棚户区和危房改造阶段（2009—2019年）：由于一些国有工矿棚户区、城中村等住宅危旧，住房条件差，亟待改造，党中央、国务院做出了一项重大决策，大规模推进保障性安居工程。从2009年到

2019年棚改作为一项重大的民生工程，每年都在政府工作的重要任务之列，每年棚改的总量都在数百万户。住房和城乡建设部数据显示，拆迁政策自2008年正式大规模实施以来，全国累计已经开工3300多万套棚改房，累计帮助至少8000万居民"出棚进楼"。之后，棚改计划大幅缩减，到2020年棚改基本结束。

城市更新阶段（2019年至今）：2019年12月，中央经济工作会议首次强调了"城市更新"这一概念。2020年11月，时任住房和城乡建设部部长王蒙徽发表题为《实施城市更新行动》的文章，进一步明确了城市更新的目标、意义、任务等。2021年城市更新的重要地位再次升级，当年的政府工作报告提出，"十四五"时期要"实施城市更新行动，完善住房市场体系和住房保障体系，提升城镇化发展质量"，未来五年城市更新的力度将进一步加大。2021年3月11日，《中华人民共和国国民经济和社会发展第十四个五年规划和2035远景目标纲要》中明确提出要加快推进城市更新，以人民宜业宜居的需要为出发点和落脚点，以功能性改造为重点，需要加强前瞻性思考、全局性谋划、战略性布局、整体性推进。

可以看出，我国城市更新在不同阶段有着不同的发展意义。最近几年以来，随着全球化、城镇化进程不断加快，最初的城市更新内容以简单地推倒重建为主，而现在随着城市发展和居住方式的巨大变迁，人们对于居住环境和城市生态的需求也越来越高。特别是目前中国的经济转型正在由高速度转向高质量，这也要求城市更新的发展趋势与之相吻合，走向更具内涵的高质量发展阶段，为人民的美好生活贡献更多力量，我国城市更新的方法与理念也朝着更为理性的方向发展。

在充分借鉴西方城市发展与更新过程中的经验和教训的基础之上，为了进一步探索城市有机更新等集约式、内涵式的更新方法与路径，北京、上海、广州、深圳等典型城市形成了各具特色的城市更新模式。这四个一线城市由于城市定位、发展历程、政策环境、文化背景等方面的差别，在城市更新的体现上各有同异。

城市功能定位：北京的全国政治中心建设是城市更新的首要任务，

上海的国际经济中心建设是城市更新的首要任务，广州的国际综合交通枢纽是城市更新的核心任务，国家对外开放门户枢纽是深圳城市更新的核心任务，各个城市的城市更新都紧密地围绕着各自的城市性质和城市目标有侧重地展开。

存量建筑的处理方式：北京、上海、广州三个一线城市同为历史文化名城，在城市的发展定位中，都有关于文化的发展目标。北京为全国的文化中心，上海为文化大都市，广州是历史文化名城。这三个城市中的传统文化是文化建设的重要组成部分，老城区的建筑是文化传承发展的见证和载体，针对存量的历史建筑，北京和上海制定的是保护更新的政策；广州制定的是保护利用的政策。

土地的利用效率：上海、广州和北京的老城区都有疏解的任务，对老城采取的是疏解政策，尤其是北京的"双控四降"政策。这三个城市正在逐渐降低中心城区的土地利用效率，深圳因为城市位置的特殊性在追求土地的利用效率上已经做到了极致。

城市更新资金平衡方式：北京的老城保护和城市更新项目的资金平衡有很大一部分是由财政资金的巨大投入来完成的，单靠市场机制和实施主体的运营，大部分城市更新类型都无法完成资金平衡。上海、广州和深圳的城市更新资金平衡主要是靠市场手段来完成，通过土地利用效率的提高和建筑增量的运营等来完成。

城市更新模式：

北京在 2017 年新总规颁布实施以来，明确提出停止大拆大建的"旧城改造"模式，采取"小规模、渐进式、可持续"的老城保护更新模式。北京的城市更新分为 5 种城市更新类型，明确了土地一级开发、商品住宅开发等项目不属于城市更新的范畴。这是北京的城市更新与其他三个一线城市最根本的区别。

上海于 2017 年将旧区改造的方式由"拆改留并举，以拆除为主"，调整为"留改拆并举，以保留保护为主"，明确了"坚持留改拆并举，深化城市有机更新，强化历史风貌保护，进一步改善市民群众居住条件"的总体思路。

回顾中西方城市更新的发展演化历程

　　广州在经历了自由市场摸索、政府强力主导、"三旧"改造运动之后，城市更新进入了以微改造、混合改造、全面改造多种更新方式并举为特点的系统化建设阶段。其中的微改造是指维持现有建设格局基本不变，以局部拆建、修缮提升、功能置换为重心，提升城市更新灵活性。

　　深圳的城市更新与其他三个城市有非常明显的差别。深圳是四个一线城市中唯一不是历史文化名城的城市，深圳是改革开放的前沿，伴随着 40 多年城市的高速发展，城市边界不断扩展，深圳的城市更新更多的是对土地利用效率的提升，以拓展城市发展空间，其城市更新分为综合整治类、功能改变类、拆除重建类三种类型。

　　全国层面，在总结北京、上海、广州、深圳以往经验的基础上，2021 年 8 月 30 日，住房和城乡建设部发布《住房和城乡建设部关于在实施城市更新行动中防止大拆大建问题的通知》（建科〔2021〕63号），首次划出了城市更新的关键底线。一是，严格控制大规模拆除；二是，确保住房租赁市场供需平稳；三是，探索可持续更新模式；四是，加快补足功能短板。

2021 年 11 月，住房和城乡建设部办公厅发布《住房和城乡建设部办公厅关于开展第一批城市更新试点工作的通知》（建办科函〔2021〕443 号），决定在 21 个城市（区）开展第一批城市更新试点工作，充分调动起地方的积极性，由各城市根据自己的禀赋大胆探索适合自己的城市更新模式。此后，住房和城乡建设部就将城市更新的制度探索与实践工作放权给了地方。

2023 年 7 月，住房和城乡建设部发布《住房城乡建设部关于扎实有序推进城市更新工作的通知》（建科〔2023〕30 号），补全了城市更新的底线，简单概述为坚持"留改拆"并举、以保留利用提升为主，鼓励小规模、渐进式有机更新和微改造，防止大拆大建。

可以说，城市更新的相关理论与内涵仍然在不断迭代演进，至今尚未出台城市更新的全国性纲领性文件，各地城市更新办法基于地方问题制定，管控内容和管理思想尚未统一。

那么，在讨论城市更新的策略之前，如何科学地理解城市更新的内涵尤为重要。

城市更新源于"二战"后西方各国对城市衰败地区、贫困区域的改造探索，通过维护、整建、拆除等方式使城市土地得以经济合理地再利用，并强化城市功能，增进社会福祉，提高生活品质，促进城市健全发展。

根据吴良镛院士在 1987 年开始的北京菊儿胡同住宅改造工程中提出的定义，城市更新即采用适当规模、合适尺度，依据改造的内容与要求，妥善处理目前与将来的关系，不断提高规划设计质量，使每一片的发展达到相对完整性，这样集无数"相对完整性"之和的做法，将能促进整体环境得到改善。

对比原来的城市更新概念，吴良镛教授提出的城市更新是按照城市内在的发展规律，顺应城市之肌理，在可持续发展的基础上，探求城市的更新与发展。

在精益管理越来越被发掘和重视的当下，还应对城市更新的理解进一步扩展。

当今世界，精益管理无处不在，是人类从"愚昧"走向进步的历史进程中总结出来的世界观和方法论，是科学管理的原理之一。其超越了意识形态，聚焦人类生产、生活、生态基本活动的规律，指导个体和组织不断寻优、反复总结、持续提升，是波浪式进步和螺旋式上升的一种基本的世界观和方法论。

因此，运用精益管理的科学理论认为，城市更新是社会文明的外在形态和内在精神成果的波浪式进步和螺旋式上升，是城市规划、城市建设以及科技应用领域在城市的保护、继承、提升、创新和发展的与时俱进。

通过内外结合螺旋上升的更新策略和人民城市理念的实践，城市更新的最终"更新"对象将会是人民而不仅仅是城市本身，城市更新将"更新"人的生活方式，更将"教"会人什么是文明。


# 第二节　泛地产企业的城市更新精益策略

我国城市更新已上升到国家战略，实施城市更新行动，推动城市结构调整优化，城市生活品质提升，转变城市开发建设方式，提高城市韧性和综合管理治理能力，打造生态化、智能化、低碳化的可持续健康城市，对城市发展全面提质、实现居民的美好生活愿景、促进国家经济社会持续健康发展，早日形成以人为核心的新型城镇，具有重要而深远的意义。

城市更新谁来参与？

不同于传统的房地产开发，城市更新不再是单纯的基建或者盖房子，参与门槛大大提高。现阶段全国各地城市更新仍以政府主导为主要模式，市场力量参与不足，更缺乏成熟的模式与样板。但各地官方文件中为大型地产企业、国有平台参与城市更新的建设投资均已留有准入空间，特别是越来越多的城市明确鼓励将大型央企和地方国企纳入城市更新重要参与主体。因此，泛地产企业如果参与城市更新，需要有更强的综合实力、良好的社会口碑和丰富的政企合作经验，即转变为"城市综合运营商"方能胜任。

城市更新的主要方向有哪些？

梳理国家层面和每个地方的城市更新政策和案例，城市更新主要分为三大类：

第一大类是特色更新类，包括历史街区、老旧小区、老旧厂房、商办类等，这也是最传统的城市更新领域，目前还存在商业模式不清晰和专业难度要求比较高等问题。

第二大类是基础设施更新类，国家部委和地方政府希望社会资本做更大范围的统筹，具体包括交通类、生态类和公共服务类的统筹更新。

第三大类是片区更新类，即住房城乡和建设部广义的城市更新定义，具体包括城市空间结构完善、生态修复、新型城市基础设施、防洪排涝相关工程等 8 大类任务。

对于拥有品牌、全产业链协同、综合开发经验、全过程服务能力等方面优势大型泛地产企业，可以从提供全局规划、顶层设计和全过程服务的角度，解决政府的需求和痛点。为此，这些企业进入存量更新市场，可以优先选择以大片区类城市更新方向为主，以工业、商业、历史街区更新等特色更新项目为片区更新亮点，打造自身的城市更新方案。

城市更新的主要区域和政策特点有哪些？

鉴于全国各地发展不均衡、步调不一致，城市更新政策具有地域特色，存在明显的城市群联动特点。各区域可以分为市场化、半市场化和政府主导三种城市更新模式。

粤港澳大湾区几乎是采取市场化模式，布局较早，竞争激烈，部分项目周期较长。

长三角区域，如上海、杭州，多数采取半市场化模式，政府地位不可忽视。

主要省会城市（自治区首府）目前还是以政府主导（如成都）和半市场化（如昆明、贵阳、南宁、武汉）为主，鼓励社会资本参与。

而各地更新路径与对象大同小异，目前还是减少单个的拆除大改造类别，以连片开发、修补、有机更新为主流。更新对象主要集中在老旧住宅区、村镇、厂房、商业、历史街区和文化历史建筑，城市风貌和功能方面。

土地获取也不局限于招拍挂，推动创新供地模式。几乎所有城市更新政策均不局限单一公开出让土地，鼓励产权人自行更新或者转让，在符合规定下，可以协议出让或者划拨，一二级联动是较为常见的方式。融资方式上鼓励多渠道筹措资金，城市更新基金未来可能成主流。

对此，泛地产企业在城市更新市场的选择上可采取"重点区域＋重点城市"的聚焦模式。一方面，选取一些城镇体系发展程度较高、规模较大且城市分布可集中归片的地区，如粤港澳大湾区、杭州湾、成渝城市群、重点省会城市进行布局；另一方面，选取一些比较有优势和后发优势明显的区域。

对于大城市的城市更新，在不同城市选择不同的城市更新进入模式。如广州以城市微更新为主，积极探索"旧城＋旧村＋旧厂"连片改造模式、"存量土地＋闲置资产＋综合开发"的再开发模式和一二三级联动开发模式；杭州以打造未来社区，通过 ppct 模式（即由主理人牵头，联合政府、社区以及其他第三方支持机构的协同共创模式）切入；上海以股权投资模式切入；贵阳以城镇低效用地再开发模式切入。

对于县域地区的城市更新，一是，"新"着干，探索创新模式；二是，从"根"上干，深挖当地历史文化根源；三是，"轻"着干，轻重结合，政府投重的、市场主体投轻的；四是，"合"着干，政府、企业和百姓各方合力推动；五是，"集"着干，导入和集成各方面资源，形成优势互补；六是，"热"着干，打造时尚网红热点。

城市更新的主流模式及利弊是什么？

根据实施主体的参与方式，城市更新可以总结为四种主流模式：

轻、重资产模式：重资产模式总投入比较大，资金沉淀时间比较长，对风险的把控、资金的运营能力都提出更高的要求，但整体的收益空间也更大。轻资产模式可能前期投入比较小，风险相对较小，但整体的收益也较小。因此，两种模式各有利弊，而由于在城市更新的项目中不同业态、不同地理位置的项目对接的资源更加细分，资源分布更加广泛，因此城市更新项目更适合于轻资产和重资产结合的模式。

高周转模式：高周转模式的优势是项目回笼资金快，提升产品的变现能力，充实企业流动资金，降低现金流风险和资金占用风险，降低资产负债率。高周转模式的弊端在于，当房地产市场处于下行周期，整体城市更新政策趋严，大规模、高周转模式难以为继。同时，企业若过度追求规模扩张和简单复制，以牺牲工期为代价，导致住宅品质下降，对整个项目反而造成后期大的法律风险问题。

强土储模式：强土储模式的优势在于，优质土地资源意味着高额的回报，尽管城市更新项目周期长，但土储充足可让企业有充分的空间和资源开展城市更新业务。随着土地供应的收紧以及招拍挂成本的上升，储备的土地资源价值将变得更加突出。强土储的弊端在于，竞买土地需要占用企业大量的资金，对企业资金产生较大压力，同时，若所购买的土地资源条件不佳或后期政策变化将会带来较大不确定性。

一二三级联动模式：一二三级联动的优势在于符合当前城市更新趋势，企业可以最大限度获得项目收益，能与地方政府形成紧密的合作关系，对后期项目拓展有较好的示范效应。一二三级联动的难点在于，其对开发主体的战略高度、资金实力、产品力和招商能力等有着极高要求，尤其在后期产业招商和运营环节需要有强大的把控能力，若后期不能达到地方政府前期提出的门槛条件，容易产生法律风险。

对此，泛地产企业在进行城市更新的模式选择以及与合作企业方面，可以与地方国有企业合作，开展一二三级联动复合型、综合型城市更新项目；采取轻重模式并举，在必要的时候仍需布局重资产，但要合理分配轻重资产投入比重；借鉴强土储模式，找准机会适当增加土储，选择优质的土地资源进行储备，为后期项目提供可持续的土地空间；辩证借鉴高周转的优势方面，建立高效率、快周转项目运营模式，但要妥善全面分析项目，不能盲目追求高周转，给项目带来不必要的风险。

城市更新怎么做？

在各地城市更新制度框架日益完善、建设模式更趋多元、投融资机制更加灵活的情况下，泛地产企业要遵循人民城市理念，运用精益管理理论，采用内外结合螺旋上升的更新策略，以提升城市能级，助力人民群众美好幸福新生活、构建社会文明为使命开展各项工作。

第一，挖掘与重塑城市的"根""魂""血"。

一是，注重对城市的历史建筑、传统习俗和文化遗产的保护，因为它们是城市生命和记忆的重要组成部分。通过保护和修复这些历史遗迹，可以保留城市的历史脉络，通过对城市历史和文化的深入挖掘，可以更好地保护城市风貌，挖掘城市的"根"。

二是，通过对城市主色彩、主风格、主线条、音乐、花木等元素的确立，可以找到城市的"魂"。这些元素构成了城市独特的"五感"标识，它们不仅能够增强市民的归属感和认同感，还能吸引投资者和游客，提升城市的吸引力。

三是，通过对产业经济和区域经济的规划布局以及呈现，可以营造城市的"血"。这关乎城市的经济发展策略，包括产业升级、创新驱动和区域协调发展。通过优化产业结构，培育新兴产业以及加强区域间的经济合作，城市可以实现经济的持续健康发展，为城市注入活力和动力。这样的经济活力，就像血液一样，为城市的发展提供源源不断的能量。

第二，坚持科学至上的因地制宜。

一是，明确战略定位。加强顶层设计，进一步确定城市更新业务的战略定位，整合企业内外部资源和影响力，构建特色明显的城市品牌。

二是，创新研判标准，城市更新项目涵盖一级二级和三级，周期较长，类型偏向城市综合开发，但又有别于城市综合开发，盈利模式又离不开房地产，需针对城市更新研究出台专项投资研判和回报标准，在城市更新项目后续实施中，需要用更加发展的眼光和更加开放的态度策划、研究不确定性，面向系统盈利的目标，在传统"算不清账"的领域，培养相关业务的增值利润。

三是，深入研究政策，解决瓶颈问题，针对房地产问题、融资问题、关联交易问题、适应性组织建设问题开展深入研究。

第三，补强产业链两端核心能力。

一是，不断实现产业链的延展，不断补齐前后两端，更好实现全产业链的覆盖和协调，提升企业综合能力。

二是，不断提高资本运作水平，优化资本资源的有效配置，实现资本效益最大化。

三是，不断提高城市更新品质，建设优化营商环境，发掘高质量产业，实现产城联动。

四是，不断探索长期运营的商业模式，强化自持资产运营能力，以资产持续盈利、公允价值提升为目标，引入优质合作方着手搭建资产精细化运营体系，培育商业运营专业化能力。充分利用资本手段盘活资产，以终为始，逐步形成资产处置原则及模式的顶层设计。

五是，锻造一二三级协同能力。加强一二三级协同的全局统筹和顶层机制设计，进一步明晰相关权责边界和管理流程，探索建立匹配的业绩评价和激励机制，增强对各业务主体协同联动的引导，提升协同效率、放大协同效果。

第四，以产城融合思路推进城市更新。

统筹城市更新与城市科技创新、产业、安全与发展等领域的联动，尤其在城市的重要功能节点区域，应该优先考虑城市更新过程中的产业空间重塑问题，将传统的旧城改造房地产综合开发模式，转变为城市更新产业空间再造、产业带动产城融合的发展模式。

吸引和培育尖端产业离不开城市的软硬环境，在进行城市更新的时候不仅要建设好包括基础设施和自然生态在内的城市硬环境，夯实产城融合的基石，更要用心挖掘当地的人文历史、风土人情、治安风貌，并将其有机融入城市更新当中，从而实现产城融合的可持续发展。

第五，以智慧城市建设引领城市更新。

借助现代科技，重点涉足智慧社区的建设；充分借助互联网、物联网，涉及智能楼宇、路网监控、城市生命线管理、智慧服务与数字生活等领域，参与硬件部分的建设与改造。同时，不断将信息化、数字化、智能化新型城市基础设施的建设与改造以及交通、能源、供水等基础设施的数据化和连接有机嵌入城市更新方案当中，逐步实现信息空间与物理空间的相互融合，将会是具有重要前瞻性的决策。不断探索和创新实现智慧城市和城市更新的有机融合，更是建设现代化城市治理体系和实现社会治理能力现代化的必由之路。

城市作为一个生命体，一直在不断地自我更新。

未来的城市将是以人为本、绿色低碳、开放包容、文化为魂、科技智慧、安全可靠、先进文明的城市。城市更新一方面需要在制度层面进行顶层设计，建立利益平衡机制，提供多元化的公共产品，营造多样化的人性化空间；另一方面，城市更新应围绕机制创新、规划优

以智慧城市建设引领城市更新

化、科技进步和民生改善，使城市更具创新性、更加自由，社会文化更加包容、充满活力，从而能够持续地从旧环境中衍生出具有独特地方性和先进性的城市特色。

## 第三节　运用精益管理的拆迁工作

由于历史原因，长期以来，人们忽视了对城市历史文化的保护。城市的许多建筑并没有贯彻科学发展的思想，很多建筑既缺乏民族风范，又不能体现现代文明，更有很多建筑与现代的生活方式严重不符，需要拆迁拆除，为人民美好生活"扫清障碍"。同时，国家为了实施乡村振兴战略和推进工业化、城市化的进程，拆迁工作也显得尤为重要，在很多地方拆迁已经成为基层党委、政府经常性的中心工作。

由于拆迁直接牵扯到社会公共、被拆迁群众等多方利益，如处理不好就会成为各种矛盾的焦点，调处不善还会引发冲突，影响项目的推进乃至社会和谐稳定。过去 20 多年来，城市拆迁工作中就出现了很多矛盾和问题，许多地方不太讲究拆迁工作的方法论。

因此，拆迁工作同样要运用精益管理的基本方法和原理，并运用精益管理所涵盖的科学管理的各种原理，如组织行为学和利益相关者分析的原理，开展各种拆迁工作。

组织行为学是研究组织内部个体、群体以及整个组织的行为规律的科学。它关注于如何理解、预测和管理组织内部的行为，以提高组织的效率和绩效。

利益相关者分析是一种用于识别和分析与客户利益相关的所有个人或组织的方法。它帮助客户在战略制定时分清重大利益相关者对于战略的影响，从而制定更有效的战略。

组织行为学为精益管理提供了关于人的行为管理、团队协作和组织文化建设等方面的理论支持和实践指导；利益相关者分析则帮助精益管理更好地识别、管理与评估涉及的各类利益相关者，二者共同构成了企业管理和战略制定的重要工具和方法，有助于企业更好地理解和管理其内部和外部利益相关者，提高组织的效率和绩效，促进了精益管理理念的有效实施和目标的达成。

作者有幸经历了 2005 年后北京旧城改造艰难而进展较为迅速的一个时期，亲身体验到组织行为和建立共赢利益系统在旧城改造决策中的重要性。

在此，以北京前门地区改造的两个经典案例，对如何做好拆迁工作进行解读。

北京是一座具有两千多年历史的古城，早已发展成为国际化的大都市，其蕴藏的丰富历史文化资源是这座城市未来发展的重要基础。

前门是北京城的正门，前门地区从明清时期开始，外地进京赶考的秀才、办事的官员，都住在这一带，造就了店铺多、饭馆多、游乐场所多、会馆旅店多的特色。一直到 20 世纪 80 年代初，老字号企业云集，作为外地游客以及京城百姓们的购物首选，仍是北京商业最繁华的场所。

时代车轮滚滚向前，从 20 世纪 90 年代开始，随着市场经济的蓬勃发展，北京大型商场的数量急剧增加，商业市场购买力被迅速分散。王府井、西单等大型商业集中的商圈日益繁华，曾与之齐名的前门商圈逐渐淡出主流，特别是最繁华的大栅栏，经营规模和业态甚至衰败不堪。

以前门为代表的旧城保护、整治与发展，可谓自新中国成立以来就是困扰这座城市的一大难题，前门改造迫在眉睫。

然而，由于旧城改造牵扯文物保护、城市规划、政府政策与法规、社会保障与就业、百姓居住与收入水平、房地产开发与城市建设等多个重要方面，涉及政府、政府授权的建设或开发企业、文保或建筑专家、房屋产权的所有者（居民或单位）等诸个利益群体，如何协调各方面的关系、如何处理或平衡诸利益群体的利益，就成为旧城改造能否顺利进行，能否实现旧城保护、关注民生和城市发展协调稳步进行的关键所在。

案例一：

原崇文区按照政府主导，审时度势，采用强势思维，建立强有力的组织机构，采取坚决手段进行前门地区搬迁腾退的成功案例。

2006年初，北京旧城改造面临着如下新变化：

（1）拆迁补偿价格的上涨趋势已经出现。2003年以后，商品房价格上涨较快，而同期的拆迁补偿并未出现同步上涨。

（2）百姓的维权意识正在增强。随着2005年国家新宪法的正式执行，对于私有财产的保护得以加强，拆迁居民特别是私房户的拆迁难度有加大的趋势。

（3）新的拆迁政策正在抓紧制定之中，出台后除市政进出设施等非营利项目拆迁外，将不再颁发拆迁许可，即强制拆迁这一手段将很难再使用。

（4）旧城保护的呼声愈发强烈（多为纯粹性的文物保护，而非科学发展的理性思维）。

原崇文区委、区政府从加快该区城市建设步伐、改变城市面貌的角度出发，决定在有可能出现困扰旧城改造的上述因素出现之前，建立强有力的组织机构，采取坚决手段，在一年左右的时间里，完成了前门大街两侧（占地约20公顷）的拆迁。

第一，制定了适合的拆迁补偿政策。平均拆迁价格为每平方米1.5万元左右，区财政及相关企业从银行贷款60亿元保障拆迁。

第二，成立强有力的组织机构。抽调全区所有委办局一把手，成立了20个拆迁工作小组，每组配备处、科级干部。

第三，建立高效、责任明确的工作机制。将该工程列为2006年区政府一号工程，每周一至周五区委书记现场办公。每个工作小组承包若干户居民或单位的拆迁，完不成任务的小组人员不回原单位，到期完不成，小组长撤销原职务。

第四，通过细分被拆迁对象，进行利益整合，建立共赢系统。

经过分析，除个体工商户和央企、市属单位外，前门大街两侧区属单位的产权建筑占拆迁区域建筑面积很大的比例。为实现共赢，通过协商谈判，将其拆迁款作价入股，股权将在拆迁后新建建筑的商业机构（如小吃城）中体现。

依靠上述组织、机制和手段等，至2007年初，前门大街两侧基本完成了拆迁，2008年8月完成了保护修缮施工，在奥运会召开前亮相，引起国内外的广泛关注。而且，2008年该区域的拆迁价格已经上涨至3.5万元以上，简单计算，仅60亿元的贷款投入已实现至少140亿元的资产规模。

经验总结：原崇文区政府能够审时度势、未雨绸缪，采用强势思维，政府亲自上手介入拆迁，赶在形势和环境变化前，快速出手，建立强有力的组织机构和工作机制，建立共赢利益系统，迅速完成了前门地区的拆迁，短期内改变了城市面貌。

**案例二：**

北京某置业公司按照传统拆迁手段，在大栅栏C、H地块进行一级开发的失败案例。

也是在2006年，同样的形势下，北京某置业公司开始了与前门大街一街之隔、地处原宣武区的大栅栏C、H地块（占地约7.5公顷）的土地一级开发（搬迁腾退）。

然而，该置业公司并未像原崇文区那样充分地预见未来形势的变化，而是在拆迁中采取了传统的方式，即招标选取拆迁公司，主要依靠拆迁公司进行逐户拆迁，同时请政府有关部门协助的方式。

拆迁初期，进展比较顺利，至2007年年中完成了1200户中约80%的拆迁，其余200余户处于僵持状态，直至2008年。因此错过了低成本、低阻力拆迁的黄金时机。

现在看来，如果该置业公司能够采取强势思维，加大借助政府的力度，或者由公司自身上手介入拆迁的程度再大一些，结果会大不一样。当然，其中也有资金保障不力的因素影响。

进入 2008 年，企业拆迁面临的形势和环境均发生极大变化。拆迁单价已经上涨到每平方米 3.5 万元以上，有的甚至到了 5 万元；百姓的维权意识大大提高；北京房地产价格相比 2006 年近乎翻番；社会对旧城保护的呼声愈加强烈，不利于拆迁的进行（虽然是保护性拆迁）。

此时，该置业公司应根据环境的变化，及时调整思维和策略，如 2008 年北京某投资公司在其旁边珠宝市粮食店街进行的保护修缮工程，采取了柔性思维，进行认真的相关利益分析，通过谈判协商处理利益冲突，即不再强求居民和单位的拆迁，采取少数搬迁、部分共建、多数修缮的方式完成了街区改造。

其中，共建方式就是采取柔性思维，实现政府、企业及居民多方共赢的局面：政府实现了保护修缮、实现规划的目标，开发建设企业完成了任务并获取少量收益，居民未被拆迁但获得了属于自有产权的新房。

如果 2008 年该置业公司能采取类似的思路，余下的 200 余户居民拆迁问题将得以解决，该地块的一级开发也将顺利完成。然而，过了一年该项目依然进展缓慢。

经验总结：某置业公司未能根据环境变化及时调整策略，两次失去完成拆迁的机遇，组织学习和建立共赢系统的原理未能得以运用。

综上所述，通过应用组织行为学和利益相关者分析原理，可以理解组织行为是组织获取知识、改善行为、优化结构的过程。这一过程旨在从不断变化的内外环境中寻求可持续的生存与和谐发展。建立共赢的利益系统意味着通过分析和评估利益相关者的构成及其利益，进行利益整合，改变权力分布，并通过谈判处理利益冲突，最终建立起多赢或共赢的框架或体系。

由此，再次看到精益管理是如何集成融合了科学管理的各种原理后，灵活地运用到各个领域和各个专项工作中，也再次说明精益思想是建立在自然科学、社会科学和思维科学之上的，更加系统全面与时俱进的思想学说。

## 第四节　城市更新中的西方旧城保护与改造之借鉴

历史文化遗产是一座城市内涵、品质、特色的重要标志，也是中华优秀传统文化的重要载体。在城市更新中，系统保护、利用、传承好旧城历史文化遗产，对延续历史文脉、坚定文化自信、推动城乡建设高质量发展具有重要意义。近年来，各地也越来越重视推动城市更新与旧城历史文化保护传承有机融合，坚持保护与发展并重，让旧城历史文化遗产在城市更新中焕发新的生机与活力。

西方国家对于旧城历史文化遗产保护的工作开展较早且较为系统，2008 年作者曾参加北京市组织的规划和文保部门对罗马、巴黎、慕尼黑及斯德哥尔摩等欧洲历史文化名城的调研与考察。期间，分别与巴黎市政厅、罗马市政厅以及慕尼黑市政厅就历史名城保护与改造进行了较为深入的工作交流。通过交流与实地考察，以上几个城市有关旧城保护与改造的法律法规、规划设计、实施运作模式以及对旧城区的市政改造等方面的成功经验和理念给我们留下了极为深刻的印象，在城市更新中，如何有机地借鉴这些成功经验，值得我们进行更多的思考。

完善而严格的法律法规，是旧城保护与改造的前提。

自 19 世纪开始，欧洲城市的扩建需求剧增，旧城古迹保护逐步引起广泛的关注。通过长期的研究和实践，至今，欧洲城市大多形成了较为完善的有关旧城古迹保护与再利用方面的法规体系，从而指导和约束旧城保护与改造规划的编制和实施。

例如，巴黎现行的有关旧城保护与改造的重要法规文件包括：1913 年通过的"法国文化资产保护法"，规定采用列级和登录的手段将有保存价值的建筑物乃至建筑元素（例如：楼梯、屋顶、特殊建造技术等）和空间等列入名册，由国家历史建筑师把关，不能随意改动，并给予税收优惠和专项维护资金等。

1930年通过的"风景名胜区、古迹保存区保护法规",规定共有1900个列级和登录项目,其中包括工业建筑,这个名册还在不断发展扩充;并划定古迹保护区,巴黎市3/4的行政区范围属于1930年划定的保护区,区内建设工程的申请批准,不仅要通过市政府,还要报送国家文化部历史建筑师审查。

1962年通过的"马乐侯法规",规定了列级或登录的古迹保存项目周边相关地区(一般为周边500米区域)的限制要求。2000年通过的有关巴黎市政府可全权参与古迹保护区规划及实施的法令,旨在增加地方自主权,更重视当地居民的要求和市场需求;节省国家投资,而加大地方政府的投入。

另外,还有关于古迹保护区内拆除、新建建筑的法规,规定除登录或列级保护的1900个建筑及其他5000个有管制要求的建筑之外,保护区内如需拆除、新建建筑均须获得许可;由国家历史建筑师进行鉴定,决定是否能拆除,并提出拆除后的建造方案。

而罗马在有关旧城保护与改造的法规中对城市中各个历史时期的建筑按照建造年代和建筑状况划分等级,分别提出不同的保护和改造要求。

例如,建于中世纪以前的建筑,一定要保留原貌,不能加层、加高度,门、窗不能更改;建筑内部也有保护价值,不能改变;以修缮为主。建于两次世界大战之间的建筑外观不可改变,内部可以进行现代化改造。拆除建筑物上后加的阳台、厕所等,让有保护价值的建筑原貌显现出来。工业建筑可以进行全面改造,但高度、外观及建筑风格必须遵守规划要求。

周密详尽地制定旧城保护与改造规划,并赋予其法定效力。

欧洲城市的市政府对旧城保护与改造规划非常重视,他们一般都与规划师、建筑师事务所合作,组建一个专业机构专门从事旧城改造的规划编制工作,以保证编制人员的专业水准以及不至于因其他业务而分散精力。

例如，巴黎市城市规划事务所（APUR），由巴黎市议会成立于1967年，是一个非营利性组织，经费来源主要为巴黎市、巴黎省、大巴黎地区和国家政府。董事会主席是巴黎市负责城市规划的副市长。技术人员约100人，汇集了城市规划的各主要学科，特别是有城市经营方面的经济专家参与。其主要工作任务是：参与巴黎城市规划和发展政策的确定，制定城市规划政策方向和各类城市规划文件，供议会决策。近二十年的主要代表作有：圣安东尼地区规划、巴黎左岸规划及巴黎作为举办奥运会候选城市的规划。

这些专业机构在认真调查及分析历史街区的历史和现状的基础上，制定出十分详尽的保护和改造方案，从文物及重要历史建筑的保护方案到历史街区的控制性详规，以至现有单体建筑的改造方案，内容丰富，涉及建筑的红线、高度、高度与道路宽度的比例、密度、外观、色彩、与老建筑及邻近建筑的关系、内外结构、地下空间、使用功能、绿化、停车等各个方面。

例如，巴黎圣安东尼地区位于巴黎市中心东部，原巴士底狱附近，是建于19世纪末期的居住、工业区，以建筑围合的中庭为特色，区域面积约85公顷。

该地区规划将300栋建筑和70个左右的中庭予以保留。规划不仅仅注重保护古建筑，更注重保护该地区的城市形态，包括道路尺度、建筑功能和景观。规划对该地区建筑的使用功能及比例有所规定，力图保持该地区居住和工业功能混合的特色，建筑首层必须为商业。另外，对建筑高度、建筑元素保护等有要求。在保护的同时，提供经济发展和适应现代需求的可能性。

另外，对于历史保护区的规划和历史建筑的改造，并不完全拘泥于现状，而是认真分析其传统功能，结合城市未来发展的需要，对其功能予以定位。例如，罗马在整修古迹时根据需要赋予其新的使用功能，将旧军营改为大学，将老工厂改为科学博物馆等。再如，罗马西班牙广场附近地区（传统商业繁荣区）规划将部分居住用房改为商业和办公用房，各类用地功能配比为：30%居住、40%办公、

30% 商业。

规划在实施过程中并非教条或机械地执行编制，而是采用动态管理，并在调整时充分考虑城市经营和以人为本的原则。巴黎圣马丁运河沿岸规划正是这方面的范例。

圣马丁运河位于巴黎市区，原为工业仓储货运服务，随着城市的发展，此项功能日渐衰退。规划将原来沿河的仓储用地改变为休闲娱乐空间；将岸上停车和水中停船进行清理，增加亲水空间；仍保留个别水运码头，减少市区汽车交通及污染；沿河道路在工作日可允许汽车使用，周末则禁止机动车通行，成为人们散步、休闲、运动的场所。浪漫的巴黎人喜爱在这里野餐，并在夏季将河畔布置为人造海滩。

特别值得一提的是，欧洲城市的旧城保护和改造规划是与整个城市的发展规划紧密结合的。如罗马市议会 2003 年 3 月批准采用的罗马新城市发展规划（New Urban Development Plan for Rome），巴黎 2005 年将通过的地方城市规划（PLU），其中关于历史城市的规划和政策是重要的组成部分。

最为重要的是，各个地方政府高度重视旧城保护与改造规划的严肃性，规划一经议会审定并颁布，即成为一项地方性法规，任何机构和个人都必须遵守，从而保证规划在实施过程中不走样、不改变。

政府主导，公司化运作，按市场规律实施改造规划。

谈到旧城保护和改造的运作模式，几个城市的政府官员都不约而同地表示：规划的具体实施必须按市场规律办事，政府作为市场规则的制定者和监督者，不能直接出面进行旧城改造的操作，既不会为追求盈利而直接出资改造，也不应因此而背上财政赤字的包袱。政府的目标在于改变城市面貌、提升城市功能、繁荣市场，从而增加税收并提高就业率。同时，完全交给市场运作也不行。

那么如何运作呢？巴黎市政府的做法比较有代表性，即由巴黎市政府出资 51% 的股份，与一家或多家私营公司合资成立一个从事旧城改造的专业化投资公司。政府为该公司提供信用担保，投资公司从银行贷款取得主要改造资金，投资公司向建筑物所有者购买房屋和土地，进行基础设施建设，可将建造权出售，或者自己修复改造建筑，待改造完成后以较高价格面向社会进行销售。对于销售利润，市政府会将其应分得的收益全部用于该区域的市政及公益事业，最终做到政府出资部分的收支平衡。例如塞纳河左岸 130 公顷特别开发区，就是由大约 20 个这样的公私混合开发公司运作。

通常历史街区改造中会有 50% 以上的居民搬迁出去，改造中的搬迁是比较顺利的。那么，对于个别不愿搬迁的居民，如何处理呢？这是我们十分关心的问题。

他们的做法是，个别不愿搬迁的居民完全可以留下，但必须自己出资，按照政府规划对其建筑物进行保护和改造，如没有能力改造则必须转让他人，由有能力改造的个人和机构来实施改造，因为谁也不能不按规划改造而构成违法。

实行公司化运作会不会在保护和改造实施过程中出现偏差呢？他们的解释是，首先，保护和改造规划一经颁布，就是一项法规，必须遵守；其次，如果出现偏差，那么也是政府的规划编制存在漏洞或改造中及竣工后把关不严造成的，与公司化运作本身没有直接关系。相反，通过公司化运作，政府在达到改造目标的同时，有效化解了资金风险，充分利用并发挥了公司把握市场能力、项目经营能力等方面的优势。

旧城市政基础设施、服务设施的改善不可小视。

以上几个欧洲城市在旧城市政基础设施和服务设施的改造与改善方面，同样做得周到细致、点滴入微，既实现对旧城原貌的整体保护，同时体现以人为本和环境保护的理念。

关于历史保护区的道路交通和停车方面，始终以历史文化保护为第一要义，保护区内不鼓励机动车交通，并采取相应措施。例如，巴黎推行小尺度人行步道；禁止非居民和私人交通工具入内；清除沿路停车带，改为绿化带，加宽人行道，对于减少的停车场所并不考虑在别处安排；规划建议减少停车位，由 1 辆 / 户减为 0.5 辆 / 户（巴黎市 44% 的家庭拥有汽车）。罗马划定步行区，除居民、上下货、公共汽车、出租车、救护车和救火车可进入，其余车辆不能进入；限定大型游览车的路线和停车场所；道路铺装采用火山岩等传统材料。

在十分注意保护地下遗迹的前提下，利用地下空间安排停车和其他设施。罗马城内的梵蒂冈土地稀少，他们就利用国门前的小山丘，将山丘内部及地下掏空，建成一个巨大的停车场和游人步行梯通道，既不破坏山上的环境和建筑，又解决了停车和行人交通问题。在巴黎，旧城区许多广场的地下被用于停车及其他必要的设施，使旧城保护与地下空间的充分利用有机结合起来。另外，旧城内许多小型服务设施的独具匠心的细节设计也给我们留下了深刻的印象。

例如，几乎每个旧城区的公共汽车候车亭均用透明玻璃钢制成，这样无论从哪个角度看，均不会对周边古建筑造成视野上的影响，最大限度地减少了现代设施对旧城风貌的破坏。

在巴黎，所有的街头垃圾桶都很简单，这种垃圾桶只由简易的金属架和透明塑料袋构成，成本低，便于垃圾收集，更主要的是不会因街头设置"庞然大物"而带来对古建筑的视觉冲击。

在斯德哥尔摩王宫周围，经常可以看到一些漂亮的小亭子，造型和建筑风格与王室建筑十分吻合，乍看很难知道其用途，细看才知是为游人设置的简易厕所，使得风貌保护与人文关怀相得益彰。在罗马旧城区的非主要道路，其街道两侧都不设路灯杆，路灯均安置在两侧建筑物的外墙上，以节省宝贵的道路空间。

这使我们再次体会到历史街区的改造在规划设计以及为今后的城市管理考虑等诸方面的细节是何等重要，历史街区的改造是一项复杂的系统工程。

再有，考察中我们也体会到，各个城市的旧城保护与改造在充分体现以人为本和科学规划理念的同时，也对城市经济发展做出了很大贡献。在旧城改造中充分挖掘其促进经济发展的价值，从而带动城市相关产业的快速发展，也应引起人们的重视，欧洲各历史名城的经济繁荣已充分说明了这一点。

　　"文物不言，自有春秋；物质有形，精神不朽"。目前，我国城市更新中涉及的旧城保护和改造同样面临着各种矛盾和问题，如何因势利导，因地制宜，确立科学的保护与改造理念，制定合理的规划方案，采取符合市场经济规律的运作模式，上述欧洲历史城市的做法和经验值得我们深入思考和学习借鉴。

# "第五代住宅"的
## 五大特征

- 所谓"第四代建筑"，以独立的空中花园、共享绿化平台和风雨连廊等为特点，正在市场上涌现并受到购房人追捧。
- 如何在"好房子"的全面性、系统性、内在性和长期性等方面做提升，特别是结合AI时代的到来，满足"觉醒的"消费者，这又是广大泛地产从业者们的重大课题。在此，我们试着提出"第五代住宅"的五大特征：

**基本前提**即是社会文明进步和对人性的尊重，强调建筑、环境和生态对人文素养的教化，以及对城市文明程度的培育。

**双重满足**物质和精神空间，强调对精神空间的重视和补足，尤其是"五感"对个体深刻和长期的影响。

**全面导入**全球百年制造业和新兴科技产业之精益思想和精益管理理念。

**集优合成**前四代建筑的成果积淀，进一步强调"全功能空间"的全面应用。

**全面拥抱**AI时代，预先在空间、动线和功能等方面布局并逐步实施人形机器人进入居家和社区。

# 第九章
# 未来之路：梦想与挑战

## 第一节　泛地产与新型城镇化

改革开放前，我国城乡发展差距巨大，以城镇化率来看，1949年末城镇化率仅为10.64%，1978年末也只有17.92%。

改革开放后，城乡之间劳动力、土地、资金等要素加速流动，我国经历了世界历史上规模最大、速度最快的城镇化进程，取得了举世瞩目的成就——2023年末，我国城镇常住人口达9.3亿人，比1978年末增加7.6亿人，常住人口城镇化率为66.16%，提高了48.24个百分点。

城镇化进程明显提速的同时，也要注意到，如果以户籍人口计算城镇化率，2023年底全国户籍人口城镇化率则为48.3%，这一数据还是得益于户籍制度改革的全面落地、农民工进一步市民化的结果。同时，改革开放以来也面临一些发展中遇到的问题，如进城务工人员还没有完全融入城市，部分城市资源环境承载能力减弱，部分城市社会治理体制和水平滞后等。因此，若以城镇化实现的质量即城镇的人口结构、经济发展、基础设施、公共服务、生态环境、社会质量等指标来衡量城镇化率，这一比率可能会更低。

实践证明，对于人口众多的发展中国家来说，推进城镇化进程不能再走粗放扩张的老路，而应当探索并实施一条创新的城镇化发展路径。

与传统城镇化不同，新型城镇化不仅仅是人口向城市的简单迁移，还包括城乡资源的优化配置、基础设施和公共服务的均等化发展以及生态环境的改善等。

早在 2012 年，党的十八大报告就明确提出"坚持走中国特色新型城镇化道路，推进以人为核心的城镇化"的发展道路，为新时代中国城镇化的发展指明了方向。

2013 年 12 月，中央城镇化工作会议提出了推进城镇化的主要任务，强调"人的城镇化"是推进新型城镇化的关键。

此后近十年，经过不断探索，2022 年 7 月 28 日，国家发展改革委印发《"十四五"新型城镇化实施方案》，提出"十四五"时期推进新型城镇化的目标任务为加快农业转移人口市民化、优化城镇化空间布局和形态、推进新型城市建设、提升城市治理水平、推进城乡融合发展，推动城镇化质量不断提高。

2024 年 7 月 28 日，国务院印发《国务院关于印发〈深入实施以人为本的新型城镇化战略五年行动计划〉的通知》（国发〔2024〕17号），提出经过 5 年的努力，常住人口城镇化率提升至接近 70%。要坚持以人为本、推进农业转移人口市民化，坚持遵循规律、发挥市场配置作用，坚持分类施策、因地制宜确定建设方向，坚持集约高效、推动城乡融合区域协调发展等。

可以说，我国新型城镇化经历了一个深刻而全面的转型过程。如今的新型城镇化，其内涵可以概括为：以城乡统筹、城乡一体、产城互动、节约集约、生态宜居、和谐发展为基本特征的城镇化，它强调大中小城市、小城镇、新型农村社区的协调发展，并注重城镇化的质量和效益。这一过程中，人的城镇化是核心，要有序推进农业转移人口市民化，让他们能够平等地享有社会地位、公共服务以及上升流动的机会。

充分释放新型城镇化蕴藏的巨大内需潜力体现为投资与消费两个方面，提升城镇化发展水平，伴随而来的将是基础设施扩容、产业发展提质以及公共服务增效等，意味着更大的消费和投资需求。

新型城镇化与泛地产，二者有什么关系？

一是，新型城镇化对泛地产在需求侧的影响。

人口流动带来的需求：随着新型城镇化的推进，大量农业人口向城镇转移成为市民。这一过程中，他们的住房需求不断增加，为市场提供了稳定的需求来源。

改善性需求增加：随着城镇化水平的提高，人们对居住环境的要求也在不断提高。从基本的居住功能向舒适度、便利性、安全性、文明的生活方式等多维度需求转变，推动了泛地产市场向更高品质、更多元化的方向发展。

二是，新型城镇化对泛地产在供给侧的影响。

住房保障体系建设：新型城镇化要求完善农业转移人口多元化住房保障体系，加大保障性住房建设力度，满足不同层次、不同需求的住房需求。这有助于构建更加完善的住房市场体系，促进地产市场的平稳健康发展。

城市更新与老旧小区改造：新型城镇化是比城市更新和老旧小区改造更为宽泛、影响更为深远的范畴，通过提升城市基础设施和公共服务水平，改善居民居住环境，这一过程也为地产市场提供了新的发展机遇和空间。

三是，泛地产对新型城镇化的支持作用和积极影响。

提供资金支持：泛地产的发展为新型城镇化提供了重要的资金支持。通过土地出让、房地产开发等方式，可以为城市建设提供大量资金，用于基础设施、公共服务设施等建设。

推动产业升级：泛地产市场的繁荣也有助于推动相关产业的发展和升级，如建筑业、装修业、物业管理等。这些产业的发展不仅为城镇化提供了更多的就业机会，还有助于提升城市的综合竞争力和吸引力。

促进人口集聚：泛地产市场的健康发展可以吸引更多的人口向城市集聚，从而推动新型城镇化的进程。人口的集聚有助于形成规模效应和集聚效应，提高城市的经济活力和发展潜力。

综上，新型城镇化既为泛地产带来了巨大的发展空间，也对泛地产提出了更高的发展要求。随着我国新型城镇化的深入实施，特别是在城市更新领域，高质量发展的潜力依然巨大。新型城镇化与泛地产之间形成了相互推动、相互依赖的关系，它们之间的和谐发展对于促进经济的增长、改善居民生活质量以及提高城市的整体水平具有重大意义。

推进中国式现代化的宏伟框架下，二者有什么共同点？

中国式现代化的生产、生活、生态基础空间依赖于建筑业的现代化和泛地产的现代化，而中国式现代化的必由之路是新型城镇化。

泛地产现代化的核心是围绕人的思想和生活方式的现代化以及人类文明的进步，要求泛地产的管理者、设计者、建造者、运营者和消费者五者同步的现代化。

新型城镇化的核心也从关注"物"转向关注"人"的发展，融合了民生福祉、可持续发展的长远考量与质量提升的不懈追求之中，构筑一个以平等、幸福为基石，转型、绿色为动力，健康、集约为导向的多元价值体系，实现区域间的统筹规划与和谐共生，建设崇德向善、文化厚重、和谐宜居的文明城市，实现全社会的文明是新型城镇化的根本目标。

二者你中有我，我中有你。从国家维度看，新型城镇化是中华民族城市化进程中的国家战略，泛地产是人类社会文明程度进阶到一定阶段的必然结果。从时间维度看，新型城镇化是泛地产短期内的目标之一，而泛地产是随着人类文明进步不同阶段，将持续绵延不断、滚滚向前。

但是可以确定，二者共同点是泛地产与新型城镇化都是为了实现

257

以人民为中心的现代化为最终目标，即实现人在思想观念、生产方式、生活方式、人的能力等方面的现代化，直至实现人类文明发展的现代化。

综上，新型城镇化为泛地产的高质量发展提供了广阔空间，以人为核心的新型城镇化建设将成为泛地产持续增长的引擎，下面以海南自贸港为例，谈一谈对推进新型城镇化的具体思考。

## 第二节　推进新型城镇化——以海南自贸港为例

海南省作为全国最大的经济特区、唯一的中国特色自由贸易港，其承担着"新时代中国改革开放的示范"这一历史重任。而海南新型城镇化建设正是海南推进改革开放的重要战略举措，也是高质量建设海南自由贸易港的重要途径。

海南省城镇化率和经济总量近年来快速增长。2023年常住人口增加了16.19万人，在全国各省份中增量排第三位，全省常住人口城镇化率为62.46%。2023年海南省地区实现生产总值7551.18亿元，比上年增长9.2%。其中，第一产业增加值1507.40亿元，增长4.6%；第二产业增加值1448.45亿元，增长0.3%；第三产业增加值4595.33亿元，常住居民人均可支配收入33192元。

空间格局方面，核心城市的辐射力进一步增强，形成以海口、三亚为省域中心，儋州、琼海为区域中心的格局。海口在商贸、金融等领域实力强，三亚是国际旅游胜地，吸引多元投资，儋洋一体化进一步整合优势。中心城市辐射力增长，带动周边地区城镇化。

基础设施建设方面，交通网络得到跨越式发展，高速公路、高铁网络延伸，机场扩建，环岛旅游公路提升和环热带雨林国家公园旅游公路建设，路网结构完善。城市公共交通系统进一步完善，绿色基础设施建设推动生态文明、信息基础设施建设取得突破，水利、能源等基础设施现代化改造服务能力和效率稳步提高。

海南在推动城镇化的过程中，存在五个显著的问题：

一是，核心带动有待提升加强。

2023年海口、三亚城镇化率分别为83.34%、72.34%，超过国家66.16%的平均水平，其他市（县）均低于国家平均水平，呈现出沿环岛旅游公路城镇化率相对较高、沿环热带雨林国家公园旅游公路城镇化率偏低态势。海口、三亚地区经济发展迅速，现代化设施相对完善，吸引其他区域人口进入，整体引领带动作用有待进一步加强，其他市（县）的综合实力也不及发达兄弟省份的同位城市。

二是，产业支撑有待强化优化。

2023年，海南的三次产业比为20：19.2：60.8，显示出其产业结构依然较为单一，尤其是高新技术产业和热带特色高效农业等新兴产业的比重尚低，经济增长对旅游业的依赖性较大。在创新能力方面，海南的高新技术产业总产值和企业数量与发达地区相比存在明显差距，科技研发投入的强度亟须增强。此外，海南各市县的产业发展存在不平衡现象，部分市县产业基础薄弱，缺乏有竞争力的主导产业，这限制了资源的有效利用和全省产业结构的优化升级。

三是，公共服务有待提档升级。

海南省在基本公共服务的供给规模和质量方面，相较于国内发达地区仍有提升空间。城乡间的基本公共服务存在较大差异，部分县城的服务设施条件和能力相对较弱。在优质教育、医疗等公共服务资源的分配上也显示出不均衡性，城镇中的养老服务、托幼服务以及家政服务等基础设施相对不足。此外，基础设施的短板和弱项仍然较多，面临着更新改造和运营维护的压力，这与人民对美好生活需求的增长之间存在一定的差距。

四是，城市营销推广有待突破。

海南省在城市营销和品牌推广方面仍然依赖于传统的策略，未能充分利用现代传媒和数字化工具充分展示海南的独特魅力和优势。这种做法导致海南在塑造城市形象和推广旅游资源时缺乏创新性，难以在国际舞台上建立一个清晰和鲜明的主题形象，从而在一定程度上影响了海南的国际知名度和作为国际旅游消费中心的竞争力。

五是，文化调整及现代化发展机遇。

在海南新型城镇化进程中，城市现代化虽带来诸多发展机遇，却也伴随着文化同质化的问题，导致黎苗等本土文化特色逐渐淡化，内生的传统文化有待挖掘梳理传承发扬，城镇风貌趋同，削弱了海南的文化软实力，缺少独特文化标识。海南在地理上孤悬海外，但其离岸性随着自贸港建设等国家战略的全面实施，需要亟待追赶，实现跨越式发展，做到绿色化、智慧化、国际化即现代化的样板。

以上，第五个是新型城镇化的核心问题，也是未来海南自贸港发展的重中之重。

2022 年 6 月 1 日，海南省发展改革委印发《海南省"十四五"新型城镇化规划》，制定了一系列促进城镇化发展的政策措施，提出海南新型城镇化应坚持"全省一盘棋、全岛同城化"，以实现共同富裕为方向，以推动城镇化高质量发展为主题，形成多中心、多层次、多节点网络型城镇战略格局，达成全岛同城化目标。

海南新型城镇化的主要任务，包括不限于加快推进农业转移人口市民化、促进形成网络型城镇格局、建设高质量现代化城市、推动城市治理体系和治理能力现代化、促进城乡融合发展等。具体包括：

第一，高水平构建多层空间格局。

以人为核心的新型城镇化，应始终坚持人民至上，以满足人民日益增长的美好生活需要为出发点和落脚点。城市更新、三大工程、海绵城市等不仅是完善城市空间结构优化和提高农村生活幸福感的重要手段，更是推动城市高质量发展的重要举措和新型城镇化战略下的具体实践与建设抓手。

对标海南自由贸易港建设要求和适应以人为核心的新型城镇化高质量发展要求，决定了海南城镇化的发展将会更多地体现自身的特色，可以概括为"重点集中、节点高效、差异指引、加快融合"。

重点集中，海口、三亚示范先行。通过政策指引和基础设施网络的配套衔接，引导人口、产业、资金、技术等发展要素进一步向海口、三亚两大核心城市集聚，发挥其对全省城乡发展的辐射带动作用，与周边中小城市开展"总部＋基地""研发＋生产""生产＋服务"等协作，构建中心至外围梯次分布、链式配套的产业格局，强化产业分工协作。创新市场监管制度与公共服务设施供给方式，推动企业准入标准一体化，加快市场一体化建设，推进公共服务共建共享，使其作为支撑全省建设的空间枢纽，有序推进城镇化发展。

节点高效，区域中心城市能级提升。遵循海南的发展特点，满足以旅游业、现代服务业、高新技术产业、热带特色高效农业为龙头的现代产业体系发展需要，引导城乡经济要素的自由、有序流动。在强化核心城市辐射带动作用的同时，进一步加快培育陵水、东方、琼海、儋州—洋浦四大区域节点城市，通过其所拥有的优势，加速发展自身的产业和经济，提高区域内的综合竞争力，与周边乡镇强化产业协作、生态治理、服务共享，引领带动区域协调发展。

差异指引，一般市县特色化发展。坚持"全省一盘棋、全岛同城化"，以实现共同富裕为方向，在客观识别全省不同地区市县发展动力来源、发展模式、城乡互动关系差异性的基础上，因地制宜地进行分类，为各市县制定差异化建设指引，引导人口就地、就近城镇化。

加快融合，以县域城乡融合引领乡村全面振兴。以城乡建设一体化为核心，持续推进"百镇千村"建设，统筹县域城镇和村庄建设规划，加快推进农村居民点体系与城乡居民点体系的融合，促进县域内城乡建设整体提升和均衡发展。推进农垦系统尽快融入城乡体系，形成一批现代化农业产业园，发挥农垦在海南现代农业发展中的龙头作用。

第二，高质量打造产城融合体系。

培育特色优势产业集群。坚持以产兴城、以城聚产、产城融合，结合海南省区位，发挥要素成本优势，实施消费品"增品种、提品质、创品牌"专项行动，推动海口国家高新技术产业开发区和洋浦经济开

新型城镇化改善空气质量

发区建设，培育壮大产业集群，着力提升数字经济、石油化工新材料和现代生物医药等产业的核心竞争力和辐射影响力。发挥文昌国际航天城、博鳌乐城国际医疗旅游先行区、三亚崖州湾科技城科技引领作用，吸引国内外高端创新资源集聚。海南（昌江）清洁能源产业园、老城经济开发区、海南生态软件园、海口复兴城互联网信息产业园、三亚互联网信息产业园、陵水清水湾信息产业园进一步明确功能定位，优化功能布局。推动生产要素、重大项目、骨干企业向园区聚集，提升单位面积投资强度、产值和税收，积极推进"港产城"融合发展，打造新质生产力的重要实践地。

促进产业园区提级扩能。加大对海口江东新区等产业园区基础设施建设的投入,完善园区内的道路、供水、供电、供气、通信等基础设施,提升园区的承载能力和吸引力。推广使用清洁能源和环保技术,建设生态友好型产业园区。积极推动产业园区与高校、科研院所的"产学研"合作,促进科技成果的转化和应用,构建高水平专业化产业服务支撑平台。

推进城乡产业协同发展。加强农业全产业链建设,以农产品加工为核心,加快推动农业由单一的农副产品生产为主向科研、生产、加工、贸易、休闲旅游等全产业链拓展,深入推进一、二、三产业融合发展,创造农村经济新模式。

强化产业发展人才支撑。聚焦于旅游业、现代服务业、高新技术产业以及热带特色高效农业等主导产业,同时着眼于种业、深海和航天等未来产业,分层次组织人才培养项目,以提升人才的专业技能和综合素质。积极拓展人才引进渠道,通过举办人才工作站交流活动、国内外人才招聘会等多种形式,吸引更多优秀人才投身海南的发展。同时,推动企业参与制定培养方案和专业教学内容,鼓励职业院校聘用企业的专业人才兼职任教,以实现产教融合,提高教育的实践性和针对性。

第三,高品质建设安全韧性城市。

优化城市公共资源配置。提升城市承载力,强化城市安全和韧性,推进关键自然灾害防治工程,实施海岸线和岛屿生态恢复,构建沿海防护林体系,布局风暴潮高风险区生态缓冲带,提高灾害应急救援能力,确保公共安全和应急管理体系高效运行。加快城市排水防涝体系建设,加强雨水管网和泵站建设,推进雨污分流和海绵城市建设,打造宜居、韧性、智慧城市。提升公共服务和市政设施水平,完善城市功能。从新型基础设施建设到传统设施升级,提高城市安全性、智慧化和便捷性,提升生活品质。增强公共基础设施的"平急两用"功能,提升相关设施配套,优化支线道路,升级垃圾和污水处理系统,挖掘

"平急两用"设施商业潜力，引导资本投入，促进可持续发展。

强化社会民生支撑力。通过保障性住房、市场化商品房、市场化租赁房，提供多样化的住房选择，满足不同收入层次居民的住房需求。有序推进老旧小区、棚户区和城市危房改造等城市更新行动，因地制宜地对城中村进行整体重建或完善社区服务、改善居住环境、改造落后基础设施，增强社区凝聚力和居民归属感；同时，支持城市更新政策向重点镇和垦区延伸。

增加城市环境吸引力。探索"公园城市"理念与城市建设实际相结合的路径，形成功能完善、布局均衡的城市生态环境系统，打造美丽海南新形态。在生态保护的基础上挖掘"靠山面海"的生态价值，打造具有海南特色的生态地标。推进城市环境微治理和精细化管理，改善社区和街道小环境。开展景观绿化提升行动，结合生态修复提升城市绿地、水体的生态服务功能，拓展开放共享的生态空间体系。

建设韧性安全发展力。以发展力强化城市韧性安全共建、共治、共享，推动韧性安全城市可持续发展。将韧性安全发展理念融入城市总体规划，建立跨部门协调机制，强化风险评估与预警机制。强化应急管理体系，促进社区韧性建设，加强公众教育与培训。推动科技在防灾减灾中的应用，发展智慧城市与数字治理。

第四，高效能推进城乡治理水平。

强化规划引导管控。全面贯彻以人为本、尊重自然、传承历史、绿色低碳的规划理念，以"全省一盘棋、全岛同城化"的理念推动区域协调发展、优化重大基础设施、公共服务、产业平台布局。深化"多规合一"，全面落实上位规划，强化各类规划的衔接协调，高效指导下一层级规划编制，实现一张蓝图绘到底。

推进智慧城市建设。将数字技术广泛应用于城市政府管理服务，推动政府治理流程再造和模式优化。加强区域之间、城市群之间、城乡之间基础设施的共建共享，科学布局5G网络、数据中心、人工智能等新型基础设施，增强城市承载能力和安全保障能力，整合海口、三亚等"城市大脑"，构建全省统一的智慧大脑，打造海南智慧办公平台，提升跨部门协同治理能力，提供无差别、全覆盖、高质量、高效便利的政务服务和社会服务。

开展投融资体制改革。建立政府与市场合理分工的投融资体制，积极引入社会资本参与城镇化建设，加快财税体制和投融资机制改革，创新金融服务，放开市场准入，逐步建立多元化、可持续的城镇化资金保障机制。统筹安排财政资金投入、政府投资、地方政府债券发行，综合运用多种政策工具，加大对新型城镇化相关项目的支持力度。全面推进地方融资平台公司市场化转型，打造竞争力强的地方基础设施和公共服务投资运营主体。

展望未来，随着海南自由贸易港政策的深化和城乡人口、资本、信息等日常流动的加速，海南省的城镇化进程有望得到显著提高。坚持推进新型城镇化，对于海南省打造具有中国特色的自由贸易港和国际旅游消费中心至关重要。新型城镇化不仅是实现现代化的关键路径，也是高质量建设海南自由贸易港的核心策略。

# 第三节　构建海上未来城市——以南海为例

海洋，这一蓝色国土，孕育了生命、联通了世界、促进了发展，为人类提供了物质、能源、交通乃至居住等诸多供给和保障。随着科技发展，人类对海洋资源的开发利用将更加深入，海洋将为人类开辟出新的生存和发展之路。

我国是海洋大国，管辖海域总面积约 300 万平方公里，拥有大陆岸线 1.8 万多公里、海岛岸线 1.4 万多公里，其中海南管辖的南海约 200 万平方公里的海域，占我国海洋面积的 2/3。

相较于面积，2023 年海南海洋生产总值仅占全国的 2.58%，与其他沿海的海洋经济发达省市相比差距不小，而海南作为全球唯一的自贸港，是生产要素价格的洼地、政策预期的高地，发展海洋经济潜力巨大，向海而兴，向海图强，海南建设海洋强省，深耕蓝色国土，壮大海洋经济势在必行。

不远将来，为应对全球气候变化的严峻挑战、破解陆地城市发展空间限制以及随之而来的资本投资新趋势，海洋将成为泛地产（海洋地产）进军的主战场，而南海则将是泛地产探索以海洋牧场为起点和基础产业的"海上未来城市"的天然示范地。

什么是海洋牧场？

海洋牧场是基于海洋生态学原理和现代海洋工程技术，充分利用自然生产力，在特定海域科学培育和管理渔业资源而形成的人工渔场。在蓝色经济理念的引导下，海洋牧场得到了全球沿海国家的推崇，许多国家将海洋牧场作为转变海洋渔业发展方式的重要路径以及发展海洋渔业经济、改善海洋生态环境的重要举措。

为什么要发展海洋牧场？

海洋牧场可以帮助减少温室气体的排放，同时增加碳吸收和固定能力。海洋生物能够吸收二氧化碳，减少大气中的温室气体浓度，从而有助于应对气候变化问题，增加海洋生物的蓝碳贡献；通过应用先进的养殖技术、远程监测和智能控制系统，可以提高养殖效率、减少资源浪费和环境污染；海洋牧场在降低海洋捕捞强度，减少海水养殖密度的同时，还可以推动养殖升级、捕捞转型、加工提升，促进休闲渔业发展，有效延伸产业链条，提升海洋渔业的附加值；海洋牧场能够提供更多优质安全的水产品，推动渔业从传统的"规模数量型"向"质量效益型"转变，促进我国海洋渔业转型升级和持续健康发展。

什么是现代化海洋牧场？

现代化海洋牧场是在海洋牧场的基础之上一种新型的海洋生物资源开发模式和渔业生产方式，它基于生态系统，利用现代科学技术支撑和运用精益管理等现代管理理论与方法进行管理，实现集生态养殖、资源增殖、环境保护、休闲渔业和渔业装备智能化等多种功能于一体的综合性渔业生产方式。现代化海洋牧场不仅关注渔业资源的产量，更注重海洋生产、生态、生活空间系统的稳定性和可持续发展。

我国高度重视现代化海洋牧场的建设与发展。2016年，国务院印发了《海洋牧场规划（2016—2020年）》，明确了海洋牧场建设的总体目标和重点任务。截至2024年8月，创建的国家级海洋牧场示范区达189个，已建设了一批规模适度、基础设施完善、技术先进、管理规范的现代化海洋牧场，实现海洋牧业可持续发展和海洋经济多元化发展。

海南省对于海洋牧场产业也高度重视，陆续出台了《加快渔业转型升级促进海南渔业高质量发展若干措施》《海南省海洋牧场试点项目管理暂行办法》《海南省休闲渔业管理办法（试行）》等多项政策，支持打造立足海南，充分挖掘、利用自贸港政策和南海资源优势现代化海洋牧场产业，积极谋划南北方海洋牧场产业基地、全方位发展国内外市场，统筹政企内外部合作、创建政企协同发展的格局，形成海洋牧场新型经济体，引领现代化海洋牧场发展。

现代化海洋牧场的发展是多元化的，涉及全新领域与纷繁复杂的系统工程，主要涉及六大产业或领域。

第一，海洋生物。

海洋生物产业主要包括渔业、海洋生物技术、海洋生物医药等多个领域，发展迅猛，海洋药物临床试验稳步推进，海洋生物制品生产规模不断扩大。布局上需重点把握育苗、饲料、医药等上游端产业和冷链、物流、销售等下游端重点盈利产业。针对我国鱼粉行业生产企业数量较少，且部分养殖品种的苗种对外依赖严重的问题，产业的发展需要统筹合作研究所、龙头企业联合进行科技性创新、研发，充分布局，将海洋生物产业核心技术掌控在手中，围绕海洋生物，重点搭建海洋南繁种业资源库，重点发展渔业种苗研发及海洋渔业饲料研发、生产和生物制药。

第二，海洋能源。

我国海洋能源资源十分丰富，主要包含潮汐能、波浪能、海流能、海水温差能、海水盐差能、海上风能、太阳能和海上光伏，可开发利用量达10亿千瓦的量级，随着陆地资源逐渐匮乏，开发海洋能已迫在眉睫。海洋能的挖掘是发展现代化海洋牧场的重要一环，将海洋能源产业与深远海养殖相结合，不仅可以为陆地节省空间，还可以更好地开发利用资源。目前，国内常见的与海洋牧场相结合的能源主要以海上漂浮式平台的方式出现。布局上可重点打造潮汐流能发电平台、半潜式波浪能养殖旅游平台、海流能海上发电平台、风渔融合平台、海上光伏海洋牧场和海上漂浮式太阳能平台。

第三，海洋工装。

海洋牧场的高质量发展离不开海洋工程装备产业。1998 年，我国从挪威引进 HDPE 重力式深水网箱，开启了国内深远海养殖业的发展，目前深水网箱、大型桁架类钢结构式网箱和大型游弋式养殖工船已成为我国深远海养殖的三种主要形式。2023 年，海洋工程与装备制造业全年实现增加值 872 亿元，深海油气开采装备、深海渔业养殖装备和海上风电装备等实现新突破。布局上可重点发展大规模养殖设施、海洋养殖平台及桁架式养殖网箱等。

第四，海洋文旅。

海洋文旅作为海洋牧场下游端产业链，一直以来都是海洋经济的重要组成部分，2023 年全年实现增加值 14735 亿元，占比传统海洋产业的近半数。海南拥有西沙航线的独特旅游资源，在发展深远海养殖的同时，将渔业养殖与海上休闲观光相结合，打造海上漂浮式综合体，形成渔旅结合型海洋牧场。通过设施融合拓展创新模式，可重点发展岛礁开发、渔能融合、渔旅融合及邮轮经济等业务。

第五，海洋碳汇。

气候变化是人类共同面临的严峻挑战，我国一贯坚持减缓和适应并重，实施积极应对气候变化国家战略，庄严提出了"双碳"承诺目标。海洋是地球上最大的碳库，碳储量占全球碳总量的 93%，海洋负排放潜力巨大，而海洋碳汇是通过渔业生产活动促进水生生物吸收水体中的二氧化碳，并通过收获把这些已经转化为生物产品的碳移出水体的过程和机制，也被称为"可产业化的蓝碳"和"可移出的碳汇"，海洋碳汇是我国实现碳中和路径的重要一环。

海南作为海洋大省，海洋生态系统种类全，藻类、贝类物种多样性高，特别是贝类储碳能力强，增汇潜力大，在全国处于重要地位。利用现代化海洋牧场项目建设，持续提升海洋生态环境，发展蓝碳经济，构建海洋碳汇储备库，发展蓝碳产业、生态优化及海洋碳汇储备、蓝碳交易等。

第六，海洋商品现货、期货交易。

产品的重构就是交易中心、交易规则和交易标准的重构，全国有众多水产品批发市场，但是尚未建立以海洋商品为主的现货交易及期货交易中心，为此，海洋牧场应坚持"交易为先、销售导向"，在海洋牧场业务的开展之初，着手从后端建立海洋商品现货、期货交易中心以实现现代化海洋牧场产业链的交易基础。

通过向金融管理部门申请金融交易牌照后，在海南自贸港设立服务全国的海洋商品现货交易中心，不仅把传统海洋商品交易市场的商品集散功能整合起来，还将扩展第三产业的服务模式，提高海洋大宗商品的交易总量和交易效率，推动商流、物流、资金流和信息流在海南的高度聚集，带动包括金融保险、信息咨询、商务服务、物流仓储、流通加工等在内的现代服务业的发展。

基于现货交易过程中涉及的养殖海洋产品的标准化和交易的标准化等，适时谋划海洋商品期货交易中心，实现预定交易、竞价交易、补充交易等多种交易方式。客户根据自己的需要选择产品下单，订单通过审核后客户只需在指定地点等待出库即可，针对优势海洋商品如鱼饲料、鱼种、鱼苗、成品鱼、甲壳、贝类掌握排他性交易权和定价权，并把优势海洋商品的销售营业和税收都留在属地。

结合现代化海洋牧场涉及的六大产业或领域，发展模式上要坚持以下五大原则：

一是，环保优先、知鱼而乐。

近年来，我国近海环境不断恶化，渔业资源衰退。大规模围填海、过度捕捞、大量废水和污水的排放、近海油气的规模化开发与密集运输都是破坏近海环境的主要原因。因此现代化海洋牧场要以环境保护为基础，向深远海发展，既解决近岸污染问题，也为海洋生物提供更好的生长环境。从上游端的建设开始就要优先选择相对环保的材料和对海域环境影响较小的建设方式；饲料加工方面要严格把关，满足环保标准，以防饲料的投喂造成水质污染；中游端的深远海养殖和下游端的捕捞运输以及文旅融合要重点关注养殖过程中废水、海洋生物代谢和融合平台产生的废料排放。

二是，因势利导、辨证施计。

遵循"大食物观"，既向陆地要食物，也向海洋要食物，耕海牧渔，建设海上牧场、蓝色粮仓。按照"不单一发展同一产业、不盲目打造同一模式、不重复探索同一市场"的原则，因地制宜地依托政策与当地需求，采取能渔融合、渔旅融合、深远海养殖等发展模式。根据海域海况的具体情况，在建设过程中采取坐底式网箱、半潜式网箱、打桩式平台等多种建造模式的合理化使用。通过市场探索与鱼虾贝类习性，决定不同海域的养殖品种。

三是，以近致远、兼容并蓄。

现代化海洋牧场尚属战略性新兴产业，仍有很大的发展空间，目前国内与海洋牧场产业相关的龙头企业很多，但都各自为政，在某一方面产业优势较为突出，无法形成全产业链的统筹与联动，同时多数企业的自主创新能力也较为薄弱，忽视了与科学院校及研究所合作的重要性，在育种育苗产业和饲料加工方面过度依赖进口原材料。基于现代化海洋牧场产业发展的分散性与创新能力不足性，一要，通过收并购的方式与属地龙头企业合作，统筹参与全产业链发展；二要，与各高校和研究所签订战略合作协议，做好人才储备、专利技术共享，贯通科研、运营、策研和教培全布局；三要，待技术和运营方面成熟后，重点布局全国海洋牧场。

四是，兼顾上下、同步左右。

现代化海洋牧场是模块化集成的，从上游的"育种育苗、饲料加工、设施建造、疫苗医病"到中游的"深远海养殖、智能网箱配套"，再到下游的"渔产品加工、渔产品销售、冷链物流、海洋碳汇交易、海洋文旅结合、海洋能源融合"，鉴于国内多数企业只在某一产业具有一定优势，因此发展现代化海洋牧场要重点布局全产业链，打通上中下游产业端，真正做到"投建营销"一体化布局。同时，要与地方国企、央企、龙头企业形成合力，统筹全局，借鉴相关经验与技术，资源互补、占据资源、把握优势，与海、陆、空三军合力，强强联合推动高质量海洋牧场的发展。

五是，举旗纳金、快速引领。

农业农村部先后颁发了《人工鱼礁建设项目管理细则》《深水抗风浪养殖网箱项目管理细则（试行）》《关于做好2024年农业产业融合发展项目申报工作的通知》等相关文件对于海洋牧场给予一定的补贴支持政策。但除了自有资金及中央与地方的补贴资金以外，还要争取"蓝色基金"、银行长周期无息或低息资金，以供长期持续性发展。同时，企业引领、统筹海洋牧场的发展，要着眼于市场规范化、品牌影响化、发展规模化，在海洋牧场产业搭建战略新兴平台，以平台为中心向外发散，统筹企业和市场全产业链正向发展。

综上，现代化海洋牧场的发展，一定要打破各投资主体各自为政的现象，要融合"六大产业"并坚持"五大原则"，汇集各方资金、资源和技术，打造"新兵种"，培育"1+1+4+N"体系，即：1个投资运营管理总部平台；1个海南生产基地；创立科研、运营、策研和教培4个中心；重点布局N个产业或领域，即海洋生物、海洋能源、海洋工装、海洋文旅、海洋碳汇、海洋商品现货和期货交易中心等。

而以上海洋生物、海洋能源、海洋文旅等各产业及海洋牧场本身，既承担产业发展的基本任务，也承担着生态保护与全球"双重转型"的责任，同时南海特殊的"以海戍边"要求和相关产业人员生产、生活、生态等基础空间的各要素结合起来，就构成了城市的基本形态。

2024年1月，工业和信息化部等七部门联合印发了《关于推动未来产业创新发展的实施意见》，聚焦未来制造、未来信息、未来材料、未来能源、未来空间、未来健康六大方向，对未来产业发展做出前瞻性部署。

海上的"未来城市"正是依托未来空间融合未来制造、信息、材料、能源、健康的未来产业。因此，要在发展以上产业和领域的同时，同步研究和建设"海上未来城市"。

作为城市建设的创新领域和未来方向，建筑工业化是"海上未来城市"建设的重要支撑。

区别于陆地城市空间，传统城市建设的弊病较多，如原始现浇作业工作量大、人工成本高、使用寿命短、建筑能耗高、资源浪费且环境污染情况严重。海上空间因自然环境（高湿、高温、高日照辐射、高盐）、生态保护要求、成本限制等因素对建筑要求极高。

海上未来城市

随着国家大力推进以全工厂化装配式建筑、智能建造为代表的新型建筑工业化，涌现出了如远大住工、远大科技等代表企业，他们始终致力于探索绿色低碳节能环保的建造方式并持续投入研发全新的工业化建筑产品。

以远大住工和远大科技为代表的建筑工业化产品的优势和特性在前述章节已经介绍，在"海上未来城市"的场景下，他们的建筑性能、运输和环保等方面的优势会进一步凸显。

远大住工研发的高科技硅基模块化建筑产品，采用自主研发的高科技硅基复合材料，其材料强度比普通混凝土高5倍，隔热防潮、可抗14级台风，达8度抗震烈度标准。产品在工厂内一次性压铸成型，其内部装修也是在工厂集成到位，能实现快捷交付、绿色环保，真正做到即建即用、可移动可循环拆装。

远大科技的"活楼"耐久、抗震，寿命是传统建筑20倍；安装工期短，改造灵活；施工无污染，实现了零混凝土、零脚手架、零模板、零建筑垃圾的突破；采用厚保温、多玻璃窗、新风热回收等功能，全生命周期比常规建筑减碳80%～90%，而且供应链大规模生产下成本较为低。

以远大科技和远大住工为代表的预制装配式混凝土结构及不锈钢建筑等创新产品依托海洋牧场产业，是有效融合的"海上未来城市"生产、生活、生态的最优空间，是在全球"双重转型"背景下构建以建筑工业化为主体的"一体两翼"（指以海洋牧场的种、育、饲、建、养、运、销等全产业链条为"体"，以绿色低碳及新能源为一"翼"，以数字智慧及智造化为一"翼"）的最佳路径，也是示范带动国内建筑业全面转型升级实现真正工业化的必然选择。

同时，现代化海洋牧场产业链的构建以及由现代化海洋牧场产业为支撑的"未来海上城市"，其投资、发展、建设，不仅是战略新兴产业，更是未来产业、一次产业的大变革，需要管理思想、产业思维、组织机构等方面同步进行变革。

未来的现代化海洋牧场将朝着可持续的、具有新型城市功能和新交通体系的"未来海上城市"的方向发展，它将依托于高精尖的海洋科学技术、抗风耐高湿高盐的工业化建筑产品，集"耕海牧渔、衣食住行、休闲娱乐、科技创新、交通运输、中转补给、海洋新能源"等一系列产业为一体的拥有自给自足的生态系统、能源系统的海上新城市，为国家海洋战略的实施提供更广阔的发展空间。

## 第四节　企业家精神的呼唤

"政治路线确定之后，干部就是决定的因素"。无论是新型城镇化还是"海上未来城市"，路径谋划好之后，执行落实者是市场主体即企业，起到主要作用的是企业家。

诚然，新型城镇化、"海上未来城市"作为方兴未艾的新兴领域和未来产业，企业家在探索过程中难免会面临经济发展的不确定性、外部环境的不稳定性以及技术加速变革的紧迫性等各种不利因素。

但眼光放长，用十年甚至更长的时间尺度去思考，短期的挑战都可以归结为周期的正常波动，长期的转型和如何不断地创新才是企业家时刻都需要面对的课题，而应对之策便是传承和弘扬企业家精神，因为企业家精神是创新的驱动力，是经济社会发展的核心推动力。

企业家精神是一个时代充满活力的精神，也是解决问题、创造财富、推动进步的精神。拥抱企业家精神，至少要做到三方面。

第一，遵循"政治战略家"的方向，深刻把握企业家精神的新时代内涵

首先，企业责任与社会担当是企业家精神的特殊使命。

企业家精神要求企业家善于将自身的政治使命和国家利益诉求有机融入企业的价值导向当中，主动为国担当、为国分忧。在企业发展过程中，要义利兼顾、以义为先，充分释放企业家的家国情怀，把资

金、人才等资源聚焦在国家重大战略上，在提升商业回报的同时致力于创造社会福祉。

其次，科学思维和博大胸怀是企业家精神的时代要求。

思维决定境界，企业家的格局有多大，企业就能走多远，以"六大思维"为核心的科学思维和"博文约礼""厚德载物"的博大胸怀是企业家精神的典型内涵之一。企业家必须积极应对各类形势变化，提高"四力"即把握国际规则能力、国际市场开拓能力、防范国际市场风险能力、国际资源配置能力，为企业的创新发展提供直觉和感性认知。

最后，持续创新与永葆活力是企业家精神的精髓内核。

党的二十大报告强调"坚持创新在我国现代化建设全局中的核心地位"，通过打破原来经济活动的均衡，创造出新的经济模式或商业模式等，从而为经济注入活力，为社会创造价值，这样的创新精神是当前中国经济高质量发展非常需要的一种资源禀赋，这也正是今天弘扬企业家精神的意义。企业家要争做创新发展的探索者、组织者、引领者，勇于推动生产组织创新、技术创新、市场创新，努力把企业打造成为强大的创新组织。

第二，企业家要聚焦生活方式的进阶和文明进步。

人类宏观历史的构成基础是文明，而文明的具体实践则体现在人们的日常生活方式中。生活方式既承接现实性，也具有前瞻性，它为人们追求理想生活提供了现实的基础和动力。只有满足了基本的生理需求，如饮食、住宿和穿着，人们才能进一步投身于政治、科学、艺术和宗教等领域的活动，生活方式的重要性不言而喻。

民以食为天，餐饮业是稳就业、促消费、惠民生的重要行业。

下面将以餐饮行业为例，看餐饮行业的企业家如何践行企业家精神。

随着居民个人生活方式的变化，餐饮行业也在进行诸如预制菜等的创新，但过程中出现了产品良莠不齐和食品添加剂滥用的问题。

根据中国烹饪协会等起草的预制菜团体标准，预制菜可分为四大类：即配类，主要指那些免洗免切的净菜；即烹类，那些含有调味包或提前腌制后，需要加热烹饪的半成品菜肴；即食类，包括即食罐头、各种色拉等；即热类，如速冻汤圆、自热火锅等。

在几类预制菜中，人们对即烹类和即热类预制菜的争议最大。预制菜的口味差异与原材料、生产工艺等都有关系，工艺到位的预制菜，口味有保证，现场加工后也有"锅气"，当然，不同品牌的预制菜在食材、原料上有区别，会造成口感和营养差异，而且也不排除部分小企业以次充好供应预制菜。同时，这类预制菜的食材大多经过预处理，或者搭配料理包，公众对"预处理"和"料理包"中的食品添加剂表示担忧。

现代食品工业离不开食品添加剂。我国的《食品添加剂使用卫生标准》将其分为23类，有2000多种，具体可分为防腐剂、着色剂（色素）、甜味剂、膨化剂、抗氧化剂、增味剂、酸度调节剂、增稠剂等大类。

食品添加剂和非法添加物不能混为一谈，但是，人们对食用过多含有添加剂的食品会增加食品安全风险的问题认识是个动态的过程。

比如食品添加剂脱氧乙酸钠，广泛用于糕点、腌渍的蔬菜、发酵豆制品等食品。但在2024年发布的《食品安全国家标准 食品添加剂使用标准》（GB 2760—2024）中，其可添加范围已经得到调整，并将于2025年2月8日起禁止在淀粉制品、面包、糕点、烘焙食品馅料等食品中添加，同时，腌渍蔬菜中的最大使用量也由1克/千克调整为0.3克/千克。

我国的食品安全风险评估体系对一种食品添加剂进行重新评估一般有两种原因：一是，在安全性上有新的证据发现，需要重新评估；二是，食品消费结构发生变化，当一种食物的消费量由少变多时，要考虑其中某种食品添加剂累积之后会不会超过安全限值。这些年来，我国烘焙食品的消费量稳步提升，有行业数据显示，目前有九成以上的消费者，每周都会购买烘焙食品。所以，为了规避风险，新标准在烘焙类食品里，禁用脱氢乙酸钠也在情理之中。

　　各种含有添加剂的食品繁多，个体消费习惯也有差异，很难进行定量分析。餐饮行业正确的做法应该是像制造业一样，以悦人、助人、使人健康为根本目标，以改变生活方式和推动饮食服务行业文明进步为使命，进行行业创新从而实现健康革命。

　　首先，推动餐饮界的绿色健康革命。

　　从食材的源头开始把控，优先选用有机、无污染、可持续种植或养殖的食材，减少农药、化肥以及各类添加剂的使用。比如，越来越多的餐厅开始与当地的生态农场合作，直接采购新鲜且无化学残留的蔬菜、瓜果以及禽类、畜类产品等。

　　在烹饪方式上，摒弃那些高油、高盐、高糖的传统做法，转而采用蒸、煮、炖等相对健康的方式，减少油炸、油煎等可能产生有害物质的烹饪手段。如一些主打健康餐饮的轻食餐厅，会以低温慢烤鸡胸肉搭配水煮蔬菜、粗粮等，用橄榄油等优质油脂制作沙拉酱汁，既保证了菜品的美味又契合绿色健康的理念。

　　在保留饮食核心与精髓后就必须不断创新和融合，以适应时代的发展保留中餐特色又融入西餐元素。

　　色香味上继承发扬中餐的优势，通过西餐的烹饪技巧和方法，可以更好地展现中餐的美味和魅力。在餐厅环境和菜品成色上，也可以借鉴西餐的精致和优雅。通过打造舒适、温馨的用餐环境以及精致的菜品摆盘和装饰，提升中餐的整体品质和吸引力。

　　从五感体验入手，通过视觉、嗅觉、味觉、触觉和听觉的全方位感受，让顾客在品尝中餐的同时，享受到更加丰富的感官体验。例如，利用灯光、音乐、气味等元素，营造独特的用餐氛围；通过精致的菜品摆盘和创意的搭配，让顾客在视觉上得到享受；通过独特的烹饪技巧和调味方式，让顾客在味觉上得到满足。

其次，现代物流实现工厂化的中央厨房与连锁经营的结合。

这种模式可以大大提高餐饮企业的生产效率和成本控制能力，同时确保菜品的质量和口感的一致性。中央厨房以工业化方式生产食品，类似电子产品生产的流水线作业，提升生产效率、降低成本，通过供应链中心运用多种技术可以实现运输监控与食品安全保障。此外，还可以利用大数据和人工智能技术，对消费者的口味偏好进行精准分析，为菜品创新和个性化服务提供有力支持。

随着生产性服务业与其他产业融合，餐饮企业供应链体系发展迅速，全流程实现标准化精益化管理，涵盖多个数字化管理系统，需对产品全生命周期进行动态数据管理。有供应链和门店数量优势的连锁企业以及第三方中央厨房龙头企业，积极建设中央厨房，将推动餐饮业向现代化工厂生产转变。

最后，餐饮实现心灵与味蕾的艺术之旅与情感表达。

通过多年的实践发现，烹饪绝不仅仅是肌肉记忆般依赖程序化操作和精确配方执行的技术活，而是连接心灵与味蕾的桥梁。

一方面，烹饪者本人在把食材制作成佳肴的转变，不仅仅是一场味觉的盛宴，更是一次充满创造力的艺术之旅。在这个过程中，烹饪者如同艺术家般，精心挑选食材，巧妙搭配调料，精准控制火候。每一个步骤都要求烹饪者全神贯注，这种专注的境界与心理学中的"心流"体验不谋而合。当心流涌现时，时间仿佛静止，外界的喧嚣变得遥远，完全沉浸在手中的"创作"之中。这种全情投入不仅带来了"作品"的完美呈现，更带来了一种难以言喻的满足感和幸福感，让人在烹饪的艺术中找到了心灵的宁静与愉悦。

另一方面，烹饪也是一种情感的表达方式。在烹饪前，内心回顾饮食博大精深的文化与行业道德情感的洗礼。烹饪中通过冥想，运用积极心理学调动五感之外的"第六感"与烹饪场景和用餐对象直接建立如"量子纠缠"一般的链接关系，把愿望和情感注入食材的色香味和烹饪的煎炒烹炸中，使得愿望和情感更加精炼，最后通过佳肴的色香味蕴含凝聚着情感出品的形式呈现给具体的用餐者，这在过去多年实践中屡试不爽。

"淄博烧烤"之所以火爆，不仅因为其"小而精"的经营模式，将游客视作家人般热情招待，还在于其平价特色单品所提供的情绪价值直接拉满，吸引了大量顾客。食材中凝聚的当地人热情好客、诚信实在的人情氛围，成功"俘获"了来自全国各地的消费者，这正是其魅力的最佳体现。同时，这种情感链接也应成为未来餐饮业培训的重要方向。

第三，企业家要切实践行以人为本的科学管理理念，育人必在悦人、树企终在悦人。

企业家精神，往往被公众误解为仅仅依赖于个别英雄式的人物，如乔布斯、马斯克等，他们凭借非凡的洞察力和执行力，打造出市值万亿的巨头企业，推动整个行业的技术进步与发展。然而，这种理解忽视了创新与创业的广泛基础。正如马斯克的"雨林法则"所揭示的，一个真正繁荣的创新生态系统，需要不断打破在位巨头的垄断，为中小企业提供破土而出的机会。这样的系统中，每一个有想法、有潜力的人都能得到赋能，成为推动社会进步的重要力量。

以人为本，作为领导力架构的基石，其核心理念在于深刻认识到人与人之间的差异性。与那些可以标准化、不断优化的流程相比，人的多样性和创造力是无可比拟的宝贵资源。每个人都有自己独特的想法、观点和能力，这些差异构成了人类社会进步的基石。因此，有效的企业家需要尊重并珍视这种多样性，通过构建包容、开放的组织文化，激发每个人的潜能和创造力。

正如丰田提出的造物先育人，我们由此引申出"造物必先育人，育人重在树企"。那么，育人"育"的是什么？

我们从近年广受追捧的胖东来身上可以找到答案。

胖东来的创始人于东来有着非凡的人生故事。他 1966 年出生，早年曾涉足多种小生意，如售卖电影票、花生和冰棍，也曾在橡胶厂工作，但后来因工厂倒闭而失业。胖东来超市的发展经历了三个主要阶段：创业、扩张和多元化。1992 年，于东来应哥哥之邀回家开设烟酒店，但经营并不成功，还背上了 30 万元的债务。经过一系列挫折，1995 年，他借款开设了一家名为望月楼胖子店的糖烟酒小店，仅一年就赚取了近 80 万元，成功还清了债务。1996 年，他复制了这一经营模式，开设了第二家店，利润达到 120 多万元，这标志着胖东来的初创阶段。1997 年，"望月楼胖子店"更名为"胖东来烟酒有限公司"，同年，胖东来的第一家分店五一店开业。然而，1998 年，胖东来烟酒批发部遭受了一场恶意放火事件，所有门店被焚毁。面对这一打击，于东来并未屈服，1999 年，他在许昌引入了量贩业态，最终发展成为人们今天所知的"胖东来"。2002 年，胖东来生活广场开业，营业面积达到 23000 平方米，成为许昌最大的综合超市，不仅提供超市服务，还设有电影院、书店和餐厅等设施。2005 年，胖东来迈出了向外扩张的第一步，进入河南新乡市场。

近年来，胖东来逐渐火爆，尤其是近两年，人气和影响力达到了高峰，2023 年，胖东来在社交媒体上成为热门话题，吸引了大量外地游客前来打卡，客流量剧增，甚至需要限流，2024 年春节期间，胖东来仅 3 天时间就接待顾客 116.33 万人次。

胖东来的企业经营理念强调对员工、顾客以及社会大众的关怀和尊重。

一方面，育人必在悦人（员工）。

胖东来的成功秘诀根植于其以人为核心的企业文化，即"以人文本，传递爱与幸福"。公司将员工视为最宝贵的资产，致力于在薪酬、福利、工作环境和个人成长等方面为他们创造幸福。

在薪酬方面，胖东来实行"三三三"利润分配模式，每年将 30% 的利润分配给员工，确保员工在扣除社保后每月最低收入超过 7600 元，大多数员工的月薪超过 8000 元，并且公司承诺这一数字将持续增长。在休假政策上，胖东来提供长达 135 天的假期，包括每周二的全员休息日和长达 40 天的带薪年假。

工作环境方面，胖东来为员工提供舒适的工作条件，如允许员工坐着工作，休息区配备高级音响设备，仓库设有咖啡机等。在员工发展上，胖东来投资 600 万建立专属书店，旨在提升员工的文化素养，同时提供《岗位实操手册》和《人生规划手册》等资源，助力员工职业成长。

此外，胖东来还设有"委屈奖"，以表彰员工在面对不文明行为时展现出的勇气和正义感，进一步强化了公司的人文关怀和对员工的尊重。

这一系列悦人的高薪酬、高福利的政策，对员工的真诚关怀，使得员工能够发自内心地为顾客提供服务。

另一方面，树企终在悦人（用户）。

胖东来成功的秘诀还在于为用户提供感知明显的保姆级创新服务"悦人"，如免费干洗、熨烫、缝边，还提供了宠物寄存、微波炉、自助饮水机、免费充电宝、免费宝宝车、免费轮椅等设施，售后上更是无忧正常，空调、冰箱等大件，不管东西用了几年，出了问题一个电话就能马上上门处理。

胖东来还通过为用户提供货真价实的选品来"悦人"，提出了"用真品，换真心"的经营理念，推出"不满意就退货"的政策。胖东来的商品策略包括自营商品和联营区的商品，如黄金、珠宝等高单价商品不算便宜但确保没有假货且价格公道；如面包、肉类等新鲜商品则规定保质期只有一天，水果切开超过一定时间会打折出售，在大众服饰区，还会标明进价多少、卖价多少。还形成了自营商品如网红大月饼，还有啤酒、食用油、果汁、卤牛肉等 20 余款热门食品类单品以及洗衣液、燕麦片、茶叶等众多日用品。自营商品背后是胖东来通过供应链资源建立起的竞争优势，自营商品甚至开始对外输出到其他超市商家被抢购一空。

以上，胖东来通过"悦人"即员工的内心感动，实现了"悦人"即用户的感应和互动，达成了人的交流循环和提升，实现了人心灵的交融和教化。

唯有此，企业才有可能把发展方向找准，把产品做对，把品牌做好，把供应链做长，把企业自身做长久。

过去二十多年，许多风光无限的房地产企业如今辉煌不再的根本原因在于，企业文化和选人用人等出了问题，企业家没有带领全体员工把企业文化的底层逻辑化成工作方式和实际行动。胖东来只是用朴素的想法，以用心的态度，做对了科学管理所要求的该做的事而已。因此，胖东来的成功并非不可复制，关键在于企业家是否具备这样的境界、品格和决心。

未来，中国需要更多企业秉承企业家精神，系统地、持续地坚持经营。为此，应以过去二十多年中昙花一现的企业家反面典型为戒，少一些一叶障目、虎头蛇尾，多一些虚怀若谷、坚韧不拔，多一些科学管理、精益思想、人文精神、家国情怀、知行合一。这些是中国企业家应具备的境界、品格和精神。

中国房地产产业、行业和企业，包括住宅、商业、酒店、文旅、园区、城市更新乃至设计、建材、制造等上下游，只要有这种统一的认识和科学至上的决心，就一定会重拾信心、拥有美好的未来！

## 第五节　AI 浪潮下的泛地产展望

回顾人类历史上的前三次工业革命，历次工业革命的核心技术都有着极强的通用性，具备显著的标准化、自动化和模块化的工业大生产特征。蒸汽机、电力以及计算机等技术一经问世，便迅速渗透到各行各业，凭借对生产效率的极大提升，成为推动社会发展的强大引擎，为人类文明的进步注入源源不断的动力。

如今，人工智能（AI）已经崭露头角，其核心技术——深度学习和大模型，逐步呈现出上述"三化"的工业大生产特性。不仅如此，AI 所带来的指数级效率提升，更是使其正在成为推动历史巨轮滚滚向前的关键力量。毫无疑问，AI 即将引领人们踏入第四次工业革命的崭新篇章，开启一段波澜壮阔的全新征程。

（1）AI 技术的发展跃迁。

回顾 AI 技术的发展历程，先后历经弱人工智能、统计机器学习以及深度学习三个关键阶段。2016 年，人工智能技术迎来爆发，正式迈入大模型阶段，决策式 AI 随即开启大规模应用，广泛覆盖推荐系统、计算机视觉、自然语言处理等多个领域。

在此期间，全球 AI 市场规模实现了飞跃式增长，从 2016 年的约 600 亿美元，一路攀升至 2024 年的近 5500 亿美元。AI 凭借对推荐系统、计算机视觉、自然语言处理等前沿技术的强力赋能，亚马逊、字节、商汤、特斯拉等一批行业头部企业实现了快速发展，在各自领域脱颖而出，成为推动行业变革的重要力量。

2022 年 11 月 30 日，OpenAI 发布 ChatGPT，这一标志性事件犹如一声惊雷，正式拉开了生成式 AI 汹涌浪潮的大幕。仅仅一年之后，生成式 AI 在我国便展现出强劲的发展势头，企业采用率迅速攀升至 15%，市场规模达到约 14.4 万亿元。

根据中国互联网络信息中心（CNNIC）发布的《生成式人工智能应用发展报告（2024）》数据显示，截至 2024 年，能够为公众提供服务的生成式人工智能服务大模型数量已高达 190 多个。

不仅如此，行业预测数据更是显示，到 2035 年，生成式人工智能有望为全球经济贡献近 90 万亿元的巨大价值，其中我国的贡献预计将突破 30 万亿元，前景令人振奋，也预示着生成式 AI 将在未来的经济发展中扮演举足轻重的角色。

AI 模型可大致分为决策式 AI 和生成式 AI（Generative AI）两类。

决策式 AI：学习数据中的条件概率分布，根据已有数据进行分析、判断、预测，主要应用模型有用于推荐系统和风控系统的辅助决策、用于自动驾驶和机器人的决策智能体。

生成式 AI：学习数据中的联合概率分布，并非简单分析已有数据而是学习归纳已有数据后进行演绎创造，基于历史进行模仿式、缝合式创作，生成了全新的内容，也能解决判别问题。

（2）AI 模型的精益实践。

在国内人工智能领域，一家崭露头角的创业公司——深度求索（DeepSeek）备受瞩目，这家公司成立仅一年半，便展现出了惊人的实力。

2024 年 12 月，深度求索凭借 2048 颗英伟达 H800GPU，仅耗时两个月，便成功训练出了拥有 6710 亿参数的开源大模型 DeepSeek-V3，该模型直接超越了美国 AI 巨头 OpenAI 投入超百倍资源所打造的顶级模型 GPT-4o。

仅一个多月后，深度求索公布的最新开源模型 R1，再次引发全球关注，R1 模型在技术上实现了重要突破——用纯深度学习方法让 AI 自发涌现出推理能力，在数学、代码、自然语言推理等任务上，性能比肩 OpenAI 的 o1 模型正式版，且训练成本仅为 560 万美元，远低于美国科技巨头的数亿美元乃至数十亿美元投入。

DeepSeek-V3 及 DeepSeek-R1 的诞生，不仅是技术上的重大突破，更彰显了其背后巧妙的训练策略。与传统的"堆硬件"模式不同，深度求索团队另辟蹊径，专注于更高效的训练方法，强调"更聪明地工作"，而非单纯依靠大规模的硬件投入。这种理念的成功实践，使 DeepSeek 成为 AI 模型运用精益思想的经典范例，为整个行业提供了新的思路与方向。

不同于单一庞大的神经网络，DeepSeek 通过开源策略、低成本高效推理及强化学习结合混合专家架构（MoE）等创新实现了突破性的技术进展，其中，MoE 的核心理念可以这样理解：有一群各个领域的专家，共同协作解决问题。面对用户的任务，系统会智能地识别出最适合的专家来处理，通过稀疏激活机制大幅减少计算量。每次仅激活部分专家网络，从而在相同计算预算下实现更大的模型容量和更高的性能。这使得 MoE 模型在预训练阶段比同等规模的密集模型更高效，能够以更低的计算成本达到相似或更优的性能。

通过对大量数据的筛选和分析，去除冗余信息，让 AI 模型能够更精准地学习和预测。同时，不断改进训练方法，从简单的神经网络到复杂的深度学习架构，在最小与最大之间，寻求最优解决方案，这正是精益思想的最基本的方法论。

（3）开展"人工智能 +"行动。

AI 作为一种具有基础性、驱动性的强大技术力量，正以前所未有的态势融入人们的生活，与每个人的关联日益紧密。AI 的发展，一方面，依赖于技术的持续迭代与创新；另一方面，则体现在应用场景的不断拓展与深化，这一趋势集中体现在"人工智能 +"的发展模式中。

2024 年底召开的中央经济工作会议，更是将开展"人工智能 +"行动列为当前需要重点推进的任务之一，凸显了其在国家发展战略中的重要地位。

"人工智能 +"概念中的"+"，"+"的是制造、医疗、教育、交通、住房、农业等各行各业，涵盖国民经济的各个层面。通过 AI 创新创造出全新的产品、服务以及商业模式，将有力地推动传统行业的转型升级，加速社会经济结构的变革与优化。

（4）人形机器人的产业新蓝海。

人形机器人作为未来产业的前沿领域，一直被视为科技竞争的新制高点和经济发展的新兴动力源。这种集高智能与高灵活性于一身的人形机器人，不仅代表了"人工智能+"在高端制造业的卓越成果，更是衡量一个国家高端制造业水平的重要标志。

随着 AI 大模型的不断突破与创新，全球范围内的人形机器人产业迎来了快速发展的黄金时期，广泛应用于工业制造、商业服务以及家庭生活等多个领域。通过生成式 AI 的赋能，融合视觉、声音等多种感知模态，人形机器人能够在复杂的环境中精准识别对话对象，并给予及时、准确的回应。

AI 技术的融入，使得人形机器人在手势交互与语言交流方面取得了显著进展，借助摄像头、麦克风以及本地与云端的 AI 能力，一举解决了传统机器人在交互方面的诸多难题，使其有望成为继计算机、智能手机、新能源汽车之后的又一具有颠覆性的产品。

近年来，国际科技巨头纷纷加快在人形机器人领域的布局。特斯拉自 2021 年推出首款概念机以来，每年都推出新的样机，不断推进技术的迭代与升级；微软、OpenAI、三星等企业也纷纷投资人形机器人初创公司，抢占市场先机；英伟达更是启动了被誉为"登月计划"的 Groot 项目，致力于打造人形机器人的基础模型，为产业发展提供核心技术支持。

在我国，2024 年底，多地密集出台了支持人形机器人产业发展的政策文件。2024 年 12 月 3 日，杭州市发展和改革委员会发布《杭州市人形机器人产业发展规划（2024—2029 年）》，明确以"最优本体+最强大脑"为重点，加快构建人形机器人整机研发、设计、制造、应用的一体化创新体系和全产业链生态；12 月 6 日，安徽发布《安徽省人形机器人产业发展行动计划（2024—2027）》；12 月 5 日，重庆市出台了一系列支持具身智能机器人产业创新发展的政策措施。这些政策的出台，极大地推动了人形机器人产业的蓬勃发展。

在国家与地方产业政策的有力支持下，国内人形机器人产业链进入了快速发展的轨道，涌现出了宇树、优必选、乐聚机器人等一批极具潜力的初创企业。

2025 年央视春晚，《秧 BOT》节目一亮相，瞬间点燃全场，幕后的机器人主角，正是宇树科技与英伟达联手打造的 G1 人形机器人。

它身高 130 厘米，体重 35 千克，小巧又灵活，轻松融入各种场景。售价 9.9 万元起，价格亲民。拥有 23 ～ 43 个可解锁关节，运动起来就像拥有无限可能，搭配 AI 模仿和强化学习功能，像一个不知疲倦的"学霸"，时刻进化着。

2025—2026 年，有望成为人形机器人商业化量产的元年，人形机器人正逐渐成为实现通用人工智能的关键路径，在医疗辅助、家庭服务、教育娱乐等多个领域率先实现大规模应用，将为人们的生活带来更加便捷、智能的体验。

（5）泛地产如何迎接人形机器人。

基于当前技术日新月异的发展速度，预计在未来十年内，人形机器人将逐步走进普通家庭，成为家庭日常生活的一部分。为了使其能够更好地融入普通家庭生活环境，泛地产行业需要从多个方面做好充分准备。

硬件设施的规划与建设方面。泛地产行业应考虑人形机器人的特殊需求。例如，在建筑设计中预留专属的机器人通道，确保其能够自由、安全地移动；在社区和建筑内部合理布局充电设施，为机器人提供便捷的能源补给点；同时，构建高速、稳定的网络环境，满足机器人实时数据传输和交互的需求。此外，在社区园区规划中，也要专门划定机器人行动区域，避免其与人的活动产生不必要的冲突，从而实现人与机器人全居住场景的和谐共处。

软件系统的升级与优化方面。泛地产企业需要介入人形机器人相关的管理系统及应用程序的开发，确保这些系统能够与现有的物业管理系统无缝对接。特别是智能家居系统，需要进一步升级，通过智能化的系统集成，如自动化的家居控制、个性化的生活助理等，实现人形机器人和智能家居设备的高度匹配，为住户提供更加便捷、高效的服务。

人员的准备和培训方面。泛地产的从业者需要适应人形机器人的引入，掌握相关技术知识和操作技能。通过开展针对性的培训课程，了解人形机器人的技术特点、工作原理和操作方法，提高与机器人协同工作的能力。特别是物业管理者不仅要能够熟练使用人形机器人，还要具备基本的维护和故障排除能力，确保机器人能够稳定运行，顺利融入日常的服务流程中。

此外，人形机器人的潜在价值远不止于作为家庭助手。特斯拉CEO伊隆·马斯克曾大胆设想："将人类大脑的信息复制到机器人中"。如果这一设想成为现实，通过人形机器人承载某个人的全部记忆、思维模式和情感体验，这个人将实现如同科幻作品中描绘的"永生"状态。

这一"意识承载"的突破不仅将对人类社会的伦理、道德观念产生深远影响，还将为解决地球资源日益枯竭和人口膨胀等全球性问题提供新的思路和途径。从这个角度，人形机器人的发展意义重大，潜在的影响力将不可估量。

总的来说，泛地产行业在迎接这一未来趋势的过程中，泛地产的策划、定位、设计、施工、材料和工艺等方面，都要为人形机器人进入生产和生活空间做好充足的预留和预设，伴随着人形机器人的不断进步，泛地产开发环节全过程的专业人员，要具备超强的应对应变及与人形机器人技术无缝衔接的学习能力、融合能力和落地能力。

特别是泛地产的"未来设计"，即运用精益思想将 AI 等科技与人文结合起来的设计，应一马当先，在精益设计守正创新的基础上，不仅要设计好房子，也要设计好社区、好街区，还要设计好城市，更要设计好生活；不仅为个人设计好生活，也要为家人设计好生活，还要为亲朋好友设计好生活，更要为人类设计好生活。同时，还要为未来的家人——人形机器人，设计好工作动线、服务条件和融入家庭的"温度"，并在记忆交织基础上形成情感。

（6）AI 时代的泛地产人要怎么做？

过去，泛地产企业通常对于从业人员的能力模型要求是"T 型人才"。所谓"T 型人才"，是一种形象的描述。

其中，"T"字的一横象征着人才知识的广度，从业者需具备广泛的知识储备，对多个领域都有所涉猎，拥有跨领域的开阔视野与思维方式，能够在不同专业领域之间实现高效沟通与协作。

"T"字的一竖，代表人才在某一特定领域的深度，即从业者要具备扎实的专业技能与深入的专业知识，能够在自己的专长领域独当一面，成为该领域的佼佼者。

然而，随着时代的发展，"T型人才"的局限性逐渐浮出水面。

一方面，技术迭代的速度不断加快，泛地产单一领域内的专业知识更新换代迅速，越来越多的第四代住宅开始"卷"S墙细节和客餐厨一体化等。倘若从业者仅仅依赖于某一个领域的专长，很可能在短时间内就会被新技术、新方法所取代。

另一方面，泛地产市场竞争愈发激烈，行业内卷严重。为了降低成本、提高效率，企业大量采用外包服务和AI技术，这使得只具备单一专业技能的人员生存空间日益狭窄。

在这样的大环境下，泛地产企业需要的是能够应对复杂多变的市场环境和各种挑战的综合型人才，单纯的跨领域沟通能力与单一领域的专业深度，已无法满足企业发展的需求。于是，"π型人才"应运而生。

"π型人才"是在"T型人才"基础上的进一步升级。"π"字上面的一横，依旧代表着广泛的知识基础和视野，与"T型人才"有相似之处。

不同的是，"π"字下面的两竖，代表着从业者要具备两种及以上的专业技能，并且能够将这些专业技能有机融合，从而创造出更大的价值。

例如，一个既精通泛地产设计，又擅长AI数据分析的"π型人才"，可以将AI数据分析的结果运用到房地产的产品优化与改进中，开发出如精益的电梯色彩灯光设计、精益的小区围墙设计等更贴合用户需求与更具市场竞争力的产品。

科学技术与科学管理的发展永无止境，人类的未来充满无限可能。对于泛地产从业者而言，要适应时代实现从"T型人才"到"π型人才"的转变。

此外，对于泛地产企业来说，构建基于精益思想的"3π架构"更是势在必行。所谓"3π架构"，即掌握π型思维（融合系统管理思维与多专业思维），拥有π型人才（兼具通识能力与多专业技能的人才），搭建π型团队（由少量π型人才与大量AI员工组成）。这一架构的构建，是AI时代泛地产行业发展的必然趋势，有助于企业在激烈的市场竞争中脱颖而出。

"心底无私天地宽"，一个人的眼界决定了他的视野广度。

泛地产人们，不仅要思考如何珍惜当下，把握每一个发展机遇，构建美好的片刻，更要借助人形机器人等前沿科技的发展趋势，思考如何从"人生苦短"的现实困境中寻求突破，实现"永久美好"的理想状态。在保留人类记忆、思想与情感的同时，运用智慧和创造力，构建出更加文明、舒适、智能的居住与生活空间。

从更宏观的角度看，还要从以下三条阶梯式的维度展开。

第一个阶梯，是在医学领域展开，涵盖从预防医学、临床医学、保健医学、环境医学到未来医学等方面，从肉体层面出发，借助未来医学的进步，解决人类长寿的难题。

第二个阶梯，聚焦于记忆范畴，包括从个体记忆、家庭记忆、乡村记忆、城市记忆到民族记忆，通过记忆的积淀和"缠绕"，形成理性和情感，让人形机器人真正成为有情有义的家人。

第三个阶梯，则涉及灵魂，从哲学与社会科学、建设科学、量子科学、心灵科学到未来科学，去"联系、交流和敬仰"祖先和祖宗们，探索灵魂的现实化问题。

以上这三个阶梯式的进阶组合，有可能成为第四次工业革命的核心内容，并迈向人类追求永恒的理想世界。

最后，精益思想的伟大之处，是人们既要研究每个个体的美好，更要研究全人类的美好。恰恰掌握精益思想的人，将善于统揽全局、系统思维、专业集成，与时代无缝衔接。我们身处的AI时代，就是要将精益思想从金字塔尖的应用推向人类生产、生活、生态各个角落的普及，使之深入人心。从这个角度讲，人类的未来既AI时代，也是全面精益的时代。

# 认识和实践AI

· 如何更好地在泛地产行业中应用AI?

**发展AI的五项原则：**

革命性、主动性、匹配性、渐进性、价值观。

**处理好四个关系：**

认知水平与应用AI水平的关系、

管理科学与应用AI水平的关系、

文明进阶与应用AI优劣的关系、

组织的现状能力与应用AI匹配的关系。

**实践AI的"五讲四美"：**

讲哲学、讲科学、讲管理、讲秩序、讲文明；

美化环境、美化生活、美化身体、美化心灵。